JN408794

너거 道 닦아봤나?

너거 道 닦아봤나?

만각 스님
수행 에세이

해암

세상을 그리워하면서

세상사 살아가면서 얻어지는 것은 언제나 인연과 마음이 강물처럼 흐르고 있다는 것입니다.

많은 사람들이 자신의 굴레에서 벗어나려 하지만 자신도 알게 모르게 고정된 관념을 가지고는 모두 벗어났다고, 훨훨 떨쳐버렸다고 비어있는 마음이라 합니다.

산사의 삶이라고 모두 비어 있고, 세속의 삶이라고 모두 충실하고 튼튼한 이념으로 인생을 영위하고 있겠습니까?

모두들 언당 위에서 어울려 살아가면서 웃고 울고 기쁨과 환희가 뒤섞여 있는 것이 아니겠습니까? 떠가는 구름을 잡으려고 아무리 애를 써도 소용이 없고 청산 역시 수없이 불러봐도 대답이 없습니다.

인생이란…….

어떤 때는 비가 오고 바람이 불며 또 다른 때는 춥기도 하고 배가 고파 허기도 졌으며 아무도 없는 캄캄한 밤이면 외롭기도 하였고 마음대로 되지 않아 울어버렸던 숱한 세월들….

지금 와서 돌이켜 보니 잘나 사이에 지나간 것을 알게 되니 모든 것이 허망하며 무상뿐인 것이 더욱 서러워집니다.

나만 그런 것이 아니라 수많은 온갖 사람들이 부초같이 떠돌다 한만을 남겨놓고 떠나간 자리를 또 다른 사람들이 메워주니 억조창생을 두고 돌고 돌아 또한 얼마나 많은 사람들을 웃기며 울렸을까?

나는 삼십 년이란 세월동안 보고 듣고 느끼면서 유식한 사람도 잘난 사람도 아니며, 글을 쓰는 사람은 더욱 아니기 때문에 경이며, 율이며, 논이며, 조사 스님들의 어록 등을 인용하였을 뿐입니다.

수년 전에 몇 권의 책을 발간하였던 것이 너무나 엉성한 것 같아 이번에는 큰 마음을 먹고 준비를 하였습니다.

부디 글자 하나, 문장 하나에서라도 조그마한 깨달음 이나마 태어나기를 앙망仰望합니다.

2017년 4월, 함안 봉암사
만각 합장

깨달음을 얻기 위한 수행 과정

선진규
한국불교문인협회 회장

흔히 道란 말 그대로 길the Way이라는 뜻. 법칙, 방법, 법도 등을 뜻한다. 불교에서는 道를 보리菩提라고 한다. 정확히 道의 정의를 내리자면 수행자가 최종적으로 도달할 수 있는 참다운 지혜나 깨달음의 경지가 아닐까. 또한 보리는 고타마 붓다와 그에게 가르침을 받은 나한들이 얻었다고 하는 깨달음, 또는 그 깨달음을 얻기 위한 수행 과정을 일컫는다고 하는데 이는 우주의 참 모습에 대한 올바른 인식으로 묘사되기도 하며, 보리를 얻은 뒤에는 윤회의 고리에서 벗어난다고 가르친다. 결국 해달에 가까운 경지에 오른다는 것으로 보면 될거 같다.

이 책의 저자인 만각 큰스님은 도道라는 개념을 '도道란 보이지도 않고 형체도 없으며 언어로 서술할 수도 없다'고 하였다. 역시 실

“

만각 큰스님은 도道라는
개념을 ‘도道란 보이지도 않고 형체도 없으며
언어로 서술할 수도 없다’고 하였다.

”

체substance, 본질essence 보다는 진리 자체를 뜻하는 것으로 아마 오랜 수행 끝에 표출된 바로 그 道의 완성품을 산과 물 그 어떤 형체 속으로 대입하여 깊이 깨우침을 글로 옮긴게 아닐까.

만각 큰스님의 긴 수행 여정과 생활불교의 가르침이 군데 군데 묻어 있는 에세이집이다.

불어서 꺼진 상태의 촛불을 다시 켜 선정 수행 속 고뇌를 사바세계에 알리고 있는 책이다.

제목에서 느끼는 신선함과 함께 모든 독자들의 심신을 안정시키는 道에 빠져보면 좋을 것 같다. 만각 큰스님의 에세이집 발간을 축하드리며 우리도 道 한번 닦아볼까?

| 차 례 |

1부 불교 속의 철학

2부 할 말은 하고 살자

3부 이야기 문으로 들어가다

1부

불교 속의 철학

도道 닦아봤나?

'마조선사'가 주창한 '마음이 곧 부처'라는 가치는 그 당시에 부처를 찾고 깨닫고자 하는 참 학자들에게 커다란 영향을 주었던 것이 사실이다. 그러나 많은 시간이 지날수록 '마음이 곧 부처란' 가치의 틀 속에 갇혀 안주하고 집착하는 병폐가 심해졌다. 그것을 알아차린 마조선사는 '그것은' 부처도 아니고 마음도 아니고 중생도 아니라고 부정否定해 버렸다.

도道를 닦다보면 정신 집중이 반복되면서 집착으로 변할 때가 있는데 마조는 그것을 알고 있었던 것이다. 그는 경전經典에서 수없이 반복되고 되풀이되는 이상적인 인격人格인 부처나 여래如來보다는 바로 눈앞에서 살아서 움직이는 사람을 조사祖師라고 했고 미완未完의 여래라고 강조하였다. 불성佛性이니 여래장如來藏 진여자성眞如自性이란 추상적 언어를 평상심平常心으로 바꾸는 선禪을 생활의 종교로 정착시키고 있었다.

도道는 닦을 것이 없다.
다만 물들지 마라, 무엇을 물들임이라 하는가?
생사심生死心으로 무엇인가를 하려고 하면 이것 모두가 물들임이다.

그러면 무엇을 평상심이라고 하는가?

조작造作이 없고 시비是非가 없고 취하고 버리는 것이 없고 단상斷常이 없으며 범부와 성인을 분별하지 않는 마음이 곧 평상심이다.

마조가 말한 평상심은 현실적 차원에서 우리가 일상생활을 통해 쓰고 있는 평상심의 차원을 넘어서고 있다. 시비에 물들지 않고 조작하지 않고 범부와 성인을 분별하지 않는 마음을 쓰기란 실로 어려운 일이다.

일생동안 쓰는 내 마음이지만 이 마음도 경계에 따라 흔들리고 환경과 조건에 따라 달라지기도 한다. 마조가 말한 평상심平常心으로 현실을 살고 있는 사람이 몇 사람이나 될까.

오랫동안 선방禪房에서 가부좌를 틀고 앉아 마음공부를 한 사람이 그동안 갈고닦은 지혜로 마음 쓰는 것을 보지 못했고 그 마음으로 사랑과 자비를 담아 쓰기가 어렵고 미운 사람에게 화해와 용서로 사랑스럽게 쓰기도 어렵다.

스스로 알고 깨닫는 것이 자기인 줄 모르고 밖을 향해 찾는 것이 이를 어찌 도道를 찾는다 하겠는가.

부처를 가지고 부처를 찾지 말고 부처와 중생은 오직 한 마음일 뿐이니 이 마음이 본래로 청정한 부처일 뿐이다.

어디에 가서 도道를 닦는단 말인가?

죽은 자의 독백獨白

사람이 수명을 다하면 육체는 사대가 환구본처還歸本處하여 제자리로 돌아가지만 그 육신인 사대(불교에서는 흙, 물, 불, 바람의 큰 기본 요소이며, 이 사대는 우주 어느 곳이든 없는 곳이 없이 존재하므로 사대라고 한다.)는 수명이 다 하여 흐트러집니다.

그 육신을 조정하고 다니던 의식을 영혼, 마음, 혼령, 영가 등으로 다르게 부르지만 그 근본은 하나입니다.

한자권에서는 다른 말로 명사로 마음이니, 영혼이니, 정신이니, 혼령이지만 순수한 우리말로는 얼이라고 합니다. 우리는 정신이 나간 사람을 보고 얼빠진 사람이라고 하지 않습니까?

이런 육체를 살아 있을 때 끌고 다니며 명령하던 주인공을 앞서와 같이 여러 호칭으로 분리 열거했지만 불교에서는 주인공의 핵을 제8식 아뢰야식이라 칭합니다.

일단 숨이 끊어지고 나면 49일 동안 존재하는 정신을 영가라고 부르는데 그 영가는 죽은 것도 아니요, 산 것도 아닌 중음신이 되어 49일 동안 존재한다는 것입니다.

이것은 정신계의 존재나 어떤 물질이나 질량이 있는 것은 아닙니다.

확실히 존재하는 비 물질의 의식이 있는 존재로서 자신의 육체에서 빠져나와 현실의 허공 4~5미터(m) 정도 위에 있다고 봅니다. 불교에서는 사람이 죽으면 통곡을 하거나 시체를 붙들지 말라고 하는 이유가 바로 여기에 있는 것입니다. 육신에서 빠져나온 중음신은 어떤 형태로든 자신이 평생지은 업을 결과대로 가게 되어 있는 것입니다.

죽어보니 자식도 다 소용없음을 알았다고 하는데 이유를 들어보니 그럴 듯하게 이해가 되기도 하는 것입니다. 재산을 아무리 많이 물려줘도 49재가 끝나기도 전에 자손들끼리 유산상속 때문에 싸우기 바쁩니다. 부모가 죽은 뒤에 상속 재산을 분배하는 과정에서 일어나는 분쟁은 어제 오늘의 일도 아니고 한두 번 보는 것도 아닙니다.

최근에 필자가 경험한 하나의 사례를 보면 6남매를 두고 어느 정도 재산을 보유한 아버지는 곁에서 힘이 되어주고, 아버지가 꾸려가던 사업을 이어가겠다는 장남에게 더 많은 재산을 물려주고 싶었고 미리 일부의 재산을 증여했습니다.

이 경우 아들딸 구분없이 동일한 법정 상속지분을 가지는 현재의 제도 하에서 향후 다른 자녀들이 훨씬 못 미치는 금액을 상속받는다면 법정 상속지분을 요구할 가능성은 뻔하지 않겠습니까?

우리 조상들은 후손에게 재산을 분배할 때 균등하게 분배한 기록을 분재기分財記라는 상속 문서에서 알 수 있으며 재산 상속에 따른 권리와 의무가 무엇인가까지 파악할 수 있다고 합니다.

경국대전 형전의 재산분배 규정에는 철저하게 아들딸이 똑같이 분배, 상속을 해야 한다는 원칙을 두었습니다. 조선후기부터는 유교적인 상속관행에 의해서 점차 차등분배하게 되었다고 기록하고 있습니다. 예를 들면 벼슬에 올라 가문을 빛냈거나 아니면 제사를 지내는 사람을 우대한다거나 상대적으로 여성들에게 차별적으로 분배했습니다.

요즘은 의외로 법적인 균등분배 원칙에도 불구하고 가령 부모의 병간호를 했거나 부모를 모셨던 경우 해당자가 누구이던간에 그 사람에게 많은 재산를 분배하는 것이 추세이기도 합니다.

부모가 살아 계실 때는 부모님의 뜻이라 여기고 아무런 말도 없고 불평불만이 없다가도 일단 두 분 중, 특히 아버지가 돌아가신 상황에서는 부모에 대한 원망과 함께 형제 자매간에 갈등과 미움을 품고 살아가게 마련입니다.

이런 경우를 대비하여 요즘은 살아생전에 미리 모든 것을 명확히 유언장이나 육성 녹음이나 기타 공정증서로나 구수증서 아니면 자필증서의 5가지 중 확실히 남겨놓음이 유행이라고 합니다.

미국의 역사상 세계 제일의 부자였던 록펠러, 카네기에 이어 세계 두 번째로 부자인 빌 게이츠는 그의 아이들에게 재산의 극히 일부만 물려주겠다고 말했습니다. 그는 열다섯 살, 열두 살, 아홉 살 된 삼남매를 두고 있습니다. 한 아이에 1,000만 달러씩만 상속하겠다고 했습니다. 우리들 서민들의 눈에는 천 만 달러하면 어마어마한 유산입니다. 빌 게이츠는 재산이 560억 달러(한화로 60조 6000억)이나 됩니다. 그중에 0.018%씩만 주겠다는 얘깁니다.

아이들 용돈은 하루에 1달러씩만 주었다고 합니다. 대신 그는 아이들이 엄청나게 좋은 교육을 받게 하겠다고 했습니다. 이런 집안이라면 100년 후 걱정은 안해도 될 것 같습니다. 이런 것이 현명한 처사인지도 모릅니다.

우리나라의 경우는 망자가 된 부모에게는 고맙다는 생각은 그때 그 순간뿐이랍니다. 죽은 자만이 슬픈 일입니다. 살아있는 자식들은 모두가 저 살기 바쁘고 가족끼리 즐기고 노는데 정신없어서 선대 조상들은 거들떠보지도 않고 겨우 명절이나 제삿날에만 인사치레한다고 생각하니 섭섭하기가 그지없다고 합니다. 막내 자식 놈은 교회에 다닌다고 죽은 조상에게는 절을 하지 않습니다. 일곱 번이나 하는 49재에 한번도 참석을 하지 않으니 이 또한 섭섭한 일이 아니겠습니까? 지난 첫 제삿날에도 집까지는 왔지만 끝내 절은 하지 않았습니다.

망령이 되면 다 모두가 마귀로 변한답니까?

하느님을 믿어야 회개하고 천당갈 수 있고 구원받을 수 있고 다시 태어난다고 하니 정말이지 너무나 한심스럽고 서글프기까지 합니다. 저네들이 그렇게 찾고 부르는 구세주라고 하는 저들의 아버지인 예수님도 십자가에 못박혀 죽었다고 하니 그렇다면 예수님도 마귀가 아니고 무엇이란 말입니까?

그 마귀에게는 왜! 목메듯이 절을 하며 찬송가까지 부르며 울부짖기까지 합니까?

왜! 인간은 도무지 모를 일입니다.

조상의 제사를 모시는 자손에 한해서도 이 또한, 어찌된 영문인지는 모르지만, 조부모님까지만 한정되어 있고 증조, 고조, 5대이상은 아예 제사도 지내지 않고 그저 산소에 벌초나 겨우 해주고 있습니다. 이것마저도 직접 자손들이 해주는 것이 아니고 벌초 대행업자가 와서 해 준다고 하면서 푸념을 늘어놓습니다. 예끼, 이놈들 자식들아 네놈들도 죽어서 이 애비, 할아비처럼 배고파하며 비참하게 구류세계에 떠돌아다니는 불쌍하고 가련한 신세가 되어 보아라.

살아있는 동안 좋은 선업을 많이 쌓아서 죽은 후에 고통스러움에서 헤어나야 할 것이니라. 일단 사람이 죽고나면 내 마음대로 되는 것이 한가지도 없다는 것을 절대적으로 명심해야 할 것입니다.

그저 조상들을 위한다는 것이 대부분 묘지를 호화스럽게 꾸민다든지 천도재나 굿이나 해주는 것이 전부인 줄 알고 있겠지요? 사람이 죽는다고 모든 것이 끝나는 것이 아니고 해결되는것도 아닙니다. 말하자면 새로운 시작입니다.

불교에서는 삶과 죽음을 동일시해 생사일여生死一如라고 합니다.

삶과 죽음이 같으니 삶이 죽음이 될 수 있고 죽음이 곧 삶이 될수 있습니다.

어둠과 밝음도 마찬가지입니다.

인간人間의 체계로 느끼는 것이 어둠과 밝음일 뿐입니다.

원귀冤鬼란 무엇인가?

그들이 바로 살아생전生前에 원한怨恨 많게 살다죽은 사람들임을 어째서 모른단 말입니까?

원한怨恨이 많으면 저승세계도 못가고 구천세계(중음의 세계)에 머물면서 자손이나 권속들 내지는 타인들을 괴롭히며, 자신의 억울함을 풀어줄 상대를 찾아다니는 것이 원귀이며 원한이 맺힌 귀신들을 말합니다.

인간의 육신은 고작 100년도 못살고 소멸消滅하지만 영혼은 수백 수천년을 고통속에서 살아가고 있음을 잊어서는 안됩니다.

무릇 생명이 있는 것은 일률적으로 여섯가지 세상에 번갈아 태어나고 죽어갑니다.

이른바 육도윤회六道輪廻입니다.

육도윤회六道輪廻라는 것은 결국 괴로움의 연속인 것입니다.

어쨌든 영혼들이 고통스러워서 호소하는 것들을 자손들은 들어주어야하며 자신들이 아는 조상들도 있지만 3대로 위에서 일어난 일들은 알기가 어려워서 그 원한을 풀기 또한 쉽지는 않을 것입니다.

영혼의 고통을 풀어주면 암이나 뇌사, 중풍, 당뇨, 자살, 사고사 같은 병마는 자기의 조상들이나 자손없이 죽은 귀신들이 들어와 발생하는 것들이기 때문에 의학적으로 못고치는 경우라도 신기하게 병마가 물러나는 경우가 있다고 역학자나 일부의 심리학자들은 말하고도 있습니다.

의학적으로 고칠 병도 있고 없는 병도 있으니 신체에 아무런 이상 징후가 없는 데도 의학적 용어로 건강체라고해도 실질적으로 아픈 사람이 많습니다.

머리를 비틀고 다리가 후들후들 떨리기도 하며 뭔지 모를 불안감이 치솟고 목을 조르는 것 같고 사지에 통증을 심하게 느끼는 사람.

여러 사람이 있는 장소에서는 아무렇지도 않다가 또 혼자만 있게 되면 위와 같은 증상이 일어날 적에 일단은 영파에 의한 영혼들이 빙의(憑依:영혼이 옮겨 붙음)가 되어서라고 보면 거의 정확할 것입니다.

영혼의 세계를 모르기 때문에 사람들은 모두가 현재 의학이면 다 해결되는 줄 알았지만 사실은 전혀 그렇지 않다는 것입니다.

상가에 문상을 갔다가도 그날로 죽어가는 사람도 많이 있고 얼마 동안 고생하다 죽는 경우도 많습니다. 이 모두를 일컬어 초상주당이라고도 하는데 모든 병균의 인자가 우리 몸에 들어올 때 원한 맺힌 영혼들이 함께 들어오게 됩니다. 빙의가 된 영혼들은 병균인자와 함께 기생하며 몸에 자리 잡는 것입니다.

이를테면 수술하여 나쁜 부위를 제거하면 그 병은 당연히 치료가 되어야 하지만 그렇지 않다는 것입니다. 영혼이 암 덩어리와 또는 유사한 나쁜 부위를 잘라내거나 어떤 방법이든 간에 그동안은 잠시 피신하였다가 다시 그곳에 자리를 잡기 때문입니다. 이러한 과정의 원리를 모르고 일반 사람들은 이런 것을 두고 수술 후 재발을 했다고들 말하고 있는 것입니다.

1) 병病의 발생 원인이 빙의영憑依靈인가?

모든 병의 근원은 마음의 병이라고들 말하지 않던가?

보통 사람들은 몸이 아프다면 “아이고, 골이야.” 두통을 두고 일상적으로 하는 말들입니다.

갑자기 머리가 깨질 듯 아픕니다. 열이 심하게 납니다. 뒷골이 당깁니다. 우선 급하게 약국으로 달려가 두통에 잘 듣는 진통제를 삽니다. 약을 먹고 나면 조금 있다 나아진 듯하고 통증이 사라지는 것이 통례 것입니다. 진통제로 그 아픈 통증을 잠깐 멈추게 했을 뿐이지, 두통의 원인은 바로 빙의된 본인, 아픈 당사자의 조상들이 들어왔다는 증표인 것입니다. 통증이 사라졌다고 안심하거나 완전히 치유되었다고 착각하지 마십시오. 잠시 잠깐 몸에서 나와 외출했을 뿐입니다. 그 외에도 여러 가지 증상이 나타납니다.

성격이 신경질적으로 변하게 된다던지, 매사에 일이 자주 꼬이고 사업도 부진해지며 금전적으로도 고통받게 된다던지, 불면증에 시달리게 되면 갑자기 예상 외로 나쁜 질병에 걸리게 됩니다. 자살하고픈 마음이 자신도 모르게 든다던지, 경미한 차 사고가 자주 일어나거나 이상한 나쁜 징후가 계속 일어나게 됩니다. 고통의 메시지를 보냄으로써 조상의 빙의된 영혼은 각자의 존재를 자손들에게 전합니다. 우리들 모두는 다 예비 귀신들입니다.

죽음 이후의 막막하고 깜깜한 저승길, 한번도 가본 적 없는 모두에게 두려움이 되는 길, 어느 누구도 갔다 하면 돌아오지 못하는 죽음의 세계, 아니 갈 수도 없는 영원한 길, 여러분들 각자는 사후에 어디로 갈 것입니까? 허공 중천인가? 구류의 세계입니까?

지옥도 극락도 아니고 수라도, 천당도 아닌 삶과 죽음의 중간세계인가요? 아니면 꽃피고 새 우는 근심 걱정이 없고 고통도 전혀 없다는 신선들만이 산다는 천상의 도리천궁인가? 아니면 하늘나라의 궁궐이라고 하는 천상계의 자미원 천상궁전 자미천궁인가요?

그곳은 신선의 나라입니다. 천당과 극락세계보다도 더 위쪽에 자리잡고 있는 자미원의 한가운데 궁전이라고 합니다. 자미원紫薇垣은 우주 공간의 천체 중에서 북극성을 중심으로 모여있는 별들의 구역을 말함인데 자궁紫宮, 자미궁紫薇宮, 자궐紫闕, 중궁中宮이라는 명칭이 있습니다. 진극(辰極:별들이 있는 공간의 끝)이라고도 하며, 임금이 계신 대궐에 비유하며 하늘의 중심이 되는 별자리를 말합니다.

누구라도 사후에 천상의 궁전인 자미원에 가기를 원하지만, 원한다고 쉽게 갈 수 있는 곳도 아니며 원치 않는다고 해서 포기할 수 있는 자리도 아니라는 것입니다.

우리가 사는 지구에서의 거리도 너무나 먼 곳입니다. 모든 영혼들은 이곳 자미궁으로 올라가고자 자손들의 몸에 빙의되어 애원을 하고 있으나 우리 사람들은 영혼들이 왔는지 갔는지 조차 알길이 없으니 조상님들로 봐서는 정말로 답답하기가 짝이 없는 노릇입니다. 잠시 머물다 가는 것이 인생이고 또한 그것이 바로 삶이 아닙니까?

어찌 보면 다 모두가 찰나에 불과한 것이니 인간의 삶을 80세라고 하지만 요즘은 그보다 훨씬 장수하여 90세 중반까지 생존하고 있는 추세입니다.

어린 철부지 시절과 노년 시절을 제외하면 25~60세가 왕성한 활동의 시간입니다. 여기서 또 잠자는 시간과 먹고 노는 시간까지 제외하면 25년 정도가 실질적인 우리의 삶입니다. 이것마저도 정상적인 삶을 살아가는 사람들의 이야기이며, 의외로 수많은 사람들이 제 병에 못 죽고, 사고사나 자살이나 피살이나 또는 낙인, 낙태 등으로 인생을 마감하고 있습니다.

어떤 삶은 평생을 병원 침대에 누워서 주삿바늘을 팔이며, 다리며, 가슴이며, 목구멍에 꽂아 놓은 채 고통 속에서 살아가고 있습니다.

인생사를 어떤 사람은 즐겁다라고 하며, 어떤이는 괴롭다고 합니다. 인생에는 인간의 노력으로 바꿀 수 있는 부분들이 있는가 하면 아무리 노력을 하고 금은보화가 산같이 많다고해도 불가능할 때가 있는데 이런 경우를 일컬어 우리들은 팔자소관이라고 합니다. 그렇다면 그 팔자라는 단어가 이 속에 숨은 뜻이 과연 무엇이기에 사람을 즐겁고 행복하게도 하고 짜증스럽고 불행하게도 하는 것입니까?

그것은 하늘에서 우리들 개개인에게 내린 소리없는 명이 아닐까요? 팔자는 못바꾼다고들 하지 않던가요?

어쩌면 그 말이 맞을 수도 있습니다.

어찌 하늘의 천명을 거역하겠습니까?

남녀의 정자와 난자가 결합되면서 천지 간에 굉음으로 빤짝하면서 극히 짧은 찰나에 번갯불같이 불꽃이 튀면서 한 생명이 이루어집니다. 그로부터 깜깜한 어머니의 모궁에서 열 달 동안 그 생명체는 오장육부가 생기면서 밖에서 들려오는 세상만사의 무수한 소리를 듣고 감지하면서 육근이 자라 시간을 맞추어 탄생합니다.

처음으로 우주의 공기를 들여 마심도 바로 천계의 명령으로 촌치의 어긋남도 없이 이루어져, 출생을 하는 해가 년주가 되고, 태어난 달이 월주가 되고, 태어난 날이 일주가 되며, 그 시각이 시주가 됩니다. 이로써 하늘의 천간에서 4개의 기둥을 정하고 땅에서의 12지 중에서 해당되는 4자를 합하여 사주팔자가 되니 하늘의 명 없이 정해지는 이것을 어찌 변하게 하겠습니까?

2) 운명을 바꾸는 천계天啓의 명命

인간의 탄생과 죽음, 오는 길과 가는 길(생, 노, 병, 사, 구, 애) 그리고 길흉화복, 부귀장수, 이 모든 것이 하늘의 명으로 이루어진다고 보면 될 것입니다.

여러분들은 인생을 내 마음대로 살다간다고 생각합니까?

어느날 TV화면에서 보았는데 경남 창원의 주남저수지에서, 부산 사하구 낙동강 하구에서, 까맣게 군무를 지어 하늘로 날아오르는 새들을 보면서 필자는 생각하기를 저 많은 무리들이 한꺼번에 비상하면서 어찌 서로 부딪히지 않고 날 수 있을까 하는 의구심을 가져 본 적이 있습니다.

아마도 모든 것이 하늘의 신명정기로 자연적 철칙에 의하여 이루어진 것이며 그것이 바로 천계의 명령에 따르는 것이 아닐런가?

천계의 명령이란 대단히 중요하면서도 엄중하며 천지만물을 움직일 수 있는 지시어指示語인 것입니다. 명하면 목숨을 먼저 생각하게 되거나 운명 등을 생각할 수도 있겠으나 천지만물의 지시명령입니다. 인간의 태어남도, 죽어야함도, 생동함도, 다 하늘의 명命으로 이어지고 있는 것입니다. 흔히들 인간의 생사를 두고 인명人命은 재천在天이라고 하지 않습니까?

명命이란 즉시 행하라는 강제성을 띤 지시어임이 분명합니다. 천계에서 명을 내리지 않으면 우주 만물이 멈추어 설 것입니다. 전쟁터에서도 군사들이 직속상관의 명 없이는 절대로 움직이지 않으며 계급사회에서는 명이 바로 생명이나 마찬가지입니다.

3) 생사일여生死一如

인생이란 무엇인가? 국어사전을 찾아보면

1) 목숨을 가진 사람의 존재

2) 사람이 이 세상에 살아있는 동안其間이라고 되어있습니다. 구체적으로 설명하면 부모로부터 몸을 받아 세상에 태어나서 죽을 때까지의 삶을 인생이라고 보면 될 것입니다.

뜻풀이로 인생에 대한 모든 것이 다 풀리고 의문이 없어졌다고는 생각지 않을 것입니다. 누구라도 이 정도는 다 알고 있는 것입니다.

그래도 인생에 대하여 답해보시오 하면, 선뜻 말을 못하고 정확히 표현하기 어려운 것이 인생인 것입니다.

사람이 살아간다고 하는 것이 그렇게 간단한 것이 아닙니다. 곰곰이 생각해보면 결국은 인생을 살고서 얻는 것은 경험과 죽음밖에 없는 것입니다. 이같이 인생을 살고 얻는 경험을 불교에서는 업이라고 하는 것입니다. 죽어서 가져가는 것은 결국 업밖에는 없다는 것입니다. 공수래공수거라하여 유형의 물질적인 무엇을 가지고 가는 것은 아닙니다. 결국 죽음을 향해 달음질하는 것에 불과합니다. 그것도 제동장치가 없는 자동차를 타고 달려가는 것과 같은 말입니다. 그 달려가는 세월동안 별의별 경험을 하게 되는데 그 중에는 악업도 있고 선업도 있게 마련이니 여기서 잠깐 한번 생각해 봅시다. 죽음을 향해 달려가는 길이 제동장치가 없는 자동차이니 멈추려고 해도 멈출 수가 없습니다.

왜! 일까요.

멈추는 것은 바로 죽음이니까?

멈추는 그 순간이 바로 죽음이 되는 것입니다. 이 자동차는 뒤로 되돌아간다든지 바로 후진을 할 수도 없는 것입니다. 그저 앞으로만 길 수밖에 없는 그런 것입니나. 이렇게보니 우리가 날려가는 아니, 살아가는 것이 얼마나 소중한 것인지 알게 될 것입니다. 가령 한 십 년을 연습으로 살아오고 다시 십 년 뒤 되돌아와서 그때는 정식으로 멋지게 살아본다든지 하면 좋을 터인데, 그렇게 할 수 없는 것이 인생입니다. 그 아까운 세월의 시간을 어떤이는 아무렇게나 허비해버리고 탕진을 하는 사람이 있는데 그런 사람들은 자기 목숨을 탕진하는 것입니다. 연습은 필요 없고 딱 한번 사용할 수 있는 목숨을 낭비하고 허비하고 탕진하는 것입니다. 그 달리던 자동차가 오래되면 운전을 하던 운전자만 내려서 새차를 갈아타듯이, 이 삶과 죽음이라는 것이 헌 옷을 벗고 새 옷을 갈아입듯 몸뚱이만 버리는 것이지 옷은 자꾸만 갈아입듯이, 생사를 보는 잘못된 관념에서일 뿐이지, 죽음 그 자체를 두려워할 이유가 없습니다.

생각해 보십시오!

누구라도 헌 차보다는 새 차를 헌 옷보다는 새 옷을 좋아하지 않습니까? 새 자동차와 새 옷을 갈아입는다면 얼마나 기쁘고 좋은 일이겠습니까?

이렇게 삶과 죽음을 둘로 보지 않고 이웃 마을 친구에게 들리듯 그렇게 가는 것입니다. 이것이 불교에서 말하는 생사일여生死一如라고 하는 것입니다.

4) 인생과 몸 공부

어떤 국왕이 그 나라 학자들에게 인생이란 무엇인가에 대하여 연구를 해보라고 명령을 했습니다. 몇 사람의 학자는 30년 후에 수십 필의 낙타 등에 연구논문을 싣고 국왕을 친견하였습니다. 그러나 그동안 세월이 지나 이미 나이가 많이 든 왕은 그 많은 분량을 모두 읽을 힘이 없으니 더 간단하게 정리하라고 하였습니다. 그간에 국왕은 눈도 나빠졌고 귀도 나빠졌습니다.

왕은 단 한 권의 책도 읽지 못하고 나는 이제 남은 수명이 얼마 남지 않은 것 같구나.

이걸 읽을 시간도 없으니 어찌하노.

인생이란 무엇인가를 빨리 알고 싶구나.

누구든지 좋다.

한마디로 요약해서 인생을 표현하라.

어서 빨리하라고 재촉을 합니다.

학자들은 잠시 의논을 하였습니다.

그리고 한 사람이 대표자가 되어 왕의 귓전에 대고 큰소리로 말했습니다.

마마, 사람은 태어나 늙고 병들고 그리고 마지막에 죽어가는 것입니다.

국왕은 빙그레 미소를 지으며 그렇구나 하고 숨을 거두었습니다.

5) 마음이란 무엇입니까?

눈에 보이지 않는 몸입니다.

몸은 무엇입니까?

보이는 마음입니다.

한라산 자락에 우거愚居한다는 어느 도사님과의 선문답입니다.

사람 몸의 상태를 보면 평소에 그 사람의 마음 상태가 어떤지를 짐작할 수 있다는 도사의 지론입니다. 몸 가는 데 마음이 가고, 마음이 가는 데 몸도 따라갑니다. 그러니 내 몸에 고장이 났다는 것은 마음 어딘가에 고장이 나 있다는 말입니다.

그러면 이 고장 난 몸과 마음병을 어떻게 고쳐야 합니까?

몸과 마음이 같이 가는 것이기는 하지만 경향성에 있어서 약간의 선후관계가 있습니다. 마음을 먼저 다스려서 몸을 고치는 노선이 있고, 몸을 먼저 다스려서 마음을 안정되게 치유하는 노선이 바로 그것입니다. 말년에 와서 내 육신이 노후가 되니까 후자가 먼저 눈에 들어옵니다.

그 동안에 몸 공부의 중요성을 모르고 소홀히 했다는 것이 후회가 됩니다.

몸 공부의 핵심은 인체의 경락經絡과 혈穴의 자리를 아는 것입니다.

경락은 몸 안의 기운이 흐르는 도로라고 한다면 혈은 인터체인지와 같다고 볼 수 있습니다. 도로가 잘 뚫리고 인터체인지에 기운이 원활이 돌아다니면 몸에 큰 병은 없습니다. 막히면 병이 오게 됩니다. 문제는 건강의 척도는 혈액 순환의 원활함에 좌우된다고 보면 정확한 진단입니다.

옛날 어른들의 말씀에 신외무물(身外無物 : 몸 외에 어떤 물건도 없다.)이라고 했습니다. 내 몸 망가지면 죽도 밥도 아니다라는 표현일 것입니다.

지혜가 있다는 것은 다른 것이 아닙니다. 자기 몸의 막힌 경혈을 그때그때 수시로 풀어주는 것이 지혜있는 사람의 행동입니다.

세상만사가 몸의 관리뿐이겠습니까?

일체가 순리대로 막힘없이 돌고 돌아야 뚫린다는 것이니 몸 공부야 말로 한번 해 볼만한 공부가 아닌가?

6) 인생의 궁극적인 목적이란 무엇인가?

인간으로서 가장 탁월한 기능을 발휘케하는 그러한 궁극적 목적이란 어떤 것일까?

궁극적 목적이란 그것이 다른 무엇의 수단이 될 수 없다는 뜻의 궁극성과 더 이상 아무것도 보탤 필요가 없는 자족함이라는 뜻의 완전성의 두 측면을 모두 갖추어야 한다고 아리스토텔레스는 말하고 있습니다.

이 두 가지의 성질을 갖춘 그 궁극적 목적을 아리스토텔레스는 행복이라고 말합니다. 즉, 인간은 행복해지기 위해서 존재한다는 것입니다. 그러면 행복이라고 하는 것은 무엇이냐에 귀착하게 되는데 행복이란 기분 좋게 몽롱한 심적 상태가 아니라 성공적 삶을 말하는 것입니다. 그것은 정적인 상태가 아닌 동적인 활동에서 느끼게 되는 상태를 말합니다.

그렇다해도 이 모두가 활동이 아니라 내 마음먹기에 따라 분별되는 것이니 삶과 행복은 일체가 유심조라 하더라도 역시 활동보다는 마음이 중요한 것입니다.

별자리와 역학과의 관계

현대과학의 원조는 천문학이라고 본다.

천문학은 별의 운행이나 출몰에 의한 우주의 변모를 알고자하는 과학이다.

시간적인 관찰 방법으로는 인간이 생명을 부여받은 시각과 별자리와의 연결을 파악함으로써 한 인간의 궤도를 기리려 한 것이며 공간적으로는 만상과의 대립에서 수시로 변모하는 모양과 질과 양으로의 연관성에서 현재의 상황을 파악하려고 했다.

현상을 파악하는 데는 공간적 방법이 최상이고 과거와 미래를 예견하는 데는 시간적 관찰 방법이 최상인 것이다. 그 당시에 그들은 나 자신을 우주와 별과 자연과 시가과 연결지어 관찰할 때 자신을 발고대문명인들은 인간을 우주와 동체로 보았다. 흔히들 우리 인체를 두고 소우주라고 하지 않던가? 그러기 때문에 한 인간을 관찰함에 있어 공간적 가치와 시간적 존재 위치를 중시重視하는 것이다.

예견하는 가장 빠르게 정확한 길임을 알게 된 것이다. 말하자면 현대에서 말하는 가장 세밀하고 정확한 통계학인 것이다.

인간이 태어난 순간을 시간적으로 관찰하는 데는 두 가지가 있는데 하나는 우주 천체의 별자와 연견지어 운명을 점지하는 점성술(별점)과 또 하나는 달(음력 원, 일)과의 연결에 의한 생년월시生年月時의 네 가지 운명을 종합하여 출력하는 사주학四柱學이다.

사람은 태어나면서부터 양력과 음력 두 가지의 생일을 가지게 되는데 양력은 태양과 12별자리가 통과하는 것을 기축으로 만들어졌기 때문에 인간의 운명을 태어난 시각에 태양과 마주 걸친 별자리의 특성을 결부시켜 설명하게 되는데 태양은 1년 동안 12별자리를 통과하는데 각각 1개월 정도가 소모된다고 한다.

그러기 때문에 양력에 따른 운명은 모두 12종류로 분리되지만, 음력은 태어난 시각에 중점을 두기 때문에 하루를 12시간으로 나누어 그 시각과 태어난 해年와 달月과 날짜까지를 합산하여 운명을 세분하기 때문에 이를 사주四柱네 기둥이라고 말하는 것이다.

하늘에는 무수한 별들이 있다. 그 중에서 인간이 살고 있는 지상에 조응照應하는 별은 해日, 달月을 비롯하여 金星, 木星, 水星, 土星, 火星 등과 자미원紫薇垣, 玄方 천시원天市垣, 艮方 태미원太微垣, 選方 소미원小微垣, 兌方 등과 28성수星宿 등이 있다.

세계에서 두 번째로 오래된 천상열차분야지도天象列次分野之圖의 천문도를 중심으로 해서 하늘의 별을 살펴보면 북쪽 하늘을 중심으로 눈에 보이지 않는 우주의 벽을 3개의 경계로 나누어 紫薇垣, 太微垣, 天市垣으로 구분하였다.

1)자미원은 북극성을 중심으로 모여 있는 별들의 구역을 말한다. 자궁紫宮 자미궁紫薇宮 자궐紫闕 〈별들이 있는 공간〉이라고도 하며 임

금이 계신 대궐에 비유하며 하늘의 중심이 되는 별자리이다.

2)태미원은 28성수 중에서 25~28번째 성수인 장張 익翼 진軫 이북의 구역으로 나랏일을 다스리는 조정朝廷에 해당된다. 승상과 장군 등 문무文武 중신의 별이 있는 곳이다.

3)천시원은 28성수 중에서 4~8번째 성수인 방房 심心 미尾 기箕 두斗 이북의 구역으로 임금이 신하들로부터 조회朝會를 받는 곳으로 제성齊星이 임하는 명당이다.

'천상열차분야도'를 놓고 보면 28성수는 2500년 전 주나라 때부터 써온 것으로 달이 지구를 한 바퀴 도는 즉 백도白道의 주기에 있는 별자리의 위치를 표시한 것이다.

달의 공전주기를 27.33일이기 때문에 매일 달이 옮겨가는 위치에 있는 별들의 성좌를 표시한 것이 28성수인 것이다. 이 성좌를 수宿 또는 사舍라고도 하는데 운행순서는 동궁東宮에서 시작하여 북궁北宮 서궁西宮 남궁南宮으로 한다. 이는 달의 이동 경로와 같다. 동서남북 4궁에 각각 7개의 성좌를 배치하고 신비스러운 동물의 이름을 붙였다.

동궁(청룡) : 각(角-용의 뿔) 항(亢-용의 목) 저(氐-용의 가슴)
방(房-용의 배) 심(心-용의 심장) 미(尾-용의 꼬리)
기(箕-용의 항문)
북궁(현무) : 두(斗-거북과 뱀의 엉킴) 우(牛-뱀의 모양)

여(女-거북의 모양) 허(虛-거북의 몸통)
실(室-거북이가 있는 곳) 벽(壁-뱀이 있는 곳)

서궁(백호) : 규(奎-호랑이 눈) 루(婁-호랑이의 위장)
위(胃-호랑이의 위) 묘(昴-호랑이의 털)
필(畢-호랑이의 입) 자(紫-호랑이의 몸통)
참(參-호랑이의 꼬리)

남궁(주작) : 정(井-봉황의 벼슬) 귀(鬼-봉황의 입)
성(星-봉황의 목) 장(張-봉황의 모이 주머니)
익(翼-봉황의 날개) 진(軫-봉황의 발)

이러한 별들은 지상에 조림照臨하여 산의 형태를 만들고 산들의 혈에 비추어 인간의 길흉吉凶화복에 관계하기도 한다. 하늘에 있는 별과 땅의 산이 서로 조응照應하여 혈에 비추고 서로 상호작용시키는 오행을 성수오행星宿五行이라는 특수오행이다.

즉, 성수오행과 28숙과의 상생을 하느냐, 상극을 하느냐에 따라서 길흉화복을 판별할 수 있다는 것이다.

그런데 일부 학자들은 이러한 별들의 길흉화복은 풍수지리에 속한다는 분과 별자리와 역학은 별개의 학문이라고 주장하는 학자들도 있음이 대세이기도 한데 필자의 다년간 실습한 내용으로 봐서는 풍수지리학과 사주명리 즉 역학과는 밀접한 연관 관계가 있음을 터득하게 된 것이다.

이를테면 풍수나 역학은 다같이 자연학에 기초를 둔 것이라고 본다.

음양오행의 생성 과정

이르기를 우주의 생성은 137억 년 전인데 그때의 우주공간에는 아무것도 없는 텅빈 공간이였다. 바로공이다. 이때를 무극의 상태라고 하는데 이 우주가 생성하는 과정에서 블랙홀이 빛을 포함한 주변의 모든 물체를 끌어당기며 수축(흡수)하는 현상을 음이라고 하고 그 수축이 극에 달해 평창하면서 빅뱅을 하게 된다. 바로 혼돈의 시기에서 태극의 상태로 변하면서 음과 양으로 양분되면서 주역으로 설명되고 구성九星으로도 설명되고 오행으로도 설명하는데 이때부터 木 火 土 金 水의 오행으로 이어지면서 깊이 분석되고 또한 그 오행 안에 또 오행이 있으니 서로 상생 상극함이 있도다.

우주는 137억 년 전에 크케 폭발하면서 생겨났고 지구는 45억 년 전에 생성되어졌다고 한다. 그리고 이 지구는 약 37억 년 전에 생물이 생기게 되는데 그 뒤에 최근인 200만 년 전에 자기의식意識을 지닌 인간이 지구에 살게 되었지요.

우리 인간이 살아가는 데는 눈에 보이지도 않는 기운에 의해서 살아가게 되는데 그 기운은 바로 天 地 人이라고 했다. 우주공간인 하늘에서 내려오는 천기와 땅속의 지기와 사람에 의한 상오 오행의 기운에 의해서 살아가게 되는데 그에 따라 별자리의 운행에 의해서도 인간에게 미치는 기운의 영향이 크다고 한다. 그래서 성수오행星宿五行설을 사주명리의 역학에 연관시켜 보자고함이 필자의 진심이다. 앞에서도 말했듯이 별의 운행이 지상에 조응照應하면서 오행의 상생 상극에 따라 인간의 운명에 결정적으로 조영照影한다는 논리다.

가령 사주 명리학에서 천간의 일주에 목木이라면 자연학에 견주어 무성한 나무에 위의 천간일주의 통변은 몸의 상태, 또는 얼굴이나 열매로 볼 것이며 무성한 잎과 가지를 지탱해 주는 몸통은 지지에 해당되는 몸의 상태나 천간에 의한 뿌리로 볼 것이며 밑둥의 지하 쪽을 숨은 지장간地藏干으로 본다면 뿌리는 천간의 속마음을 밝혀줌이 될 것이다. 이와 같은 논리로 본다면 지하 속의 숨은 지장간이야말로 사주팔자를 통변함에 매우 중요한 부분이 될 것이라 본다.

역학은 자연학인가?

태아는 모태母胎의 자궁子宮 밖으로 나와서 첫 호흡을 하는 순간 폐肺에 가득 차 있던 양수가 빠져나가게 되고 바로 이 순간 우주의 기운을 흡입하게 되는데 이때 심장心臟은 압력의 변화로 좌심방左心房과 우심방右心房에 뚫려있던 구멍이 막히면서 모든 순환계는 원래 디자인되었던 대로 기능하기 시작한다고 한다. 즉 세상에 나온 아기의 미숙한 신체는 그 순간 당시에 존재했던 우주의 천기天氣를 받고는 세상에 존재할 면역성免疫性을 외적으로 형성하게 되는 동시에 첫 호흡을 통하여 폐에 산소를 공급하게 되고 좌, 우 심방이 닫히면서 혈액은 폐에 첫 흡입된 산소를 공급받아 혈관을 통하여 온몸에 산소를 공급하는 과정이 시작된다. 이러한 그 모든 과정이 48초 내에 이루어진다는 것이 의학자들에 의해 정설로 되어 있는데 이때에 대기大氣에 분포되어 있던 우주의 기운(지구와 가장 가까이 있는 오행성의 기운 : 음양오행의 분포)을 체내에 공급하는 것으로 부모의 유전자DNA 외에 또 하나의 우주기운(천간의 유전자)이 체내에 포맷fotmat되어져 체질 형성에 영향을 미치게 되며 완전한 독립된 인간으로서의 시작이 된다.

이때의 생년월일시에 따라 음양오향과 육십갑자를 통해 나타낸 것이 사주팔자 네 기둥의 8글자가 개개인의 사주명식이며 그것을 일컬어 사주팔자라고 하는 것이다.

일부 풍수 이론의 학자들은 위와 같은 순서와 같이 우주 공간의 별에서도 태아가 이 세상에 나와 탯줄을 자르고 스스로 첫 숨을 들이쉬는 순간에 하늘 별 한 개가 일직선으로 태아의 첫 울음소리와 강, 약에 따라 태아의 일생이 결정된다고도 합니다. 이 별이 즉, 나의 별이 되는 것이다. 그러나 지구의 자전으로 일직선으로 래조來照했던 별의 자리가 어그러지고 다음 언제인가 되돌아올 적에 즉 천간의 년, 월, 일과 마주칠 때가 상승기라는 길년 길월이 되는 것이니 이것은 즉, 명리에서 말하는 대운이 아닐까? 조심스럽게 가정해 본다.

필자의 강의 제목이 실은 28숙과 역학과의 관계를 연결시킬 수 있을까〉 하는 화두에서 시작된 것이니 오묘한 사주명리의 내면적 진위보다도 북두칠성을 위주로 한 우주의 별자리가 과연 사신사(청룡, 백호, 주작, 현무)가 인간의 태어나 월일(생일)에 따라 얼마간의 길흉화복이 정확한 가는 오늘 이 자리에 동참한 여러 수강자께서는 별지 복사된 자료(데이터)는 따로히 참고하시고 다만 필자가 30년간 500명을 대상으로 얻은 통계임을 말씀드립니다. 즉 이것은 데이터일뿐

별도로 그 어떤 이론에 근거한 정답이 아니라는 것입니다. 끝까지 경청해 주셔서 고맙습니다.

감사합니다.

삼처전심三處傳心

1) 염화시중拈華示衆

삼처전심은 부처가 세 곳에서 마음의 법을 마하가섭에게 전함을 두고 하는 말입니다.

첫 번째는 염화시중拈華示衆의 미소입니다.

부처님이 영취산에서 대범천왕이 공양한 진리의 꽃(금바라) 한 송이를 들고 그 꽃을 여러 대중들에게 들어 보일뿐입니다.

이때 다른 제자들은 무슨 뜻인지 몰라 어리둥절하고 있는데 오직 가섭만이 참뜻을 알아 빙그레 웃었을 뿐입니다.

말을 하지 않고도 마음과 마음이 통해 이심전심以心傳心 깨달음을 얻어 부처님이 짓는 미소의 뜻을 알았다는 것입니다.

2) 다자탑전多子塔前 분반좌分半座

다자탑은 중인도 니사리尼舍籬 서북쪽에 있던 탑의 이름입니다.

어떤 장자가 산에 들어가 열심히 도를 닦아 마침내 도를 이루었는데 그 후, 그의 아들딸 60여 명이 아버지가 공부하던 곳을 기념하기 위해 탑을 쌓았다하여 다자라고 불리어지고 있는 탑입니다.

석가모니 부처님이 그 탑 주위에 앉아 설법을 하고 있을 무렵, 오랫동안 용맹정진 하다보니 길게 자란 수염과 머리며 누더기 옷을 걸치고 몸도 씻지않아 심한 악취를 풍기면서 뒤늦게 도착한 가섭을, 여러 수행승들은 가섭존자가 누구인지도 모르면서 비난이 쏟아졌습니다.

그의 행색과 악취에 놀라 수행승들이 자리를 피하였습니다. 이때, 석가모니 부처님이 가만히 가섭을 불러 자기가 앉아있던 자리를 반으로 나누어 양보하여 그를 곁에 앉도록 한 것에서 유래된 것입니다. 이것이 두 번째로 마음을 전한 행동입니다.

〈보충 설명〉

이글은 세존이 세 곳에서 가섭 존자에게 마음을 전했다는 소위 삼처전심三處尊心의 이야기 가운데 첫 번째의 것이다.

이 이야기는『잡아함경雜阿含經』에서 나온 것인데, 다자탑多子塔에 대해서는『벽지론辟支論』에서 자세히 설명하고 있다. 이를 그대로 인용하니 뒷 사람들에게 참고가 되었으면 한다.

왕사성에 한 장자가 살고 있었는데 재산이 한량없이 많고 아들과 딸이 각각 30명이 있었다.

장자가 멀리 나갔다가 어느 숲에 이르러 때마침 누군가가 큰나무를 베는 것을 보았다. 그 나무는 가지가 너무도 무성하여 여러 사람이 끌어도 잘 끌어내지 못했다.

그 다음에 작은 나무를 베는 것을 보았다. 작은 나무는 가지가 없어서 한 사람이 끌어도 걸림이 없었다. 이 일을 보고 장자는 깨달은 바가 있어 다음과 같이 게송을 읊었다.

내가 큰 나무를 베는 것을 보니
가지와 잎이 매우 무성하여
빽빽한 숲이 서로 얽혀 있으면
벗어날 수가 없네.
세상 일도 그러하여
남녀와 모든 권속들이
미움과 사랑으로 얽혀 있으면
생사의 숲에서 벗어나지 못하네.
작은 나무는 가지가 없어서
빽빽한 숲에 걸리지 않나니
저 일을 보고 이 몸을 살피건대
미움과 사랑의 속박을 끊으면
생사의 숲에서 저절로 해탈하리라.

그리고 장자는 즉석에서 벽지불의 과위果位를 얻었다. 그가 열반에 들자 여러 아들들이 그를 위해 탑묘塔廟를 세웠다. 여러 아들들이 탑을 세웠다 하여 그 탑을 자다탑多子塔이라 부르게 되었다.

『선문염송』에서는 이 『잡아함경』의 글을 인용하여 "세존께서 다자

탑 앞에서 인간과 하늘의 무리들에게 설법을 하시는데 가섭迦葉이 늦게 도착하였다. 세존께서 그와 자리를 나누어 앉도록 하시니 대중들이 모두 어리중절하였다."라고 하였다.

이 이야기를 소개한 것은 세존이 세 곳에서 마음을 전했다는 삼처전심을 세상에 드러내는데 그 뜻이 있다.

세상에 알려진 대로 삼처전심이란 이 이야기와 영산회상靈山會相의 염화미소拈華微笑와 사라쌍수하沙羅雙樹下의 곽시쌍부槨示雙趺가 그것이다.

이 세 가지 일을 통해 세존이 상수제자인 가섭 존자에게 부처님의 마음을 전하였다는 것이 선법禪法의 연원이 된다.

그러나 여기서 전했다는 것은 계주繼走하는 사람들이 바통을 전하는 것과는 다르다. 불교를 공부하는 사람들은 이러한 말에 떨어지지 말고 그 의미를 잘 체득해야 한다.

세존에게는 가섭이 오는 것을 보고 자리를 내어주는 것이나 가섭이 그 자리에 앉는 것이 별다른 일이 아니다. 오직 일상사일 뿐이다. 가섭이 법석에 늦게 도착할 수도 있고, 세존은 자리가 마땅치 않은 가섭에게 자리를 좀 나누어 줄 수도 있다.

염화미소도 그렇다. 대범천왕이 부처님께 꽃을 올리니 부처님은 그 꽃을 들어 보일 수도 있다. 그것을 보고 가섭 존자는 미소를 머금을 수도 있다. 역시 일상사다.

그리고 또 인간이 하는 모든 행위 가운데 마음이 하지 않는 일이 어디 있겠는가? 누구나 할 수 있는 일상사가 가장 특별하고 위대한 일이다. 볼 줄 알고, 들을 줄 알고, 부르면 대답할 줄 아는 사람이라면 누구나 할 수 있는 일이다. 배가 고프면 먹을 줄 알고 피곤하면 잠을 청할 줄 아는 사람이라면 다 할 수 있는 일이다. 누구나 다 할 수 있는 일이므로 특별하고 희유하고 신기하고 기기묘묘한 일이다.

한 먼지 속에 온 우주가 다 들어 있듯이 하나의 평범한 일 속에 팔만서천의 법이 다 포함되어 있다. 그래서 대서특필을 하였다. 선의 안목은 이렇게 평범한 일을 눈여겨 볼 줄 아는 안목이다.

이 일을 조금은 달리 표현하여 "옛 부처님이 아직 태어나기도 전에 뚜렷하게 한 물건이 있었다. 그것을 석가는 모르는 일이다. 모르는 일을 어떻게 가섭에게 전할 수 있겠는가" 라고 하기도 하였다. 이것이 조종문하祖宗門下의 향상일로向上一路 소식이며, 세 곳에서 비밀리에 전했다고 한다.

무엇을 어떻게 전했다는 말인가?

비록 그렇더라도 편의상 전해 주고 전해 받았다고 하니 얼마나 알아듣기 쉽고 편한가? 그래서 방편으로 세 곳에서나 이심전심以心傳心하였다고 하는 것이다. 아무튼 우리 선가의 극칙공안極則公案은 소승경전인『아함경』에서 그 근거로 삼고 있다는 사실을 알기 때문에 근래의 눈 밝은 선원에서 경전과 어록들을 매우 중요시 여기는 것은 너무나 당연한 일이다.

3) 곽시쌍부槨示雙趺

세 번째는 부처님의 임종 무렵이었습니다.

그 내용은 열반경에 나와 있습니다.

사라쌍수하沙羅雙樹下 곽시쌍부槨示雙趺입니다.

석가가 80생을 마감하고 열반을 교화하고 있었습니다.

제자들은 부처님을 관속에 모셔놓고 가섭을 기다리고 있었습니다.

그 당시에 가섭은 그 자리에 없었습니다.

기다리다 지친 제자들이 다비를 하려했으나 불이 붙지 않았습니다.

엿샛날 뒤에 도착한 가섭이 와보니 이미 부처는 열반에 드신 후 입관되어 있었습니다.

가섭이 부처의 관 주변을 오른쪽으로 세 번 돌고 세 번 절하며 슬피 울면서 말하였습니다.

이 육신을 버리고 먼저 홀로 가셨습니다.

그러자 갑자기 관 아래쪽이 터지면서 금관 밖으로 부처님의 두 맨발이 가섭의 앞으로 나왔습니다. 두 발을 내 보임으로써 세 번째로 자신의 마음을 마하가섭에게 전해 보인 것입니다.

가섭과 대중들이 부처님을 향해 예배를 드리자 다시 발은 관속으로 들어갔습니다.

그렇다면 부처님이 왜 제자인 가섭 앞에 맨발을 내밀어 보였을까요?

가섭에게 무엇을 말해 주려고 그랬을 것일까?

부러텄다가 아물고 굳은살이 박힌 부처님의 그 발이 오늘날에 우리들에게는 어떤 의미일까?

부처님의 일대기를 읽어보면 평생토록 길 없는 길을 맨발로 걸어 다니면서 40년 동안이나 중생들에게 진리를 설교하였습니다.

그렇게 다니다가 부처는 자기가 다니던 그 길위에서 맨발로 열반하셨습니다.

그러므로 맨발은 곧 길을 의미합니다.

처음부터 길이 있었던 것이 아니라 부처는 항상 길을 만들어 헤쳐가고 있었던 것이었습니다.

이렇게 해서 불조의 법맥은 마하가섭이 제 1조가 되며 그의 법은 다시 아난다로 이어지게 되었으니 그래서 아난다를 제 2조라고 불리게 됩니다.

아난다는 25년간 부처의 시자로서 그리고 부처의 사촌으로서 제일 많이 듣고 묻기도 한 다문제일 제자라고 부르게 된것입니다.

그래서 나는 부처님 말씀을 이렇게 들었다하여 여시아문 일시불如是我聞 一時佛이라 하지 않았던가?

제 3조 상나화수商那和脩, 제 4조 우바국다優婆毱多, 제 5조 제다가提多迦로부터 제 27조 반야다라般若多羅, 제 28조 보리달마菩提達磨에 이르니 그는 부처님의 법인法印을 천축에서 중국으로 가져온 중국 선불교의 초조初祖인 것입니다. 양나라 무제는 독실한 불교신자로서 스스로 황가보살皇家菩薩이라 부르며 중국 전역에 수많은 절을 짓고

경을 편찬하고 있었습니다.

그는 부처의 금란 가사와 바리때를 전수받은 서역의 고승달마를 영접하게 되는데 무제는 달마대사에게 다음과 같이 물었습니다. 짐朕이 황위에 오른 이래 수많은 절을 짓고 경을 쓰고 스님들을 기른 것이 셀 수도 없었습니다. 그러하니 내게는 어떤 공덕이 있겠소.

무제는 은근히 자신의 업적을 자랑하게 되었습니다.

그에 달마는 단숨에 이렇게 답하였습니다.

아무 공덕도 없습니다.

어찌하여 없습니까? 왜 없단 말입니까?

이는 인간과 하늘의 작은 결과를 받은 유루遺漏의 원인일 뿐이니 마치 그림자가 형상을 따르는 것 같아서 있는 듯하나 실제로 있는 것이 아니기 때문입니다.

무제가 다시 물었습니다.

어떤 것이 성제聖帝의 제일가는 이치입니까?

전혀 거룩함聖이 없습니다.

마침내 화가 난 무제가 언성을 크게 다시 물었습니다.

짐을 대하고 있는 이는 누입니까?

"모릅니다."

달마는 그길로 궁을 뛰쳐나와 강북을 돌아서 낙양洛陽을 거쳐 숭산崇山의 소림사少林寺에 머물며 벽을 향해 앉아 해가 지도록 잠자코 앉았으니 아무도 그를 아는 사람이 없었습니다.

그를 일러 벽을 바라보는 바라문壁視婆羅聞이라 하였습니다.

그 벽을 바라보면서 침묵하기를 7년에, 마침내 달마가 서역에서 동쪽으로 건너와 그의 심법을 전해줄 중국에서의 제1조를 만나게 되니 이 사람이 바로 뒤에 혜가慧可로 이름을 고친 신광神光이었습니다. 이때의 장면이 전등록傳燈錄 3권에 상세히 있습니다.

제3조 승찬僧璨, 4조 도신道信, 5조 홍인弘忍인데 홍인은 7세 때도신의 눈에 들어 출가 후 30년 동안 한시도 도신의 곁을 떠나지 않고 시봉하였습니다.

6조 혜능慧能과 홍인의 수제자 신수와의 얘기가 있습니다.

신수 : 몸은 보리의 나무요 (身是菩提樹 신시보리수)
마음은 밝은 거울과 같나니 (心如明鏡臺 심여명경대)
때때로 부지런히 털고 닦아서 (時時勤拂拭 시시근불식)
티끌과 먼지가 붙지 않게 하라 (莫使有塵矣 막사유진의)

혜능 : 菩提本無樹(보리본무수) : 깨달음에 본래 나무가 없고,
明鏡亦非臺(명경역비대) : 밝은 거울 또한 틀이 아닐세.
本來無一物(본래무일물) : 본래 한 물건도 없는데,
何處惹塵埃(하처야진애) : 어느 곳에 먼지 끼고 때가 일까.

《육조단경》에 있는 이 두 글을 보면, 왜
북종의 신수가 점수漸修를 주장하고,
남종의 혜능이 돈오頓悟를 주장했는지 알 수 있다.

혜능의 말은 청허 휴정(서산대사)이 편한 《선가귀감》에 나오는 다음 말과 일맥상통한다.

法本無縛何用解 법본무박하용해
법은 본래 묶인 곳이 없으니 어찌 풀 것이 있으며
法本無染何用洗 법본무염하용세
법은 본래 더럽지 않은 것이니 어찌 씻을 것이 있겠는가.

풍전등화風前燈火

1) 상원사上元寺의 어둠

6.25전쟁 중의 일화입니다.

1.4후퇴 직전, 한 무리의 국군들이 오대산을 찾아와서 모든 산내 암자들을 태우기 시작했습니다. 왜냐하면, 인민군들이나 빨치산과 같은 공비들이 사찰을 근거지로 삼아 양식을 조달하고 숨어지내면서 국군에게 타격을 준다고 판단한 군인들이 이른바 초토焦土작전을 펼친 때문입니다.

오대산은 6.25전쟁 중, 최대의 격전지激戰地였습니다. 낮에는 국군들이 점령하고 밤에는 공비들의 소굴이 된, 전략상의 요충지대要衝地帶입니다. 국군들은 오대산의 입구에서부터 방화放火를 시작하였습니다.

본존불本尊佛이 모셔져 있는 월정사月定寺의 대적광전大寂光殿은 물론, 동별당, 서별당, 불이문, 천왕문, 보장각, 종각등 모든 승당들이 불타고 사중의 귀중품마저도 전부 불타는 참화慘禍를 입게 된 것입니다. 국군들은 칠불보전, 영산전, 관음전, 진영각, 연향각선당, 백련당 등을 차례차례로 다 태우고 적멸보궁寂滅寶宮이 있는 상원사까지 오르고 있었습니다.

한밤중이 되어서 상원사에 이르게 된 소대장은 국군들을 향해 막 불을 지르도록 명령하려는 찰나에 절에서부터 칠십노구의 승려 한 분이 나오고 있었습니다.

지휘 장교는 깜짝 놀라면서 부하들을 만류시키고 나서 홀로 절을 지키면서 남아있던 스님에게 물었다고 합니다.

누구일까?

이때의 스님이 바로 한암스님이었습니다.

한암은 본래 만공스님과 같이 경허스님의 마지막 애 상자였습니다. 여기에서 우리는 한임스님의 발자취를 알아볼 기회를 가져봅시다.

2) 한암스님을 조명照明하다

한암의 이름은 중원으로 본관은 온양 방方씨이며, 아버지는 기순箕淳, 어머니는 선산 길씨善山 吉氏이고 태어난곳은 강원도 화천이며 1876년생입니다.

그는 어려서부터 천성이 총명, 영특하여 한번 의심이 생기면 풀릴때까지 캐묻기를 주저하지 않았다고 전해지고 있습니다. 한암은 어느 날, 보조국사의 수심결修心訣을 읽다가 한 대목에서 크게 깨우친바 있다고 전하며, 특히 이 서문에서 보조국사가 말한 다음의 구절에서는 크게 마음이 움직였다고 전해지고 있습니다.

〈수행하는 사람은 결코 마음 밖에서 찾으려 하지 마라〉 修道之人切莫外來心

한암이 그의 스승 경허와 인연을 맺게된 것은 그의 나이 24세인

때인 1899년의 일이니 그때 한암은 경북 상주에 있는 청암사靑岩寺, 수도암修道庵에 머무르면서 홀로 마음자리를 밝히면서 용맹정진하고 있었습니다. 이때, 훗날 스승인 경허는 해인사에 조실로 머무르고 있을 때의 시기입니다.

청암사의 조실로 머무르고 있던 만우당萬愚堂과 각별한 우정을 유지하고 있던 경허는 만우당의 초청을 받고 청암사에 들러 납자들에게 금강경을 강론하면서부터 한암과의 인연을 맺게 됩니다.

경허의 금강경 강론 중 제 5장으로 이어질 무렵

〈수보리야 무릇 형상이 있는 것은 모두 허망한 것이니라, 만약 모든 형상이 있는 것이 형상이 아님을 알게 되면 곧 여래如來를 보게 될 것이니라.〉

한암은 바로 이 한 구절에서 비로소 개안하여 눈에서 비늘이 떨어져 안광이 열렸다고 전해지고 있습니다.

범소유상 게시허망 약견제상비상 즉견여래
(凡所有相 皆是虛妄 若見諸相非相 卽見如來)

라는 구절에서 비로소 한암은 견성을하고 자신의 마음자리를 깨닫게 된 것입니다.

듣고 보고 만지는 무릇 삼라만상의 모든 물건들이 다름아닌 나 자신임을 깨달았으니 이때가 24세이며 입산한 지 겨우 3년 해 되는 가을 일이였습니다.

강론을 마치고 해인사로 돌아가는 길에 경허는 한암을 두고 올수 없어 훔치다시피 데려오게 되었습니다. 어쨌든 경허로부터 금강경을 통해 안광이 열리고 경계를 깨달았던 한암은 어느 날 갑자기 행방을 감춰버린 스승 경허 때문에 한때는 사고무친四顧無親의 고아가 되어버렸습니다.

의지할 선지식도, 스승도 없던 한암은 마침내 행방을 감춘 이듬해인 1905년 평안남도 맹산孟山길로 떠나게 되었습니다. 두미산頭眉山절 뒤편에 우두암牛頭庵이라는 암자에서 보임생활을 하던 한암은 그해겨울 부엌에 앉아 홀로 불을 지피다 문득 한생각 활연 대오(豁然大悟 : 수행 정진하는 삼매에 들어 있을 때 그 어떠한 대상물을 보는 순간 막힌 것이 환하게 열리면서 깨치는 것)하였다고 합니다.

대광명이 찾아온 것입니다.

비로소 깨달음을 얻은 한암은 다음과 같이 오도송을 남겼습니다.

착화주중안홀명 (着火廚中眼忽明)
종자고로수연청 (從玆古路隨緣淸)
약인문아서래의 (若人問我西來意)
암하천명부자성 (岩下泉鳴不濕聲)

부엌에서 불붙이다 별안간 눈 밝으니,
이걸 쫓아 옛 길이 인연 따라 분명하네.
날보고 서래의西來意를 묻는 이가 있다면,
바위 밑 우물소리 젖는 일 없다 하리.

한암은 만공과 같은 경허의 법제자로서 절친한 도반의 사이였습니다. 한암의 나이 50세가 되던 1925년 잠시 서울 봉은사의 조실로 머무르다가 자취를 감춘 학이 되어 강원도 오대산 상원사로 들어가 그후부터 입적할 때까지 27년 동안 단 한번도 산문을 나서지 않았습니다.

세수가 77세이니 1950년 6월 25일, 오대산 격전지에서의 국군장교와의 만남이 바로 이 찰나인 것이었습니다.

지휘장교는 스님 어찌하여 홀로 이곳에 남아있습니까?

그러자 그 장교는 할 수 없이 절을 태울 수밖에 없는 입장을 스님에게 설명하기 시작하였습니다. 이미 월정사 경내 모든 당우들을 소각하였음을 자세히 설명하고 이제는 상원사뿐만 아니라 적멸보궁도 모두 태워야한다고 통고하였습니다.

그러자 한암 스님은 잠깐 기다리시오라고 말한다음, 가사와 장삼을 갈아입은 뒤 법당안으로 들어가 좌정하고 앉았습니다. 지휘장교가 몇 번이나 법당안에서 나오라고 말하였으나 스님은 앉은 자세로 꼼짝도 하지 않았습니다.

화가 난 지휘장교가 군화를 신은 채로 법당안으로 뛰어들어가 스님에게 말하였습니다.

〈불을 질러야 합니다. 스님 어서 나오십시오.〉

그러자 눈을 감고 좌정하고있던 한암스님이 장교를 보고 말을 하였습니다.

그대는 누구의 명령을 받아 이렇게 절을 불태우는가?

그러자 장교가 대답하였습니다.

장군의 지시입니다.

그러면 자네는 장군이 불태우라고 하면 태우고 죽으라 하면 죽겠는가?

예, 그렇습니다.

그럴 수밖에 없습니다.

저는 군인으로서 명령에 살고 명령에 죽을 수밖에 없습니다.

스님 용서해 주십시오.

한암은 다시 말했습니다.

나도 마찬가지요 하면서 장교를 쳐다보면서

그대가 장군의 부하라면 나 또한 부처의 부하요

그대가 군인이라면 나 또한 중이요

군인의 법도나 중의 법도나 매 같습니다.

그대가 장군의 명령을 받아 죽으나 사나 그를 지킬 수밖에 없다면 나 또한 부처의 명령을 받아 죽으나 사나 이를 지킬 수밖에 없는 것이 아니겠소.

스님의 장군은 어디에 있습니까?

그러자 한암스님은 말을 합니다.

저분이 나의 최고 사령관이오.

여기서 잠시 문수동자 이야기부터 짚고 가겠습니다.

3) 문수동자文殊童子와 세조

상원사 안에는 석가소상과 문수보살, 문수동자상등, 여러대소 불상들이 봉안되어 있습니다.

특히 이때에 한암스님이 문수동자상을 가리킨데는 특별한 이유가 있습니다.

상원사는 조선조 제 4대 임금인 세조와 각별한 인연을 맺고 있어 역사에 보면 주로 세조에 의해 중창되었습니다.

그에의해 왕사王寺로 지정된 사찰이 세조와 상원사가 특별한 인연을 갖게된데에는 다음과 같은 유래가 있습니다.

세조가 왕위에 오른 직후 병명을 알 수 없는 괴질에 걸렸습니다.

전신에 종기가 생기고 등창이 생기면서 고름이 나오는 견디기 어려운 증세인지라. 명의와 비약을 아무리 처방해도 아무런 효험이 없게 되었습니다.

세조는 오대산으로 발길을 돌려 신라 이래로 문수도량이었던 오대산에서 부처님의 가피력으로 병을 고치고자 월정사에서 참배를 올리고 상원사로 가던 중, 등창 난 부위가 너무도 따갑고 가렵기 조차하였습니다.

산간 계곡에서 흘러내리는 벽수碧水에 발을 담그고 쉬어가기로 하였습니다.

주위 시종들에게 자신의 추한 꼴을 보이기 싫어 평소에는 어의를 풀지 않았던 세조였지만 그날은 하도 주변의 경치가 좋아 시종들을 잠시 물리고 혼자서 목욕을 하게 되었습니다.

가려운 등어리까지 손이 닿지 않아 애를 태우고 있을 즈음, 그때 동자승이 숲 사이에서 노니는 것이 눈에 띄었습니다. 세조는 그 동자승을 불러서 자신의 등을 밀어달라고 부탁을 하였습니다. 그랬더니, 동자는 쾌히 그렇게 하겠다고 하면서 시원한 물을 얹어씌우면서 세조의 등어리를 밀어주었습니다.

아 참, 시원하기로 하구나!

목욕을 마친 세조는 동자승에게 말하였습니다.

동자야, 등을 밀어주어 정말로 고맙기도 하구나. 그런데 어디에 가서라도 임금의 옥체를 씻어주었다고 말하지 말거라.

예, 그렇게 하겠습니다. 대왕 마마님도 어디가든지 문수동자가 등을 밀어주었다고 말하지 마십시오.

말을 마친 동자승은 홀연히 사라져버리고, 세조는 놀라 주위를 살펴보니 동자는 간 곳이 없고 어느새 자신의 몸에 난 종기가 씻은 듯이 나아있었습니다.

그렇다.

세조는 문수동자와 친견했던 것입니다.

그 뒤 환궁還宮을 한 세조는 자신의 기억력을 총동원하여 화공을 불러 그림을 그리도록 하였고 몇 번의 교정 끝에 실제와 가장 가까운 동자상이 완성되었던 것이었습니다.

. . . .

한암스님이 가리킨 문수 동자상이 그때 완성한 그림을 토대로 한 그 나무로 만든 문수 동자상이 상원사의 본당 오른편에 봉안되어 있었는데 한암은 동자상을 가리키면서 그가 자신의 최고사령관이라고 대답하였습니다.

그러하니 절을 태우려면 나도 함께 이곳에서 태우시오.

스님의 근엄하면서도 단호한 태도에 놀란 장교는 한암스님의 인격에 크게 감화를 받았는지, 그 장교는 스님에게 다음과 같이 말하였다고 전해지고 있습니다.

스님, 그럼 이렇게 하겠습니다. 명령을 어기면 내가 벌을 받게 되고 명령을 지키려면 스님이 불에 타죽게 되니 그러면 법당 문짝 몇 개를 태우도록 하겠습니다.

그러면 저는 분명히 절을 태운 것이 되어 장군의 명령을 지킨 것이 되며, 스님 또한 절을 지켜 사령관의 명령을 지킨 것이 됩니다.

그 젊은 지휘장교는 지혜를 내어 법당 문 몇짝을 때어내어 경내에서 불을 질러 연기를 내면서 태워버렸다고 전해지고 있습니다.

6.25의 참화 중에서 오대산의 사찰들이 모두 소실되었음에도 불구하고 풍전등화風前燈火같은 참화의 찰나에 상원사의 불상들이 불타버리지 않고 현재까지 온전히 남아 있을 수 있었던 것은 이러한 한암스님의 살신성인의 불법정신 때문인 것입니다.

스님의 결연한 태도와 그 당시 지휘장교의 혜안도 명석하였으니 두사람 모두가 서로 의기가 투합되었음이요, 문수동자文殊童子의 가피가 아닐까도 싶습니다.

이런 경우를 보면 가피加被는 확실히 있는 것입니다.

1.4후퇴 때에도 한암 스님은 상원사를 떠나지 않고 굳게 절을 지

켰으니 난파당한 배와 더불어 운명運命을 같이하는 선장과 같았습니다.

1951년초에 그는 가벼운 병에 걸렸습니다. 병이 난 지 7일이 되는 아침에 죽 한 그릇과 차 한잔을 마시고 손가락으로 꼽으면서 이렇게 말하였습니다.

오늘이 음력 2월 14일이지, 아마 그렇게 말한 후, 사시에 이르러 가사와 장삼을 찾아 입고 선상 위에 단정히 앉아 제자인 보문, 난암, 탄허 등과 담론하다가 갑자기 앉아있는 그 자세로 고요히 입적하였습니다.

그때의 나이는 76세였고 법랍으로는 54세였습니다.

당대의 선승禪僧인 한암은 진정 죽음은 인생의 완성이므로 죽음을 만날 때 태연히 마치 누에가 허물을 벗듯이 육신의 껍질을 벗고 고요에 든 것입니다.

4) 화엄사와 6·25전쟁

한암 스님이 상원사의 참화를 슬기롭게 대처해서 소실에서 벗어난 것은 이것이 바로 문수동자의 가피가 분명한 것입니다. 이곳 남부지역인 전라도 구례의 화엄사 역시 비슷한 경우가 있으니 이번 이야기는 절을 지켜낸 분이 스님이 아니고 당시에 지리산 토벌대 2연대장이였던 차일혁車一赫의 이야기입니다.

1950년 6월 25일 남침을 한 북한군의 주력부대는 3일만에 서울을 점령하고 7월 19일에는 전북 이리, 7월 20일에 전주, 7월 23일에는 광주, 24일에는 남원, 25일에는 남침 1개월만에 구례, 순천, 광양을 점령하고 26일에는 여수와 경남의 하동을 탈취하였습니다.

7월 31일에는 진주를 공격하여 점령하고 마산방향으로 침투 공격하기에 이르니 40여 일만에 국토의 대부분이 적의 수중에 들어갔습니다.

그야말로 나라의 안위가 풍전등화 였습니다.

이때 유엔군의 전쟁참여로 인한 전투의 전세는 맥아더장군의 인천상륙작전으로 말미암아 아군의 북진이 계속 이어지고 평양까지 진격했던 국군은 예상외의 중공군 참전으로 다시 후퇴를 거듭하다 38선 부근에서 일진일퇴하면서 1953년 휴전을 맞게 되었습니다.

1953년 9월, 하동 쌍계사 근처의 빗점골 전투에서 빨치산 남부군의 사령관이었던 이현상이 사살 되었습니다.

그의 시신은 방부 처리돼서 서울로 옮겨져 창경원에 전시됐다가 20일만에 다시 하동으로 내려왔습니다. 빨치산 대장의 시신을 거둬주려는 사람은 일가친척중에도 아무도 없었습니다.

이현상의 장례를 치러준 이는 바로 그를 사살한 토벌 연대장인 차일혁 총경이었습니다.

차일혁 총경은 이현상을 화장한 뒤, 뼈를 자기 철모에 넣고 M1소총으로 가루를 내어 섬진강에 뿌렸다고 합니다.

차일혁은 1951년 그해에 같은 남부군의 근거지인 구례 화엄사華嚴寺를 불태우라는 명령이 떨어졌습니다. 차일혁은 고민했습니다.

절을 불태우는 건, 한나절이면 족하지만 절을 새우고 유지하는데는 천년세월도 부족하지 않는가?

그는 현재 국보67호로 남아있는 각황전覺皇殿의 문짝을 뜯어내 불태우고 전각 문짝을 태운것도 절을 태운 것이니 명령을 따른 것이라고 하며 돌아갔다고 합니다.

어찌 그리도 상원사의 경우와 꼭 같은 수가 있을까?

한때, 차일혁의 토벌대는 부대원 33명 중에 순수전투 경찰관은 한명 뿐이고 나머지는 귀순한 빨치산이였습니다. 그 후, 차일혁 총경이 공주경찰서장 시절 가족과 함께 금강으로 물놀이 갔다가 심장마비로 숨졌습니다. 그때까지도 그의 계급은 총경이었습니다. 그 후, 53년이 지나서 경찰청장이 고 차일혁 총경에게 사후 53년 만에 경무관을 추서한다고 하는 신문보도를 접한 것이 8년쯤으로 기억나니 지금으로 60년 전의 이야기이지만 지금쯤에 이미 진토塵土가 되었을 것입니다.

그러나 한 경찰관이 이제와서 한 계급 올라간들 어떠며, 아니면 어떠하겠습니까? 6.25라는 동족상잔의 전쟁 중에서도 사려 깊게 용기를 내어 천년 고찰을 구해낸 그 지혜로움이 바로 불법佛法의 가피가 아닌가 싶습니다.

5) 팔만대장경 지켜낸 공군 편대장

상원사를 지켜낸 한암 스님이나 화엄사를 구해낸 차일혁 경무관에게 늦으나마 진심으로 고개숙여 감사함을 표합니다.

한국 전쟁의 포성 중에 실제 있었던 위의 2가지 사례 외에도 하늘을 나는 공군 장교의 이야기입니다. 어떻게해서 해인사 팔만대장경을 전화戰禍에서 구해내게 되었는지를 알아보기 전에 먼저 그 당시의 전쟁 상황을 잠깐만이라도 알아보고자 합니다.

한국전쟁은 남의 나라 전쟁명이 아니고 바로 우리나라의 6.25전쟁을 말합니다. 그러면 6.25전쟁은 어떻게 해서 일어나게 된 것인지 한번 살펴보기로 합시다.

1945년 8월 15일에 우리는 36년간의 일제탄압에서 벗어나게 됩니다. 1945년 8월 6일 오전 8시 12분에 히로시마에 원폭이 투하되었습니다. 수십만 명이 그 자리에서 즉사했습니다. 원폭투하 1주일만에 일본 천황의 항복 방송을 하게 됩니다.

일본 천황의 항복문은

오늘날 세계의 대세와 우리 제국이 처한 조건을 깊이 숙고한 결과 그는 비상수단에 의해서 현재의 상황을 해결키로 결정했다고 했습니다. 전쟁에서 다쳤다거나 제 본분을 다하다 죽은 장교와 사병뿐만 아니라 그 유족을 생각하면 그의 가슴은 밤이나 낮이나 고통을 가눌 길이 없었습니다. 그리고 이어서 그는 일본의 자존과 동아시아의 안정을 확보하려는 진심어린 바람에서 미국과 영국에 전쟁을 선포했을 뿐, 다른 나라의 주권을 침해하거나 영토를 확장하려는 생각은 추호도 없었다고 합니다.

중략….

마지막 구절에서 행여 감정이 격발해 공연히 일을 복잡하게 만들거나 형제끼리 의견이 달라 갑론을 박하여 소요를 조성해 정도에서 벗어나 헤매다 끝내 세계의 신의를 저버리는 일이 없도록 각별히 유의하라고 하였습니다.

이 항복문에는 눈 닦고 찾아봐도 항복이라는 말이 단, 한번도 나오지 않았으니 이 괘씸한 왜놈 천황의 항복문부터가 문제가 있었구나. 여하튼, 우리나라는 일본의 압정과 핍박에서 벗어나게 된 것입니다.

우리 민족이 외침의 수많은 전생중에서 36년간의 일제의 굴욕도 분통이 터지지만 그보다 제일 처절하고 개탄스럽고 또 한편 창피한 전쟁이 1950년 6월부터 1953년 7월 27일까지 3년 1개월동안 한반도 전체를 피로 불들였던 동족상잔의 6.26전쟁 또는 한국전쟁이라 불리는 전쟁이었습니다.

미국 주둔군은 오키나와에 있고 소련은 한국의 북한을 먼저 점령했습니다. 미국은 소련의 한반도 단독점령을 막기위해 남한에 긴급 진주하게 됩니다. 휴전 후, 남북한은 서로 논쟁을 벌이게 되는데, 서로들 이겼다고 주장들을 하는 것입니다.

북한은 미국과 한국에 의한 북침을 막아내는데 성공했다고 합니다. 한국은 북한의 불법남침을 막아 자유를 수호했다는 것입니다. 이러한 쌍방의 논쟁은 6.25 당시 공산주의의 종주국인 소련이 2010년 6월에 6.25전쟁에 관한 공식 문서를 공개함으로써 전쟁의 주동자는 김일성, 협력 동조자는 모택동, 전쟁 승인은 스탈린이라는 사실이 드러나고 있습니다.

60년 전의 숨겨졌던 비밀 문건이 근간에 왜, 공개가 되는지도 의문스럽지만 그 시기의 세계 강대국들에 의해 두 동강이난 우리 해동 조선국의 국토가 세계열강들의 사전 각본에 의해서 실험장이 된 것입니다. 분통 터트릴 일입니다. 그렇게 해서 3.8선에 철책이 쳐지고 반백년이 훨씬 지난 지금까지도 서로 마주 쳐다보고 원수같이 총부리를 겨누고 견제하고 있지 않습니까? 문제는 3.8선 때문에 일어난 것이로구나. 김일성의 국토완정國土完整과 이승만의 북진통일이 한 치의 양보없이 충돌한 것입니다. 근간에 미국에서도 그 당시의 비밀문서가 공개되는데 중국본토에 원자폭탄을 투하한다는 것과 남한을 포기하고 뉴질랜드에 국민들을 이주시킨다는 등, 뭐! 이런 문건들이 다 있을까? 정말 놀랍기도하고 괘씸하기도 합니다.

어째서 저네들이 동방의 예의지국을 난도질을 하려고 했단 말인가? 좀더 상세히 전쟁사를 들여다보니 1945년 9월 19일에 소련에 있던 김일성이 북한땅에 입국합니다. 1946년 6월에 김일성은 소련을 등에 업고 북한의 행정부를 장악하게되고 그해 12월에 인민위원회에서 김일성이 위원장으로 선임됨과 동시에 그는 과감하게 친일청산을 하게 됩니다. 6.25전쟁이 일어난 지 63년이나 되었습니다.

전쟁이 시작된 후에 1년여 동안은 남북한이 각각 낙동강과 압록강을 일진일퇴 하다가는 그후 2년여 동안은 삼팔선 부근에서 접전 끝에 어느 한쪽의 일방적인 승리도 없이 잠시 전쟁의 총성을 멈추고 휴식을 취하자는 휴전협정을 1953년 7월 27일에 체결하여 오늘

날까지 이르고 있습니다. 63년이 지난 지금에 와서 곰곰이 생각해 보니 휴전은 전쟁을 잠시 멈추고 휴식을 취한다는 뜻이니 전쟁이 종식되고 평화조약을 맺은 것은 아니지 않습니까?

경상남도 합천군 가야면 치인리에 자리잡은 법보종찰 해인사에는 1000년전 몽고군의 외침을 막기위해 조성한 부처님의 말씀을 새긴 팔만 사천 법문의 목조대장경이 일주문을 지나 대적광전 뒤편으로 길다란 장경판전 건물 속에 천년을 넘게 소장 되어있습니다.

몽골군의 침략을 막기 위한 경판제작을 고종은 민심응 수습하고 나라의 정기를 하나로 모으기 위해서 16년에 걸쳐 완성되어 소선소 태조 7년에 해인사로 옮겨졌으며 경판의 수가 무려 8만 1258장이며 인간의 8만 4천 번뇌에 해당하는 8만 4천 법문을 실었다고 하여, 통상 팔만사천대장경이라 불리고 있습니다.

해인사 장경판과 이것이 보관되어있는 장경판전은 1962년 12월에 국보 제 32호와 제 52호로 각각 지정되었으며 1995년 12월에는 유네스코 세계기록유산과 세계문화 유산으로 지정되었습니다.

몇 년전부터 정부는 해마다 9월 27일부터 11월 10일까지 45일간에 해인사와 가야면 주 행사장 그리고 창원 컨벤센터 등에서 대장경 천년세계문화출전을 공동개최한다는 계획을 세워놓고 행사를 치르고 있습니다. 세계적인 문화축전입니다. 성공을 위해 한 치의 소홀함도 없기를 바랍니다.

대장경의 효시는 서기 983년 중국 송나라에서 만든 북송관판 대장경입니다. 고려 대장경은 두 번째로 만들어진 것이지만 순서는 그리 중요한게 아니며, 고려 대장경은 판각의 정교함이나 내용면에서 가장 완벽하다는 평가를 받고 있습니다.

지금 현재까지도 뒤틀리거나 훼손되지 않고 원형을 유지하고 있으며 우수한 문화 수준에 뛰어난 과학기술 수준까지 담고있는 것이 팔만 대장경입니다.

축전에서 특히 눈길을 끄는 것은 대장경 진본 공개 수량이 확대되고 마애불 입상이 1200여 년 만에 일반에 공개된 것이라 할 수 있습니다.

해발 1000미터에 서있는 마애불은 지난 1200년의 세상을 어떻게 보았을까?

찾아가는 관람객들에게 어떤 메시지를 전하고 싶었을까?

여태 긴긴 세월동안 미소만 짓고 있었을까?

이렇게 역사에 길이 빛날 팔만대장경의 이야기는 지금으로부터 60년을 거슬러 올라가 봅니다. 서두에서 이야기했던 대장경을 수호한 공군 편대장의 이야기입니다.

1950년 6.25전쟁 당시 상부의 폭격명령을 어기면서 지혜롭게 경판을 지켜낸 공군장교 고 김영환 중령은 공군 편대장으로 근무하면서 1951년 7월 무렵에 사천 비행장에 주둔하고 있었습니다.

그 시기에 미 육군 최고사령관인 맥아더장군의 인천상륙작전으로 전세가 역전된뒤 미쳐 퇴각하지 못한 북한군 1개 대대(1,000여 명)가 해인사 일대에서 게릴라전을 펼치던 때였습니다.

우리 국군들은 북진을 서둘러야했지만 후방을 교란하는 북한군에 부담을 느껴 공군에게 긴급 항공지원을 요청하게 됩니다.

김중령은 해인사를 폭파하라는 명령을 받고 1951년 9월 18일 아침에 4기의 편대를 인솔해 합천상공으로 출격했습니다. 드디어 아군 정찰기의 백색 연막탄이 공격목표를 선명하게 알려왔습니다. 그 지점은 대장경을 보관한 장경판전 바로 앞에 있는 대적광전 앞마당이였습니다. 로켓포탄 몇 발이면 팔만장의 목조경판으로 만들어진 대장경은 물론이고 해인사 사중 전체가 불바다에 휩싸일 순간이었습니다. 김 중령은 정찰기들의 무전을 외면한 채, 편대의 기장들에게 편대장의 지시 없이는 절대로 폭탄을 투하하지 말라고 명령하였습니다. 계속 편대를 해인사 뒷산 너머로 이끌어서 폭탄을 투하한 후 귀대했던 것입니다.

당시에 작전 지휘권을 갖고 있던 미군 측으로부터 수많은 불이익을 당했지만 휴전후, 장군으로 진급하였습니다.

1954년 3월에 비행 훈련중, 34세의 젊은 나이로 전사를 하니 실로 이 땅에서 별하나가 떨어졌습니다. 공군 창설의 주역으로 한국인 최초의 전투 조종사였던 그는 공군 조종사의 상징인 빨간 마후라의 주인공이기도 합니다.

〈빨간 마후라는 하늘에 사나이 / 하늘에 사나이는 빨간 마후라, / 빨간 마후라를 목에 두르고 / 구름따라 흐른다. 나도 흐른다. / 아가씨야 나의 맘을 믿지 마라라./ 번개처럼 지나가는 청춘이란다.〉

*한국 전쟁으로 잃어버린 문화재들과 고 김영환 대령의 용기 한국 전쟁의 직접적 피해로부터 벗어난 영남 지역을 제외한 한반도 전역에서 이와 같은 일이 벌어졌습니다.

서울 경기 지역에서는 무려 57곳이 피해를 입거나 폐사된 것으로 확인되었고, 광주, 전남 41곳, 전북 41곳, 강원 25곳, 제주 35곳이 피해를 입거나 폐사된 것으로 확인됐습니다.

이러한 문화재에 대한 손실은 북한에 의한 것은 물론이고 국군과 유엔군의 작전과정 및 빨치산 소탕작전 도중에서 어쩔수 없이 발생한 것 또한 상당합니다. 이는 실로 민족적으로 국가적으로 크나큰 손실이 아닐 수가 없는 일이라 하겠습니다. 이러한 비극의 속성중 하나인 과거와의 연속성 단절을 막고자 한 영웅이 없었던 것은 아니니 그분이 바로 빨간마후라의 주인공인 고 김영환 공군 대령입니다.

1951년 8월 가야산과 지리산의 일대에는 북한군 패잔병들로 구성된 무장공비가 많이 숨어 있었습니다. 이에 경찰 전투부대는 이들에 대한 토벌을 위하여 당시 공군의 제 1전투비행단 소속 제 10전투비행전대에 작전지원을 요청했고 이에 여러 차례의 상당한 공대지 폭격이 해당지역 일대에 이뤄졌습니다.

이러한 상황속에서 900여명에 이르는 무장공비가 가야산의 해인사로 모여들게되자 해인사 장경판전은 폭격의 위기속에 처해지게 되었습니다.

이에 당시 공군 제 1전투비행단의 부단장이자 제 10전투비행전대의 전 대장이었던 고 김영환 대령은 부하들에게 해인사를 폭격하라는 명령을 거부하고 공격을 하지말라는 긴급 지시를 내렸습니다. 대신 해인사 뒤에 자리한 무장공비의 보급 창고를 공격하고 귀대함으로써 적을 소탕하면서도 해인사 대장경각이라는 최고의 문화재를 보전하여 그 안에 담긴 천년의 지혜까지 지켜내는 쾌거를 이루었습니다.

전쟁 당시는 물론이고 현재와 미래 심지어 과거에까지 그 막대한 영향을 끼친 비극 한국전쟁, 잃어버린 보물을 원래의 것으로 되찾을수는 없겠지만 그래도 천년의 지혜가 담긴 보배만큼은 고 김영환 공군대령의 노력으로 지켜낼 수가 있었습니다.

다가올 통일 한국, 대한민국의 시대, 남북의 겨레가 공동으로 향유하게 될 보배를 지켜낸 고 김영환 공군대령에게 깊은 감사의 뜻을 올리며 아울러 남북의 분단으로 폐허가 된 문화재들이 통일 이후의 복원을 통하여 전쟁이 초래한 과거와의 단절된 영속성이 다시 이어지게 되길 기원해 봅니다. (대한 불교 조계종 문화유산발굴조사단이 조사한 바에 따르면 당시 남한지역에 존재했던 969개의 사찰가운데 약 20%에 이르는 200여곳의 고찰들이 소실되고 파괴된 것으로 확인되었습니다.)

사십구재四十九齋란?

사람이 죽으면 우리나라 사람들은 불교신자가 아니더라도 으레 사십구재를 지내는 것으로 알고 있습니다.

실은 죽음이라고 하는 것은 바로 육신의 죽음을 의미하는 것으로서 영혼은 영영세세 멸滅함이 없다는 것을 우리 중생들은 알아야만 재齋를 하는 의미를 쉽게 이해할 수가 있습니다.

보통 사람이 죽은 날로부터 사십구일에 지내는 제사祭祀라고만 알고 있는 사람들이 많을 것입니다.

이렇게 알고 있어도 될 듯 하지만 이는 바르게 알고 있는 것이라고 할 수가 없습니다.

사십구재는 우리나라에서는 보편화된 제례문화로 자리 잡았으나 그 의미의 근본 뜻은 제사祭祀라고 하는 제祭가 아니라 재공양齋供養이라고 할 때의 재齋라는 것입니다.

이 글자는 불경佛經에서 사용하는 전문 용어로서 뜻은 부처님이나 또는 도덕道德이 높은 스님들께 무엇인가 받들어 올린다는 의미의 글자입니다.

그런 맥락에서 사십구재란 육신을 버린 영가靈駕에게 공양물을 받들어 올리자는 의미를 가지고 있습니다.

여기에서 보면 돌아가신 망령에게 유교식으로 죽음을 받아들이지 않음을 알 수 있을 것입니다.

동양사상에서는 사람의 생명활동을 혼백魂魄이라고하며 그 혼에 세가지와 백에 일곱가지가 있어, 그것을 합해 삼혼칠백三魂七魄이라고 합니다.

혼은 사람의 정신활동을 관장하는 것으로서 사혼四魂, 언혼言魂, 황혼荒魂이라고하며 칠백은 육체의 장기臟器를 빗대어 이르는 것입니다.

사람이 죽으면 이 혼백이 남아서 자손에게 음덕陰德을 베푼다고 생각하는 것입니다.

그러다가 세월이 오래 지나고 나면 육신인 백은 땅으로 흩어지고 혼은 허공으로 사라지고 없어진다고 보는 것입니다. 이렇게 일반적인 유교적 제사祭祀와 불교 의식적 재齋와는 엄격한 내용상의 차이가 있는 것입니다.

풍수지리학상으로 사유해보면 혼백魂魄은 일정기간이 지났다고 없어지는 것이 아니라 거의가 영구하다는 학설을 주장하고 있다는 것입니다. 가령 할아버지의 유골을 땅속에 묻어서 그 조상의 혼백이 오랫동안 줄어들면서 그의 후손과 손자, 몇 대의 후손에게까지도 좋은 기氣를 발산하여 보낸다는 것입니다.

이런 과정을 두고 학술적인 용어로는 동기감응同氣感應이라고 합니다.

그런데 묻힌 조상의 혼백魂魄이 아무 곳이나 다 감응感應을 하는 것은 아니고 좋은 혈처(명당)를 골라서 묻힐 때만이 감응을 한다고 하니 우리들의 조상들은 그렇게도 지혜롭게 명당이 많이 쌓인 혈처의 음 택지를 찾게 되는 것입니다.

이유는 간단합니다.

조상이 가졌던 유전자와 후손의 유전자는 동일한DNA 것이기 때문입니다.

보통 재는 영가가 돌아가신 날로부터 칠일마다 한번씩 재의 의식을 올리게 되며 칠일마다 일곱 번을 올립니다.

그래서 49재, 또한 칠재七齋라고 합니다.

49일이 지나면 비로소 업에 따라 과보를 받으니, 만일 영가가 이 과보를 받으면 천백세 중에 헤어날 길이 없습니다. 마땅히 지극한 정성으로 49재를 베풀어 공양하되 이 같이 하면 목숨을 마친 이나 살아있는 권속들(제자)도 함께 이익을 얻습니다.

사람이 죽게 되면 죽은 날로부터 칠일이 되는 날을 초재라고 합니다.

요즘은 사후 칠일째에 초재를 지내는 것이 아니라 사모일인 오일째에 초재를 하는 것이 통례로 되어있습니다. 이유는 요즘같이 바쁜 세상살이 중에서 직장관계도 있고 멀리있는 권속들이라도 삼오재까지는 상가에 머물기 때문이기도 한 것입니다.

명부 십왕경에 말씀하시기를 제일전에 진광대왕이 영가를 관장하고 심사하고 명부에다 올리는 날이라 하겠습니다.

그리고 초재는 진광대왕에게 간청하고 삼보전에 간청하여 불공을 올리고 조상부모 일체 영가에게 법문을 전하는 그런 날이 됩니다.

육도윤회六韜輪回란 수레바퀴가 회전하듯이 사람이 태어났다 죽고 죽었다가 다시 태어나는 과정을 수없이 반복하면서 자신이 지은업력에 따라 지옥, 아귀, 축생, 아수라, 인간, 천상의 여섯 갈래 길을 계속 돌아다니는 고뇌를 말하는 것입니다.

〈인간은 어쨌든 생유부터 본유까지 많은 업을 짓게 됩니다.〉

초재일에는 눈으로 지은 죄를 심판 받는다고 합니다.

안식眼識에 의한 각종 색상과 사물을 인식한 업에 따라 진광대왕이 도산지옥刀山地獄 즉, 칼이 부수히 솟은 산에 던져버리는 지옥의 심판을 받는다는 것입니다.

2재가 되는 14일째는 귀로 듣고 지은 죄를 심판받습니다.

이식耳識, 각종 소리의 인식에 따른 업에 따라 초광대왕의 화탕지옥, 기름가마에 넣고 끓이는 지옥의 심판을 받는다고 합니다.

세 번째인 삼재되는 21일은 코鼻로 지은 죄를 심판받습니다.

비식, 각종 냄새의 인식에 따른 업을 심판받는데 송제대왕의 한빙지옥, 얼음 속에 재어서 냉동을 시켜서 고통받게 하는 심판을 받는다는 것입니다.

4재인 28일째는 혀舌로 지은 죄를 심판받습니다.

여라가지 음식의 맛을 인식하고 지은 업의 심판을 받는데 염라대왕의 발설지옥, 혀를 빼어 쟁기로 만들어 밭을 일구는 지옥의 형벌을 받는다고 합니다.

5재인 35일째는 신식身識 몸뚱이로 익힌 습관이나 각종 감촉의 느낌에 의한 업의 심판을 변성대왕의 독사지옥, 독사가 우글거리는 구덩이에 던져버리는 지옥의 심판을 받는다는 것입니다.

앞의 오식대상五識對象외에 인식대상인 법, 처, 소, 섭, 색이 있습니다.

우리의 사고査考로 인지되는 가치관이나 사상 종교 등 정신적인 것들을 말합니다.

결국은 물질적이 아닌 정신적인 것들입니다.

6재인 42일째에는 뜻意으로 지은 죄를 심판받습니다.

뜻에 따른 사랑, 분별, 망상, 인식의 업에 대한 심판을 태산대왕의 거해지옥, 방아로 찧고 맷돌로 갈아서 아픈 고통을 주는 심판을 받는다는 것입니다.

7재인 마지막 49일째는 막재라고 합니다.

회향재라고도 하는데, 속마음心으로 지은 죄를 심판을 받습니다.

막재를 중요시 여기는 까닭은 명부십왕 중에서 가장 대표적인 염라대왕閻羅大王이 49일째되는 날에 심판하기 때문입니다.

오늘 우리가 살아가는데 있어서 조상의 음덕과 발복이 필요하기 때문입니다.

내가 노력해서 운이 좋아서라고 그렇게들 생각하는 사람들이 많이 있기도 하지만 실제는 다 그런 것은 아닙니다.

우리 삶의 여러 문제들은 내 주변과 조상의 뿌리에서 원인을 찾아야 속속 풀리게 되어 있습니다. 내 생명을 있게 해준 뿌리, 내 뿌리의 조상님들은 끊임없이 살아있는 나에게 영향을 미치게 마련입

니다. 〈선망 조상님들이 영계靈界에서 안착여부가 그 집안의 길흉의 뿌리를 좌우하게 됩니다.〉

조상들이 영계에 제대로 안착하지 못하고 허공 중천에 떠돌게 되면 살아있는 후손에게 좋은 영향을 줄 수가 없습니다.

그 대표적인 예가 꿈속에 죽은 망령들이 자주 보인다거나. 이유 없이 아프다고나, 사람들이 자주 다치거나, 대소 사고가 자주 일어나는 것은 조상이 보내오는 구조신호라고 해도 될 것입니다.

영계에서 발신되는 별개의 텔레파시라고 합니다.

이럴 경우 몸이 아파 병원을 찾아도 현대의학에서는 그 좋은 의료기기를 총망라해서 이용하더라도 찾아낼 수가 없다는 것입니다.

위에서 열거한 바와 같이 염라부에서는 죽은자의 살아생전의 죄업을 다루는데 칠일을 일주기로 하여 계속 연이어 한다고 합니다.

그 기간 동안에는 중음中陰을 면하고 다음 생을 받을 인연이 정해져 본생 처로 가서 다시 태어나는 것이라고 하니 중음이란 이승과 저승의 중간지점에 있다고해서 붙여진 이름입니다.

현재 전국의 사암에서 봉행하고 있는 사십구재는 법화경사상과 화엄경, 지장경, 아미타경, 약사여래경 등의 사상에 근거해서 하는 의식입니다.

이같은 의식은 우리나라 불교의 특성입니다.

부처님의 경전을 설법적으로 영가에게 삼설을 하면서 주고받는 형국인데 이때에 영가가 그 의식 문을 듣고서 빨리 이해하는가? 아닌가에 따라서 천도가 되든가 아니되든가가 판별나게 되는 것입니다. 다시 말해서 사십구재는 불교의식으로 발전해온 것이지만 이제는 불교적 의식을 뛰어넘어 우리민족 고유의 문화의식으로까지 발전하게 된 것입니다.

재齋의식을 하다보면 가영歌詠부분에서

諸靈限盡致身亡 石火光陰夢一場

제령한진치신망 석화광음몽일장

三魂杳杳歸何處 七魄茫茫去遠鄕

삼혼묘묘귀하처 칠백망망거원향

(모든 신령은 사는 기한이 다하여 몸이 죽음에 이르렀나니, 부쇠돌같이 광음이 빨라서 일장의 꿈이로다.)

(삼혼은 아득히 어느 곳으로 어느 곳으로 돌아갔으며, 칠백은 망망히 먼 고향으로 가는 도리라고 하였음에…)

인생사 백년이 길다면 길고 짧다면 짧은 세월이건만 이 몸의 죽음은 번개 불 같이 빠르고 빨라서 한토막의 꿈과 같습니다. 삼혼은 먼곳에 머물며 칠백은 돌고 돌아서 다시 내몸으로 돌아오나니 고향길이 멀게만 느껴집니다.

사십구재의 기본개념은 영가를 천도하여 부처님의 나라로 인도하고 나아가서는 무명을 벗고 해탈하도록 하는 것인만큼 처음부터 끝까지 가장 중요한 것은 정성을 쏟아야 된다는 것입니다.

건성으로 하면 아니함만 못합니다.

의식을 하는 스님들이나 동참하는 재주들이나 다 모두가 정성스레하면 천도가 되는 것입니다.

천도재는 재를 올리는 재자(동참가족)들의 정성이 영가에게 전달되어 감동을 받도록 해야 합니다. 다음 의식 중에서는 소청고혼이라는 대목이 나옵니다. 이말의 뜻은 부처님께서 영가에게 설할 법문이 있으므로 잠시 영가를 부르는 광경이 되겠습니다.

부처님을 대신하여 집전하는 법주스님이 영가에게 부처님의 진리를 들려주는 대목입니다.

1) 영가靈駕 법문法問

영가여, 한 생명이 이 세상에 왔나가감에 어떤 이는 짧다 하고 어떤이는 길다고도 하는구나!

이 우주 공간의 모던 생물체가 오면 가는 것이고, 생하면 멸하는 것이 우주의 철칙이니라.

영가야, 자세히 들어라.

죽음이 결코 끝이 아니라. 새로운 시작이라는 것을 알아들을 지니라.

회자정리會者定離요, 생자필멸生者必滅이라.

만나는 것은 헤어지고, 태어난 것은 반드시 사라진다는 섭리를 믿지 않는 것은 아니지만. 그래도 사람의 정리가 그렇지 아니하니, 그립고 또 보고 싶음이 어찌 말로써 다할 수가 있겠느냐.

영가야,

오는 것은 무엇이며, 가는 것은 무엇이며, 남는 것은 또한 무엇인고?

이 몸이 본래 있어온 것이라면, 이 몸가면, 그 간곳을 알수도 있으련만. 그곳 차마 알수가 없으니 물과 불과 흙과 바람되어 돌아 돌아갔느냐.

아니면 사대地,水,火,風로 된 이 몸을 참 나我로 여겨서 집착하여 찾아서 해매고 있는 것입니까?

영가시여,

망상妄想과 집착執着을 버리면 그대로가 그곳이 극락極樂이요 여여如如함이니라.

그렇다면 무엇이 망상이고 무엇이 집착입니까?

우리들이 육근眼,耳,卑,舌,身,意으로 주위의 환경을 받아들여 좋다.

나쁘다. 분별하는 것이 망상이요.

이 망상으로 의하여 옳고 그름을 고집하여 떠나지 못하는 것이 집착입니다.

그러므로 몸이다. 마음이다 하여 분별하지 않으면 망상이 일어날 자리가 없고, 일어날 자리가 없으니, 어찌 집착함이 있겠습니까?

꿈을 꿀 때는 있던 것이, 깨고나면 흔적이 없듯, 몸도 마음도 그러하니, 사대가 각각 흩어지니 꿈같음이요, 육진의 심식이 본래로 공空한 것이니라.

서방극락정토가 삼십육만구천오백 동명 동호라고 했으니 한 생각 놓으면 곧바로 십만팔천리를 가는 것이라 어찌 극락이 멀다고만 하랴.

영가야.

산과 산이 마주하니 온통 산이요
물과 물이 합하니 모두가 물이라.
이승과 저승을 나누지 아니하면
두승이 없거늘 무엇이 일러 삶이라 하겠는가?
또 죽음이라 하겠는가?
영가야.

2) 법문法問

천지불능상구재 (天地不能長久在)
황차소생천지간 (況且所生天地間)
당당불수음양자 (堂堂不受陰陽者)
역겁다생자재신 (歷劫多生自在身)
하늘과 땅도 능히 영원하지 못하거늘
하물며 천지 안에 생긴 사람이겠는가.
당당히 생사윤회를 받지 않은 자라야
억겁 다생에 자유자재한 몸이니라.

영가여,
자세히 들어라.

색신은 무상한 것이니 있는 것은 반드시 없어지고 말 것이니 나는 것도 또한 반드시 죽고야 마느니라.

색신은 형상이 있는 것은 반드시 부서지고 마느니라.

색신은 지,수,화,풍地,水,火,風의 네가지의 인연으로 회합하여 이루어진 것이니 인연이 다하면 네몸은 없어지느니라.

보라,

기죽이며 살 것이며, 힘줄이며, 뼈마디며, 뇌腦수며, 몸의 때는 다 흙으로 돌아가고, 침이며, 고름이며, 피며, 몸속의 진액이며, 대소변은 다 물로 돌아가고, 움직이는 내 몸속의 기운은 바람으로 돌아가고, 따뜻한 더운 기운은 불로 돌아가서, 사대가 각각 흩어지니 이제 영가 당신의 몸통은 어디에 있는가!

한가닥 살펴보니 우리 인간의 생사고락生死苦樂이 어떤 것인고?

生從何處來 死向何處去 (생존하처래 사향하처거)

生也一片浮雲起 (생야일편부운기)

死也一片浮雲滅 (사야일편부운멸)

浮雲自體本無實 (부운자체본무실)

生死去來亦如然 (생사거래역여연)

나고 죽음이 마치 허공에 한조각 구름이 일어났다가 사라짐과 같이 허망하기 짝이 없는 것이니라. 뜬구름 그 자체는 본시가 실상이 아무것도 없이 공한 것이니 인연으로 모였다가 인연으로 해서 흩어지는 소치이니라.

인생은 백 년이라지만 백 년을 다 산다해도 근심하고 잠자는 시간 다 제하고 나면 단 사십도 못사는 인생 얼마나 허망한가?

예술은 길고 인생은 짧다고 하는 말이 이래서 하는 말이니라.

부설거사浮雪居士는 죽음에 대하여 사운四韻으로 사부시四浮詩를 읊은 바 있거니와 당신 영가를 위하여 한번 설할 터이니, 자세히 들을지니다.

妻子眷屬森如竹 (처자권속삼여죽)
金銀玉帛積似坵 (금은옥백적사구)
臨終獨自孤魂逝 (임종독자고혼서)
思量也是虛浮浮 (사량야시허부부)

처자권속이 대나무 숲처럼 에워싸고
금은옥백이 산같이 쌓였을지라도
죽을 땐 홀로 고혼孤魂으로 가나니
생각해보니 허망하고 뜬구름 같네.

둘째로는 날마다 분주하게 출세길에 올라 바쁘다가 벼슬이 겨우 높아지면 이미 인생은 늙었더라. 그래서 황혼길이 가까운데 염라대왕은 사람의 벼슬 높은 것을 두려워하지 않고 수시로 불러들거니 생각, 생각하면 이 또한 허망하고 뜨고 뜬 것이니라.

셋째로는 설사, 설법을 잘해서 구름과 비와 같이 막힘이 없고 거룩해서 하늘에서는 꽃을 흩고, 돌이 머리를 쪼아리더라도(돌이 머리를 점친다는 말이 있는데 어떤 법사가 어찌나 법문을 잘하는지 하늘에서 꽃비가 내리고 돌이 법문을 듣고 머리를 끄덕였다는 고사가 있음.) 마른 지혜로는 능히 생사를 면치 못하나니 이 또한 생각, 생각하면 모두 허망해서 뜨고 뜬것이니라.

그러면 사람이 죽은 뒤에는 어찌되는 것일까?

전술한 바와 같이 색신은 물질로 된 것이라 죽으면 썩고 말지만 영은 본래로 형체가 없는것이니, 금일영가의 주인공이라, 주인이 살고 있는 집이 오래되어 무너지면 주인과 같이 무너지는 것은 아니다.

그러면 금일영가는 어디로 갈 것인가?

영가여 자세히 들어라.

이 갈 집은 여섯군데가 있느니라.

천도, 인도, 지옥, 아귀, 축생, 수라의 육도가 있으니 살아있는 동안에 일체 지은 바, 업에 따라서 가게 되느니라.

천상에 갈 업을 지었으면 천상에 태어나고, 사람으로 태어날 업을 지었으면 인간의 몸을 받아 태어나고, 지옥에 갈 업을 지었으면 지옥에 떨어지고, 아귀도에 빠질 업을 지었으면 아귀가 되고, 수라도의 업을 지었으면 아수라가 됩니다.

축생에 갈 업을 지었으면 짐승이 되는 것이니 천도와 인도는 선업을 지은 과보로서 낳게 되고, 지옥, 아귀, 축생, 수라의 네가지 길은 악업을 지은 과보로서 받게 되나니.

여섯 가지의 우열은 다를지언정 모두가 생사윤회를 면치 못하느니라.

이것을 일러 업신業身 즉, 업으로 된 몸이라는 말합니다.

업이란 무엇인고?

살아서 일생을 두고 지은 바 행하는 모든 일이 업이 되어서 죽을 때는 아무것도 가져가지 못하나 이 업만은 따라가는 것이니라.

3) 법문法問(왕생 발원문)

그러면 49재는 무엇하려 지내는 것입니까?

영가靈駕여 자세히 들을 지니다.

인연을 따라서는 모두를 능히 만들고 파破하는 것이니 이것의 이름이 무생법신無生法身이니라.

오늘 재를 모시는 것은 당신 영가로 하여금 무생법신의 진리를 깨쳐서 생사 고를 초탈하고 천상이나 극락세계에 자유자재하게 하는데 그 목적이 있는 것이니라.

우리가 재를 지내다보면 나무아미타불 염송을 많이하는데 아무나 같이하는 염불이지만 그 뜻은 매우 깊고 미묘합니다.

나무南無라는 말은 돌아가 의지한다는 뜻이며, 또는 내 바람대로 이루게 해 주소서하는 갈망어이며, 아미타는 무량수, 한량없는 수명을 뜻하며, 깨친 부처님의 명호인 고유명사인 것입니다.

그러므로 우주만물의 진리를 깨친 부처님이시여 오늘 당영가를 극락세계에 인도하여 주시기를 간절히 원하오며 이에 부처님께 의지하오니 성취케 해 주소서라는 뜻이 되는 것입니다.

왕생 발원문

일천 강에 달그림자 금빛 물결 이루고 메아리 소리가 응해골을 타고 내리듯 중생의 지극정성 사무쳐 간절하면 언제 어디서나 감응해 오시는 부처님!

다겁생 이래로 한 가족으로 만났으나 또다른 인연의 흐름을 막지 못해 이렇게 아쉬움만 남기고 우리의 곁을 떠나 영원의 세계로 향했으니 텅빈 가슴을 안고 슬픔에 잠겨있는 가족들의 마음을 무엇으로 위로하여야 하겠습니까?

오늘 이 천도재를 마련한 공덕으로 당신 영가가 살아생전에 지었던 모든 죄업이 다 소멸되고 깨끗한 참 마음으로 연화대에 환생하여 해조음을 듣게하여 주옵소서!

또한 당신 영가로 하여금 이생에서 못다한 일들에 대한 애연심을 떨쳐버리고 보리심을 발하여 부처님의 진리를 증득하고 널리 법계 중생에게로 회향할 수 있도록 가피를 내려 주옵소서.

마음의 본바탕은 이름을 떠났으며 생전에 지은 업보의 근본자취 또한 없는 것이나 인연따라 숨고 나타남이 거울속에 비치는 내 모습과 같이 일체가 업을 다라 오르고 내리니 그 변화를 헤아리기 어렵습니다.

그토록 애지중지하시던 육신과 꿈에도 잊지말고 정성 다해 보살피던 권속과 열정을 쏟았던 사업과 즐겨하시던 일을 다 두시고 이제 영원한 세계로 떠나셨으니 어찌 미련인들 없겠습니까? 그러나 옛 조사스님들의 말씀에 아침에 솟는 태양은 높거나 낮거나 관계치 않고, 더럽고 깨끗함도 가리지도 아니하고 빠짐없이 하늘과 땅을 비추고 인연이란 모였다 흩어짐이나 꼭 같아, 뚜렷이 밝고 맑아가고 옴이 자재하다고 하셨습니다.

그 무엇이 가고 오는지 그 주인공을 안다면 그대로 아미타불 부처님이 계실 상적광토의 밝은 길이 열릴 것이옵니다.

이제 평소 당신 영가께서 가실 왕생공덕의 길을 닦고 있사오니 깨끗한 마음으로 생전의 업장을 소멸하고 아미타부처님이 계신 극락세계에 상품상생 하소서.

나무석가모니불 나무대원본존 지장보살
나무극락도사 아미타불

팔복전八福田과 기도祈禱

– 복받는 밭

1) 먼 길을 여행하는 사람을 위해 우물을 파는 일
2) 나루에 다리를 놓는 일
3) 험한 길을 잘 닦는 일
4) 부모님께 지극한 마음으로 효도하는 일
5) 스님들께 정성스러운 마음으로 공양을 올리는 일
6) 병든 사람을 따스하게 보살펴 주는 일
7) 어려움을 당한 이들을 보살펴 구제하는 일
8) 도움을 주는 법회를 열고 돌아가신 분의 명복을 비는 일입니다.

기도祈禱

기도는 자기중심의 부정이 전제되어야 하고 정합이 되는 소원, 앞과 뒤가 맞고 실현 가능한 소원의 기도라야 이루어지고 효과를 볼 수 있는 것입니다.

기도할 때의 그 마음은

1) 믿음이 중요하고
2) 참회懺悔하는 마음이 중요하고

3) 주변의 모든 이에게 자비로운 마음을 내는 것이 중요합니다.

기도의 종류는

1) 관음기도 : 소원을 위한 기도

2) 지장기도 : 중생(지옥) 구제의 기도

3) 약사기도 : 병고의 해결을 위한 기도

4) 칠성기도 : 재래의 토속신앙의 기도

5) 참회기도 : 먼저 지은 허물을 뉘우치고 다시는 짓지 않겠다는 굳은 각오의 기도로서 우리는 항상 참회기도를 많이 해야 합니다.(108 참회문)

기도인의 자세(일타스님)

우리 불자들은 기도를 매우 어렵게 생각하는 경향이 있다. 그리고 불교의 기도는 '마음을 비우고 해야 한다' 또는 '자기 자신을 위한 소원을 가져서는 안다'는 등의 말을 자주 듣기까지 한다.

물론 이것이 틀린 말은 아니다. 그러나 다급한 소원이 있는데 어떻게 마음을 비우고 기도할 수 있겠는가?

또, 일체 중생을 위한 기도라 할지라도 궁극적으로는 '나'의 해탈과 관련이 있으니, 따지고 보면 자신을 위하지 않는 기도가 이 세상에 어디에 있겠는가?

그러므로 기도를 복잡하게 생각할 필요가 없다. 쉽게 말해서 기도는 비는 것이다. 도와 달라고 비는 것이 기도이다. 어떤 사람이든 힘이 있고 자신이 있을 때는 신심信心, 곧 자기 자신의 의지로써 살아갈 수 있다. 그러나 나약하고 자신이 없을 때는 의지할 것이 있어야 한다. 곧 신앙信仰이 필요한 것이다. 기도는 신앙이다. 신심이 아니라 신앙인 것이다.

따라서 기도를 할 때는 매달려야 한다. 내 마음대로도 남의 도움으로도 어찌할 수 없는 것을 불보살의 불가사의한 힘에 의지하여 이루질 수 있도록 해 달라고 매달리는 것이 기도인 것이다.

1) 간절한 기도

기도를 할 때는 지극한 마음, 간절한 마음 하나면 족하다. 복잡한 형식이나 고차원적인 생각이 필요한 것이 아니다. 그냥 간절하게 부처님을 생각하고 지극한 마음을 전하면 되는 것이다.

더 쉽게 이야기해 보자. 간절하다는 것은 마음을 한결같이 갖는 것이다. 기도하는 사람은 반드시 소원이 있기 마련이고, 그 소원을 이룩하고자 하는 마음 하나로 뭉쳐야 한다.

잘 되게 하소서.

잘 되게 해주소서.

잘 되게 해주십시오.

이렇게 마음을 하나로 모아 간절히 기도하면 반드시 소원을 성취할 수 있게 되는 것이다.

일찍이 신라의 원효 스님께서는 기도하는 법을 이야기하면서, "절하는 무릎이 얼음처럼 시려도 불 생각을 하지 말고, 주린 창자가 끊어져도 먹을 생각을 하지 말지어다"라고 하셨다. 이것은 얼어죽든 굶어죽든 상관하지 말라는 말씀이 아니다.

밥 생각, 불 생각이 전혀 일어나지 않을 정도로 간절히 기도하라는 것이다. 기도를 하다 보면 처음 얼마 동안은 마음이 잘 모이지만, 조금 지나면 갖가지 잡념들이 더욱 많이 일어나게 된다. 몸이 고단하다는 생각, 내가 올바른 방법으로 기도하고 있는가 하는 생각, 공연한 기도가 아닌가 하는 생각….

이러한 생각들이 기도를 망쳐 버린다. 그러나 이러한 생각들은 억지로 없애려 한다고 하여 없어지는 것이 아니다. 오히려 억지로 없애려고 하면 더욱더 일어나는 것이 번뇌망상의 속성인 것이다. 그러므로 회의가 생기고 잡념이 일어나는 고비를 만나면, 거듭 소원을 곧게 세우고 더욱 간절한 마음으로 기도해야 한다.

이렇게 간절히 기도하다 보면 일념삼매一念三昧에 빠져들게 되고 잠깐이라도 깊은 기도 삼매에 빠져들면 불보살의 가피력을 입어 소원을 남김없이 성취할 수 있게 되는 것이다. 그러므로 기도를 하는 사람은 모름지기 자신을 나약하게 만드는 수많은 생각들을 잘 단속하여야 한다. 오히려 잡생각이 일어날수록 마음을 굳게 다져 열심히 기도해야 한다.

'나를 속일 불보살은 없다'는 확실한 믿음을 가지고 더욱 부지런히 기도해야 하는 것이다.

모든 불자들이여, 요긴하게 마음에 새겨라. 기도 성취의 비결이 '간절 절切', 이 한 글자 속에 있음을! 물체의 형상이 길면 그림자도 길고 소리가 크면 메아리도 크듯이, 내가 드리는 정성이 크면 클수록 불보살의 감응感應도 크게 다가오는 법이다.

'간절 절切'

이 한 글자가 온몸에 사무치도록 간절하게 기도하라. 자기도 모르는 사이에 삼매에 빠져들어 반드시 불보살의 가피력에 크게 입게 될 것이다. 부디 지극한 마음, 간절하고 또 간절한 마음으로 기도하기를 당부 드린다.

2) 요행수를 바라지 말라

둘째는 요행수를 바라지 말고 자력自力으로 기도하라는 것이다.

불자들 중에는 '기도하기가 어렵다'고 하는 사람이 더러 있다. 그런데 그 까닭이 기도법을 몰라서라기 보다는 마음의 자세가 잘못되었기 때문이라는 사실을 아는 이는 드물다.

곧 기도를 하면서 요행을 바라는 경우기 많다는 것이다. 우리 주위를 살펴보면 수십 년을 절에 다닌 신도조차 요행수를 바라며 기도하는 경우를 많이 찾아볼 수 있다.

그러나 기도에는 요행수가 통하지 않는다. 태양은 어느 곳에나 평등하게 빛을 준다. 그리고 그림자는 그 빛을 받는 물체의 모습과 비례한다. 같은 태양빛을 받는 사물일지라도 형상이 바르면 그림자가 바르고, 형상이 길면 그림자는 길며, 형상이 짧으면 그림자가 짧은 법이다. 이처럼 불보살의 광명정대한 자비는 언제나 중생들의 정성과 함께할 뿐, 요행을 바라는 마음과는 결코 함께하는 법이 없는 것이다.

하지만 중생들은 요행수를 바라고 기도를 하는 일이 많다. 심지어 "측신廁神에게 기도하면 재수가 좋다"는 말을 들으면 변소에까지 밥을 가져가서 기도를 하고, '아무개가 족집게'라는 소문을 들으면 만사를 제쳐놓고 그곳을 찾아가 점을 보기까지 한다.

사실은 신神이 내린 용한 점쟁이라 할지라도 '내'가 아는 것 이상은 알지 못한다. 하다못해 '내'가 잠재의식 속에서라도 알고 있는 것이라야지, 점을 보러 가는 '내'가 전혀 모르는 것은 알아낼 재간이 없는 것이다. 그들이 '나'도 전혀 모르는 것은 안다고 하는 것은 그냥 넘겨짚어서 하는 말일 뿐이다. 그러므로 헛된 것에 의지하여 현혹되어서는 안된다. 적어도 불자라면 불보살의 광명정대한 자비에 의지하여 자기의 정성을 다 바치는 자력自力의 기도를 해야만 한다.

"점장이가 소원성취할 수 있다고 했으니까, 기도를 한번 해볼까?"

"내가 절에다 많은 돈을 시주했으니 부처님께서 봐주시겠지."

이렇게 요행수를 바라는 기도는 마음에 잔뜩 때를 끼게 하고 언젠가는 사도邪道로 빠져들게 한다. 나아가 진실한 불법은 10만 8천 리 밖으로 달아나버리고 업장이 소멸되기는커녕 더욱 두터워질 뿐이다. 정녕 지나치게 타력他力에 의존하여 자기 속까지 빼주게 되면 올바른 신심信心을 회복해 가지기가 매우 어렵게 되고 만다. 그러므로 이 도리를 분명히 알아서 요행수를 떠난 자력의 기도를 해야만 한다. 그렇게만 하면 업장은 저절로 소멸되고 복은 저절로 찾아들게 되는 것이다.

불자들이여, 부디 명심하라. 부처님을 돌로 만들었든 쇠로 만들었든 나무로 만들었든 기도인에게는 아무런 상관이 없다. 기도하는 장소가 사찰이건 집이건 문제가 되지 않는다.

오직 요행수를 바라지 않고 지극정성을 들이면 모든 업장이 소멸되고 복은 저절로 생기게 되는 것이다. 부디 요행수를 바라지 말고 신심있는 기도를 하라. 신심있는 기도를 할 때 환희심이 샘솟고, 환희심이 생기면 신심도 더욱 확고해진다. 아울러 환희심이 가득한 곳에는 괴로움이 있을 수 없고 언제나 기쁘고 즐겁고 평안함이 깃들게 되는 것이다.

신심있는 자력의 기도. 이 기도는 결코 어려운 것이 아니다. 단지 자기 능력에 맞추어서 일심지성一心至誠으로 정신을 가다듬으면 되는 것이다. 요행수를 떨쳐버리고 간절한 마음으로 기도하면 되는 것이다.

'하늘은 스스로 돕는 자를 돕는다.'는 말이 있듯이, 모름지기 요행수를 버리고 참된 '나'의 신심을 다 바치는 기도를 하라. 이것이야말로 소원을 이룰 수 있게 하는 비결이요, 기도를 통하여 해탈을 이룰 수 있게 하는 요긴한 가르침인 것이다.

천도遷度란?

마음은 살아 있는 자에게만
있는 것도 아니고
죽은 자靈駕에게는
없는 것도 아니기에

몸 안에도
몸 밖에도
존재하는 것이 아니다
다만
업業의 경계를 따라 일어나는
신령스럽고 부사의不思議한
무설설無說說의 존재인 것이다.

그래서 천도遷度란?
삼세過法,現在,未來가 평등히
짓는
이 무설설無說說의 업業의 경계를

바뀌게 하는 것이요
깨닫게 하는 것이며
법열法悅의 한 맛을 장엄하는 것이요
무생법인의 근본지혜를 일깨우는 것이다.

시다림(尸茶林 : 시달림)

흔히 성가시거나 괴로운 일을 당하거나 어떤 사건에 연루되어 크게 곤욕을 치르거나 할 때를 두고 시달림을 받는다고 합니다. 살다 보면 이런저런 시달림을 받는 경우도 있는 것입니다.

영농자금, 학자금, 대출금에 시달리고 격무에도 시달리고 자주 아픈 몸에도 시달리고 자식들의 뒤치다꺼리에 시달리고 마누라의 잔소리에도 시달리고 여러 가지로 시달림을 받는 경우가 있는 것이 우리 서민들의 인생살이가 아닙니까?

몇 년 전 어느 6월 장마비가 중부지방을 강타하고 유래 없이 서울 한복판에 사상유래로 물바다가 되고, 우면산의 토사가 밀려 많은 사상자가 속출했다는 저녁 9시 긴급뉴스를 보고난 후, 막 잠이 들려고 하는데 따르릉 전화벨이 울립니다.

여보세요.

네.

수형이 어머니다.

스님! 어머님이 운명하셨습니다.

좋은 곳으로 가게 독경이라도 해주십시오.

시달림을 해달라는 것입니다.

다음날 날이 밝아서 법복을 챙겨놓고, 다시 수형이 어머니께 전화를 해보니 청아병원 영안실 특7호라고 합니다. 일상에서 흔히들 사용하는 이 달갑지 않는 시달림이란 말은 불교의 시타림에서 나온 것입니다.

시타림은 범어의 시타바나sitavana를 음역한 것으로 '차가운'이라는 뜻입니다. 바나는 숲林이라는 뜻이기 때문에 요즘말로 풀이하면 공동묘지라는 말입니다. 시타림은 인도 중부에 있는 왕사성 북문밖의 숲으로 사람이 죽으면 시신을 내다 버리는 곳이기 때문에 시타림에는 사람의 시신이 가득했습니다. 당시 인도의 장의법은 시신을 태우는 다비와 더불어 조장鳥葬, 풍장風葬이 유행했습니다. 현재로는 수장水葬이 일반적인 장의법으로 정착되어있다고 합니다.

인도 인근의 티베트 같은 나라에는 여전히 풍장과 조장의 장의풍습이 중심이되고 있는데 며칠 전 TV를 보니 4,000미터 이상의 고지대에서 생활하고 있는 티베트의 장례 치르는 장면을 보았습니다. 한 어머니가 죽었는데 생각보다 급히 장례를 치르는 과정을 보았습니다. 그럴만한 이유가 충분히 있었고 또한, 이것이 그곳의 풍습이기도 한것이었습니다.

아무리 종교적 의식이라고는 하지만 화장이 아닌 시신을 등에 지고 어느 지점에서 내려놓고 동행한 스님들이 시타림을 마치고 하산을 하고나니 남은 한사람이 시신이 입었던 옷을 다 벗겨버리고 시신을 잘라내어 주변에 던지는 광경을 화면에서 보았습니다.

주변에는 이미 많은 독수리가 모여들고 있었습니다. 시신이 얼기

전에 토막을 내어 던져주어야 독수리가 먹게 되니 삽시간에 주변은 깨끗해졌습니다. 이렇게해서 육신은 날짐승들의 먹이가 되어주고 주변의 자연환경은 오염없이 언제나 청결하니 이 또한 너무나 당연한 풍습입니다. 인간의 몸은 지, 수, 화, 풍의 4대로 구성돼 인연이 다하면 원래의 모습대로 흩어진다는 사상에 근거한 것입니다.

청아병원 영안실에 도착하니 오전 10시경이었습니다. 먼저 오방례를 해서 오방의 부처님께 예를 드리고 영가를 부탁했습니다.

불교는 다른 종교와 달리 일정한 장소, 한 곳에만 있는 것이 아니라 시방세계 어느곳이나 부처님이 있다고 여기기 때문에 그곳에 부처님께 귀의하도록 일러주는 것입니다.

그리고 무상계無常戒를 일러주고 입관하기 전에 삭발과 목욕의식을 행해주며 무상의 원인과 결과를 밝혀 영가로 하여금 무상의 원리에 좌우되는 인생관을 초월하도록 일러주는 법문입니다.

뒤이어 세수 세족으로 유체를 청결히 하고 속옷과 겉옷을 입혀주는 착군과 착의, 복건을 쓰는 착관을 행하고 정좌시식을 합니다.

시타림의 핵심은 생과 사의 무상함을 알아서 깨달음에 이르도록 하는 것입니다. 그래서 보통 금강경이나 극락왕생을 발원하는 아미타경이나 지장보살을 염송합니다.

6조祖 혜능조사慧能祖師

선禪불교 중국의 선仙문화와 습합이 자연스럽게 이루어져 1대조를 달마로 여기고, 그 이후 6조 혜능에 드디어 선종이 최고조에 이르게 됩니다. 그중에서 가장 재밌는 것이 5조 홍인에서 6조 혜능으로 이어지는 이야기입니다.

혜능은 당시 오랑캐라 불리는 영남 출신이며 문맹인 나무꾼이었다. 그래도 불교에 귀의할 생각으로 5조 홍인을 찾아가는데! 홍인이 혜능을 보며 이야기를 합니다.

"영남 사람은 오랑캐인데 어찌 성불을 할 수 있겠느냐?"

그러자 혜능이 대답하죠!

"사람은 남북이 있지만 어찌 불성에 남북이 있겠습니까!"

홍인은 혜능을 알아보게 되고 그때부터 혜능은 방아를 찧으며 생활을 하게 됩니다. 혜능은 후일 이와 같은 불성론을 우리 자신이 본래부터 갖추고 있는 원만구족圓滿具足한 자성自性으로 구체화시켜서 자성을 철견哲見하면 곧 바로 부처가 될 수 있다라는 돈오견성선頓悟見性禪을 꽃을 피우게 된다.

菩提本無樹 보리본무수 보리에는 본래 나무가 없으며

明鏡亦無臺 명경역무대 밝은 거울 역시 받침대가 없다네.
佛性常清淨 불성상청정 불성은 항상 청정하니,
何處有塵埃 하처유진애 어느 곳에 때와 티끌과 먼지가 있겠는가?

조사祖師의 말씀에

求名求利如朝露 구명구리여조로
或苦或榮似夕烟 혹고혹영사석연

명예와 이익을 구함은 아침 이슬과 같은 것이고
고통이나 영화도 저녁 연기와 흡사한 것이라.

지귀설화志鬼說話

신라 선덕여왕 때의 지귀志鬼라는 젊은이가 있었다. 그는 활리역活里驛 사람인데, 하루는 서라벌徐羅伐에 나왔다가 지나가는 선덕여왕을 보았다. 그런데 여왕이 어찌나 아름다웠던지 그는 단번에 여왕을 사모하게 되었다.

선덕여왕은 진평왕의 맏딸로 그 성품이 인자하고 지혜로울 뿐만 아니라 용모가 아름다워서 모든 백성들로부터 칭송과 찬사를 받았다. 여왕이 한번 행차를 하면 모든 사람들이 여왕을 보려고 거리를 온통 메웠다.

지귀도 그러한 사람들 틈에서 여왕을 한 번 본 뒤에 여왕이 너무 아름다워서 혼자 여왕을 사모하게 되었던 것이다. 그뿐만 아니라 그는 잠도 자지 않고 밥도 먹지 않으며 정신이 나간 사람처럼 선덕여왕을 부르다가 그만 미쳐 버리고 말았다.

지귀는 거리를 뛰어다니며 "아름다운 여왕이여, 나의 사랑하는 선덕여왕이여!" 이렇게 외쳐댔다.

어느 때는 지귀가 그렇게 지껄이는 소리를 들으며 행차를 하게 되었다. 그때 어느 골목에서 지귀가 선덕여왕을 부르면서 나오다가 사람들에게 붙들렸다. 그래서 사람은 웅성거리기 시작했고 떠들썩했다. 이를 본 여왕은 뒤에 있는 관리에게 무슨 일이냐고 묻자 관리는 지귀에 대한 얘기를 했다. 여왕은 지귀가 자기를 따라오도록 관리에게 말한 다음 절을 향하여 발걸음을 떼어놓았다.

한편 여왕의 명령을 전해들은 사람들은 모두 깜짝 놀랐다. 그러나 자귀는 너무나 기뻐서 춤을 덩실덩실 추며 여왕의 행렬을 뒤따랐다.

선덕여왕은 절에 이르러 부처에게 불공을 올리었다. 그러는 동안 지귀는 절 앞의 탑 아래에 앉아서 여왕이 나오기를 기다렸다. 그러나 여왕은 좀체 나오지 않았다.

지귀는 지루했다. 그리고 시간이 흐를수록 안타깝고 초조했다. 그러다가 심신이 쇠약해질 대로 쇠약해진 지귀는 그만 그 자리에서 잠이 들고 말았다.

여왕은 불공을 마치고 나오다가 탑 아래에 잠들어 있는 자귀를 보았다. 여왕은 그가 가엾다는 듯이 물끄러미 바라보고는 팔목에 감았던 금팔찌를 뽑아서 자귀의 가슴 위에 놓은 다음 발길을 옮기었다.

여왕이 지나간 뒤에 잠이 깬 지귀는 가슴 위에 놓인 여왕의 금팔찌를 보고는 놀랐다. 그는 여왕의 금팔찌를 가슴에 꼭 껴안고 기뻐서 어찌할 줄을 몰랐다. 그러자 그 기쁨은 곧 불씨가 되어 가슴 속에서 활활 타오르고 있었다. 그러다가 온모이 불덩어리가 되는가 싶더니 이내 숨이 막히는 것 같았다. 가슴속에 있는 불길은 몸 밖으로 터져나와 지귀를 어느새 새빨간 불덩어리로 만들고 말았다. 사랑과 기쁨이 폭발하여 현실의 불로 나타난 것이다.

처음에는 가슴이 타더니 다음에는 머리와 팔다리로 옮아가서 마치 기름이 묻은 솜뭉치처럼 활활 타올랐다. 지귀는 있는 힘을 다하여 잡고 일어서는데 불길은 탑으로 옮겨져서 이내 탑도 불기둥에 휩싸였다. 지귀는 꺼져 가는 숨을 내쉬며 멀리 사라지고 있는 여왕을 따라가려고 허우적허우적 걸어가는데, 지귀 몸에 있던 불기운은 거리에까지 퍼져서 온 거리가 불바다를 이루었다.

이런 일이 있은 뒤부터 지귀는 불귀신으로 변하여 온 세상을 떠돌아다니게 되었다. 사람들은 불귀신을 두려워하게 되었는데, 이때 선덕여왕은 불귀신을 쫓는 주문을 지어 백성들에게 내놓았다.

志鬼心中火 지귀심중화
燒身變火神 소신변화신
流移滄海外 유이창해외
不見不相親 불견불상친

지귀는 마음에서 불이 일어
온몸을 태우고 불신이 되었네.
푸른 바다 밖 멀리 흘러갔으니
보지도 말고 친하지도 말지어다.

백성들은 선덕여왕이 지어 준 주문을 써서 대문에 붙이었다. 그랬더니 비로소 화재를 면할 수 있었다. 이런 일이 있은 뒤부터 사람들은 불귀신을 물리치는 주문을 쓰게 되었는데, 이는 불귀신이 된 지귀가 선덕여왕의 뜻만 쫓기 때문이라고 한다.

당당하게 살다가 담담하게 죽음을 맞자

지난달 7일에 신도 세 분과 함께 청운거사의 병문 안을 갔습니다.

파티마병원의 호스티스병실에 입원을 하였습니다.

이곳은 중환자실에서 이미 죽음을 예고하고 난후, 마지막으로 편안하고 안락하고 아름다운 죽음을 위한 최후의 공간입니다. 죽음을 기정사실화하고 준비하는 곳입니다.

병실에 들어갔더니 그의 얼굴은 이미 납빛이 되어 있었습니다.

첫 문병이 아니기에 통상적인 인사를 나누는데 그의 눈이 어느 순간 풀려 초점을 잃고 있었습니다.

그에게 정신이 가끔 풀어지지 않느냐고 물었더니 그는 솔직히 그렇다고 대답을 했습니다.

거사님, 지금은 가끔 그렇지만 점차로 시간은 길어지고 횟수도 잦을 것입니다.

고통도 심해질 것이고 진통제도 더 많이 쓸것입니다.

거사님의 현재 육신은 병이 들어 회복하기 어렵습니다.

병이 나을수 있다는 희망을 버려야 합니다.

낡은 옷을 벗어버리고 새옷을 갈아입는 것처럼 병든 육신을 버리고 새로운 삶을 찾으셔야 합니다. 살겠다고 노력하면 할수록 고통만 길어지게 됩니다. 거사는 괴로운 듯, 두 손으로 얼굴을 감쌌습니다. 눈물이 나온다고 생각했던지 손수건으로 눈을 닦아내고 있었습니다.

실은 눈물은 나오지 않았건만.

지난번 첫 번째 병문안시에 그는 일반병실에서 항암치료를 받고 있었습니다.

그후, 암이 임파선을 타고 신장까지 퍼져있고 간까지 전이가 돼 있었다고 하였습니다.

의사의 처방으로 이곳 병실로 일주일째라고 합니다.

57세의 건장했던 청운거사는 고향이 충남 서산이라 하였는데 대학을 기계공학과를 나와 홍성 땅에서 조그만 공작기계를 생산하는 사업을하고 있었다고 했습니다.

성실한 그의 노력으로 우연찮게 대학동기중, 한 친구가 마침 진해 STX조선회사에 간부로 있음을 인연으로 연결되어 가까운 창원기계 산업단지의 현재의 공장으로 사업체를 몽땅 이전하여 10년간 계속 물량을 하청 받아 밤낮 구분없이 열심히 일하였던 그였습니다.

재산도 그런대로 모았다고 합니다.

그러던 것이 병원에 입원한지가 9개월전이라고하니 그동안에 가족들의 고심은 말할 수가 없었습니다. 특히 거사의 부인인 월화심 보살이야말로 남편의 병수발로 입원후, 여태까지 병실생활을 같이 하면서도 잠시 잠깐 짬을내어 절에 들려서 부처님께 남편의 쾌차를 기원하는 기도를 하고 가기도 하였습니다.

스님은 그에게, 정신을 잃기전에 거사님은 자신의 인생을 정리하셔야 합니다.

자신의 재산도 정리하고, 자신이 평생동안 이룩한 사업체도 정리하고, 인연있었던 인간관계도 정리하고, 부인과도 이별하고, 자식과도 이별을 해야합니다.

시간이 그리 많지 않습니다.

거사님은 평생을 올곧게 잘 살아오셨으니까!

인생의 마지막까지도 당당하고 담담하게 받아들이시고 의연한 모습을 보여주시기 바랍니다.

그의 왼쪽눈에 눈물이 핑돌면서 딱 한방울이 맺혔습니다.

그는 조금전과같이 손수건으로 꾹꾹 찍어내었습니다.

그러려니, 스님의 눈덩이가 씰룩씰룩하며 찡 해집니다.

그의 발목부분을 짚어봤습니다.

살갗은 여윌대로 말라있고 체온은 식어가는 듯 차가움이 전해오고 있습니다.

나는 말을 계속했습니다.

진태 아버지(청운거사)...

불러만 놓고 잠시 시간이 지나갑니다.

마지막 순간에는 희고 밝은 빛이 거사님을 데리러 올겁니다.

그때 두려워하지말고 순순히 따라가셔야 합니다.

거기서는 편안한 새삶을 누리실 겁니다.

업의 세계로 가서는 아니됩니다.

육도세계중에 지옥, 아귀, 축생, 아수라 세계에 가게되면 고통만 있습니다.

아미타 부처님이 계신 극락세계로 가셔야 합니다.

고통이 전혀 없다고 하는 서방의 정토국 말입니다. 합장을 하고 따라해 보십시오.

– 나무아미타불, 나무아미타불, 나무아미타불 –

그는 야위고 검게 혈관이 드러난 손으로 마지막 힘을 쏟아내어 합장을하고 나무아미타불을 따라 불렀습니다. 나무아미타불은 아미타란 명호를 가진 부처님께 귀의합니다.

아미타 부처님께 가고 싶습니다. 내 가고픈 이 소원을 이루게 해 주소서라는 간절함의 뜻입니다. 그는 한참을 나무아미타불을 불렀습니다. 그렇게 간절히 아무타불을 염불하라고 말했더니 그는 그렇게 하겠다고 약속했습니다.

스님은 그의 손을잡고 작별인사를 한 후 같이 동행했던 3명의 신도와 함께 병실 밖으로 나왔습니다. 그의 부인이 눈물을 뚝뚝 흘리며 따라나왔습니다.

스님 너무나 고맙습니다. 하면서 흐느끼기 시작합니다. 부인은 같이 간 신도들이 그를 얼싸안고 함께 울었습니다. 등을 토닥토닥 두드리면서….

저녁에 부인에게 전화를 하였습니다.

내가 여러 사람의 임종을 보아왔는데 남편은 열흘도 채 남지 않았습니다. 남편이 불안해하지 않도록 어루만지고 쓰다듬으면서 사랑을 표현해 주십시오.

청운 거사님이 자신의 인생사에 자긍심을 가질수 있게끔 좋은 이야기를 많이 해주시고 당신 덕분에 잘 살았다고 고마웠다는 말도 해주세요.

병실에 오는 자식들에게도 그렇게 위로해 주라고 전해주세요.

그로부터 꼭 일주일이 지났습니다.

오늘쯤 다시 문병을 가려고 했는데, 그쪽에서 먼저 연락이 왔습니다.

어젯밤에 세상을 떠났다고, 월화심 보살의 가느다란 목소리는 분명 울먹이고 있었습니다.

항우장사도, 예수님도, 공자, 맹자도, 부처님도, 이 세상 어느 누군들 죽음을 피할수 있겠습니까?

나무서방정토 극락세계 불신장광 상호무변 금색광명 변조법계 사십팔원 도탈중생 불가설, 불가설 불가설전 불가설 항하사 불찰 미진수 도마죽위 무한극수 삼백육십만억 일십일만구천오백 동명 동호 대자대비, 아등도사 금색여래 아미타불

삼천대천세계 이 우주가 생성된 이후로 죽음이라는 이 길을 비켜간 사람이 없으니 어차피 피할 수 없을 바엔 너나없이 당당하게 살다가 담담하게 죽음을 마주할수 있으면 좋겠습니다.

당당하게 잘사는 법이 있는것처럼, 담담하게 잘 죽는 법도 있을 터, 미리 생각하고 준비해 두어야겠습니다.

이 모두가 남의 일이 아니니 말일세….

너나 잘해라

과거에 어떤 판사 한분이 아내를 살해한 범인에게 사형선고를 내렸습니다. 모든 증거가 확실한 데다 본인도 자백을 했기 때문입니다. 그러나 얼마 후에 진범이 나타나자 자신의 오판을 크게 자성하며 억울하게 죽은 사형수의 명복을 빌어주려고 머리를 삭발하고 출가한 분이 있었으니 이가 바로 효봉 스님입니다.

스님은 법정스님을 비롯해 고은 시인같은 쟁쟁한 분들을 길러 내셨습니다. 워낙 대단한 스님이어서 좋은 말씀을 듣기 위해 전국에서 사람들이 몰려들었습니다.

너나없이 누구누구를 비난하는 이야기들이 대부분이었습니다. 그렇지만 스님은 끝까지 찾아온 사람들의 이야기를 말없이 들은 다음, 효봉스님은 이제 말 다 했느냐?

예, 다 했습니다.

그럼 효봉스님은 그 사람을 보며 벼락같은 소리를 지르면서

"너나 잘해라."

남의 흉을 잘보는 사람에게는 언제나 흉한 일이 생기는 법이고 좋은 말을 가려서 하는 사람에게는 항시 좋은 일만 생기는 법이 바로 철칙이 아니겠습니까?

우리가 평소에 하는 말이 얼마나 중요한 지는 여러분들은 잘 경험한 일이 있을 것입니다.

인생에서 가장 강력한 에너지가 분출됩니다. 말은 자력의 에너지입니다. 힘들고 고달프다고 생각하면 힘든 일만 생기고, 그렇지 않고 그런대로 견딜만하다고 생각하면, 모든 일이 순조롭게 풀려지게 되는 것입니다.

옛날(1960년대) 박정희 대통령 시절, 온 나라 국민들이 새마을 운동의 깃발아래 좋아졌네, 좋아졌어, 몰라보게 좋아졌어, 이노래가 전국적으로 울려 퍼질 때 좋아진 것은 실제로는 하나도 없었습니다.

그런데 동네마다 마을 입구마다 스피커를 달아놓고 새벽종이 울렸네, 새아침이 밝았네, 우리모두 일어나 새 일터로 나가세……. 하면서 우리의 역사가 변하기 시작했습니다.

우리들은 말의 에너지를 이해해야합니다.

그리고 힘들고 어려울 때일수록 힘을 낼 수 있는 에너지 언어를 사용해야 합니다.

사랑합니다.

감사합니다.

고맙습니다.

말에는 온도가 있어 따뜻한 말로 가슴을 데워주면 기운이 솟아나지만 썰렁한 말로서 남에게 뭐라고 하면 주변의 분위기가 단번에 썰렁해지는 것입니다.

죽음을 축하한다니 말이 되나?

1. 죽음을 준비하자.

죽음을 연락함을 보통 부고訃告를 받는다고 합니다. 그런데 부고를 받고 상가집에 사망을 축하한다는 축의금과 축하화환을 보내면 상가쪽에서의 반응이 어떻겠습니까?

이것이 말이 된다고 생각하는지 심히 궁금합니다. 아마도 미친 정신병자로 취급하거나 아니면 명예훼손으로 고소라도 할 것이겠지요.

또한 결혼한 지 3년만에 첫아들을 봤다고 연락을 받고 부의금과 함께 조화를 보냈다고 하면 역시 어떤 반응이 오겠습니까?

이 또한 치매가 이렇게도 심할 때까지 병원치료를 받지 않는다고 오히려 이쪽을 걱정스럽게 염려할 수도 있지 않을까도 싶습니다. 언듯 보기에는 말이 안될 것 같아 보이지만 아이러니 하게도 되는 말입니다.

왜냐구요.

불교의 경전중 반야심경般若心經에 보면 불생불멸不生不滅이라는 구절이 나오는데 석학들이 불교학 연구자들이 풀이해 놓은 것을 보면 이렇게 해석이 된다는 것입니다.

불생이라하였으니 태어남이 아니라고 부정을 함과 동시에 불멸이라 하였으니 멸하고 없이짐도 아니라고하면 살아있음도아니요 죽은것도 아니라면 이것도 저것도 아닌 애매모호한 것 같아 보이지만, 실은 맞습니다.

우리 사람의 인체에는 수십억만 개의 세포 조직으로 되어 있습니다. 그 세포가 1초 동안에 여러 수억 개가 죽고 동시에 여러수 억개의 세포가 새로이 생성되기를 반복하고 있다고 합니다. 세포가 죽는 0.1초 동안은 죽은 것이고 생성되는 0.1초 동안에는 다시 살아난 것이니 깜박깜박하면서 꺼졌다 켜졌다 하는 과정입니다.

사람이 태어나서 한세상 살다가 마지막 죽음에 이르러 육신을 버리고 나의 본체인 영혼(마음)이 떠나서는 영영세세 불멸不滅한다고 합니다. 새로운 곳으로 고통이 없는 아름다운 세계로 떠난다고 하니 어찌 축하하지 않을 수 있겠습니까?

어느 날 한 연사가 연단에 턱 올라서서 하는 말이 갓 태어나는 아기를 보고 하는 말이 혀를 차면서 불쌍하고 가련한 출생이라고 매우 애틋한 표정으로 여인에게 말을 합니다.

아가야 얼마나 슬프랴.

이 세상에 태어나지 않았으면 좋을 터인데 태어났기 때문에 사생육도의 고에서 벗어나지 못하고 한평생 고생고생하다 마지막에 빈손으로 떠날 것을… 하면서 슬픈 표정을 지으며 탄색을 하고 있을 때, 애기엄마가 하도 어이없어

여보시오.

선생님요.

그게 무슨 망발이요.

여인의 앙칼진 소리가 귓전을 세차게 때립니다.

그렇지 않소이까?

뭐가 그렇다는 것이오?

이러한 대화가 오고 갔음을 비추어볼 때 말이 안되는 상황임에는 틀림이 없었습니다. 생각하는 사람의 각자의 추리에 맡기겠습니다.

중환자 병실에 들려보니 이곳에 온 사정은 각양각색各樣各色이였습니다. 모두가 멀건히 천장만 쳐다보고 있습니다. 항암제를 써서 2~3개월 더 연명하는 것보다는 남은 생生동안 마음을 비우고 더 살아야겠다는 욕심마저도 버리고 그 동안 하고 싶었던 것을 하면서 생을 마무리하는 것이 중요합니다.

또한 이렇게 하다보면 오히려 몸이 좋아져서 몇 년씩을 더 살게 되는 경우도 더러 있음을 우리는 주위에서 많이 볼수 있음도 사실입니다.

집착을 없애고 내려놓으면 오히려 편안과 건강을 되찾게 된다는 것입니다.

그 무서워하는 암癌이라는 병病.

파자 해석으로 본 암이라는 글자에서도 보듯이 질병을 상징하는 역과 입구가 3개, 뫼산자로 나누어집니다.

입의 기능은 크게 세 가지로 생각해 볼 수 있습니다.

첫째는 먹는 것입니다.

음식 삼절을 잘 지키면 됩니다.

1절은 제 절기에 맞는 음식으로 적당히 먹는것이고, 2절은 나의 체질과 증상에 맞지않는 해로운 음식은 끊는것이고, 3절은 음식을 오래토록 씹어서 잘게 무수어 삼켜 위장의 부담을 덜어주는 것입니다.

둘째는 말하고 노래하는 것입니다.

불교에서는 입을 재앙의 문이라하여 엄숙히 지킬 것을 당부하며 경전을 읽기전에 반드시 정구업진언(수리수리 마하수리 수수리 사바하)부터 하는 연유가 여기에 있습니다. 말 한마디가 생명을 살릴 수 있고 험한 말 한마디가 한사람을 죽일 수도 있습니다.

글도 마찬가지입니다. 주역에 동기상구, 동성상응이라 했습니다. 같은 기운은 서로 구하고, 같은 소리는 서로 응하기 마련입니다.

셋째는 숨을 쉬고 사랑을 표현하는 것입니다.

잠잘 때 코가 막히면 입으로 숨을 쉬어야 하고 심호흡을 할 때도 필요합니다. 가끔은 청정지대에가서 머리도 식히고 입으로 맑은 산소를 많이 들이마시기 바랍니다. 그리고 사랑을 한껏 표현할 때도 쓰입니다. 이처럼 입의 기능을 십분 활용하면 암을 막을 수도 있을 뿐 아니라 암에서 벗어날 수도 있을 것입니다.

그리고 남은 한 글자는 산자입니다. 우리는 흔히들 큰 깨달음을 위해 머리 삭발하고 산에 들어간다고 말을 많이 합니다. 즉 입산수도를 말하는 것입니다.

내려놓는다는 것은 분명 쉬운 결정은 아닙니다. 하지만 절체절명의 시기에는 모든 것이 무의미합니다. 더 늦기전에 집착과 욕심을 버리고 놓아버리면 오히려 다시 살아날 수 있다는 것을 깨달지 못하고 있는 것입니다.

기존의 전통 한의학에서는 간, 심, 비, 폐, 신이 사람의 건강을 결정하는 생리와 병리에 있어서 거의 동등한 비중과 구조로 다루어지고 있습니다. 그러나 사상의학에서는 심心을 단순히 오장중 하나로서가 아니라 인신의 모든 장부를 총괄하는 군주나 총재의 역할을 하는 존재로 보고 있는 것입니다.

물론 전통 한의학韓醫學에서는 마음씀의 중요성을 강조했음은 두말할 나위가 없습니다. 심자신지주心者身之主라 하여 내 몸의 주인이 바로 나의 마음이라 했습니다. 조선시대의 유학자들이 심학을 기본으로 삼았다는 것은 사실 새로운 것이 없습니다.

또한 불교 화엄경의 중심사상에서도 일체유심조라고하여 일체의 모든 것은 오로지 마음이 만들어내는 것이라고 강조하고 있으며 신라때 의상대사와 함께 당나라 유학길에 올랐던 원효대사의 일화는 아주 유명합니다.

어느 무덤 옆에서 잠을 자다가 밤중에 목이 말라 옆에 웬 바가지에 담긴 물이있어 달게 마셨습니다. 그런데 다음날 잠을 깨어 일어나보니 바가지로 알고 있던 것이 해골이었습니다.

만약에 처음부터 그것이 해골 바가지에 담긴 물이라는 것을 인식認識했다면 아무리 목이 말랐어도 쉽게 마시지는 못했을 것입니다. 그 일로 깨달음을 얻은 원효대사는 당나라 유학을 포기하고 돌아왔다고 하는 이야기입니다. 이와같이 외부의 사물은 나 자신을 간섭

할 수도 없고 좌지우지 할수도 없는 객체일 뿐입니다. 오로지 마음에 의하여 불필요하게 커다란 장애물障碍物로 변신한다는 것을 깨달은 것입니다.

2. 궁합宮合이야기

궁합은 본래 결혼할 남녀의 태어난 년.월.일.시年,月,日,時의 사주를 가지고 음양오행陰陽五行 관점에서 상생相生과 상극相剋을 따져 길흉吉凶을 판단하는 것에서 유래했다고 합니다.

요즘에는 궁합을 따지는 많은 사람들이 대개 혈액사주궁합이라해서 체질궁합體質宮合에 대해 많은 사람들이 많은 관심을 가지고 있습니다. 무수한 사람을 울리기도 웃기기도 하는 것이 사주를 통하여 판단해보는 궁합입니다.

물론 전혀 무시할 것은 아니라고 생각하지만 그렇다고 이것에 목숨을 걸만큼 판단과 실제 행동이 좌지우지左之右之 되어서는 아니 된다는 것입니다.

사주풀이는 해석자인 역술가나 점술가나 기타의 저술자의 각기 주관에 의하여 얼마든지 바뀔수 있다는 것이 가장 큰 문제입니다. 때에 따라 수시로 변하는 수시변역이 역이라 했듯이 사람의 운수는 정해진 것이 없습니다. 중요한 것은 타고난 사주팔자 못지않게 자라난 환경과 삶의 중요성을 깨닫고 명운을 개척해 나가려는 의지와 자신감입니다.

이 뿐만이 아니고 앞서 말했듯이 심자신지주心者身之主라 하였으니 내 몸의 주인은 바로 나의 마음이니 심은 오장육부五臟六腑의 주인이며 온몸의 주재로서 생의 근본이 되고 정신과 영혼이 머무는곳으로 말하고 있습니다. 병에 걸려도 나을수 있다는 자신감과 그로인하여 발생하는 활력이 나에게 생기를 북돋우는 것입니다.

한의학에서는 오래전부터 병의 원인으로 칠정이라하여 기쁨, 성냄, 근심, 생각, 슬픔, 공포, 놀람을 제시했습니다. 희로애락喜怒哀樂의 타고난 편차에 의하여 장부기능의 차이가 발생하고 그에 의하여 각자의 체질이 결정되어 감정의 편중상태가 심하면 그것이 병으로 이어진다고 합니다. 병도 마음이 낫게도 하고 병을 만들기도 한다는 것이 더 실감나는 말일 것입니다.

삼재팔난三災八難

병病이 사람을 죽이는 것이 아니라 인간이 병한테 이기지못하여 죽는다는 것을 깨달았기 때문입니다.

어느 한의학자의 말 중에서.

약불가활인藥不可活人이요

병불가살인病不可殺人이라

약이 가히 사람을 살리지 못하고 병이 가히 사람을 죽이지 못한다는 뜻입니다.

모든 병은 마음에서 생기는 것이라고 하였으니 치유도 마음에서부터 치유하면 되는 것을….

만병의 치유는 정확한 발병 원인을 파악만하면 가능합니다.

지나간 선승禪僧들

달마대사의 어록인 〈혈맥론〉에서 다음과 같이 말하고 있습니다.

널리 배우고 아는 것이 많으면 오히려 자성이 어두어진다.

廣學多知 神識轉暗(경학다지 신식전암)이라고 했으니

부처는 열반涅槃 직전에 가장 아끼고 사랑하였던 사촌인 아난다에게 충정어린 충고를 내리는데 "아난다야 네가 비록 총명하여 여래의 묘장법문妙藏法問을 빠짐없이 기억한다해도 단 하나 선정禪定을 닦느니만 못하느니라."

눈으로 본다는 아난다와 마음으로 본다는 부처의 이 대화는 현실의 우리들에게 던지는 하나의 경고로도 해석할수 있을 것입니다.

선대 선승인 경허 선사의 가야산 시절의 이야기입니다.

어느날 눈속에 파묻혀 동사직전의 여인을 구하는 이야기와 경허의 상자 만공스님의 이야기입니다. 그는 33세 때인 1881년 보임하던 천장암에서 豁然大悟(활연대오:마음이 활짝 열리듯이 크게 깨달음을 얻는 일)하였습니다.

이것이 그의 제1기라면 이후 해인사(퇴설당)를 중심으로한 생활은 제2기에 해당하는 황금시기이라 할수 있을 것입니다.

이때 그의 나이 51세로 그로부터 5년뒤 스스로 종적을 감춰버렸으니 경허스님의 맏 상자는 만공, 혜월, 수월, 한암, 탄허스님 순으로 선맥이 이어지는데 경허스님의 열반송涅槃頌에는

心月孤圓하니

심월고원

光呑萬像이라

광탄만상

光境俱忘하면

광경구민

復是何物고

부시하물

마음 달 홀로 둥그니

그 빛이 만상을 삼켰구나

빛과 만상을 모두 잊는다면

다시 이 어떤 물건인고. 했으니 경허의 다비 문중에서 만공스님이 법주가 되고 혜월스님이 바라지가 되는데

유안석인제하루 有眼石人齊下淚

무언동자암허처 無言童子暗噓處

다비문은 죽은 사람을 관속에 넣어 입감시킬 때 외는 제문중의 일부분입니다.

해석을 하자면 눈 달린 돌사람이 눈물을 흘리는 참뜻과 동자가 탄

식하는 참뜻에 대해 말함이니 만공과 혜월스님이 스승인 경허의 시신을 화장하여 부도탑을 세울듯도 한 일이건만 어쩐 일인가? 두 분 선승이 스승의 불탄 뼈조각을 산골을 하면서 요령을 흔들면서 산좌송을 송주하기 시작한다.

법신편만 백억계 보방금색 조인천
法身遍滿百億界 普放金色照人天
응물현형 담저월 체원정좌 보련대
應物現形潭底月 體圓正座寶蓮臺
법신이 백억세계 두루가득해 환히밝은 금빛을 널리놓아서 사람세상 하늘세계 비추어주네
사물따라 여러가지 모습나툼은 그릇따라 형상나툰 물속달이여 연화대에 거룩한몸 원만하여라.

죽은 사람의 신은 백억개의 온세상으로 가득차 돌아가고, 죽은 사람의 몸체는 보배로운 연꽃으로 이루어진 보련대위에 앉는다는 말입니다.

그러면 경허스님의 스승은 누구였을까?

역파스님은 본시 현감이며 양반이고 절 일(공사, 중창)을 하였으며 계허스님은 역파스님의 상좌 목수입니다.

계허스님이 경허스님의 사부 스님이니 계허는 글을 모르지만 한 구절 문장만 쓸줄 압니다.

이것은 스승 역파의 법문입니다.

손재주가 뛰어난 사람은 항상 고달프고
총명한 사람은 걱정이 그칠새가 없다.

무능한 사람은 구하는 바가 없으니
배만 부르면 곧 아무 생각 없어
세상을 이리저리 떠다니고 있다.

이는 마치 밧줄로 묶어놓지 않은 배가
아무 걸림이 없이 바다위를 떠다니는 것과 같다.

功者勞而知者憂 공자노이지자우
无能者无所求 무능자무소구
飽食而遨游 포식이격유
汎若不繫之舟 범약불계지단
虛而遨游者也 허이격유자야

판사스님 효봉曉峰

천수경이라 함은 천개의 손과 천개의 눈과 27개의 얼굴을 가진 관세음보살에게 드리는 계청啓請입니다. 대자대비한 관세음에게 지송持誦하면 특히 지옥의 고통을 해탈케하여 모든 원을 성취하게해 주고 모든 죄 역시 소멸된다는 송주誦呪인 것입니다.

원래의 이름은 천수천안관자재보살 광대원만 무애 대비심대 다라니 계청이라는 긴 이름입니다. 이 이름의 뜻은 천개의 손과 천개의 눈을가진 관세음 보살님의 자비와 공덕은 광대무변廣大無邊하시고 원만 구족하여 걸림이없고 자유자재한 큰 힘으로 일체 중생의 고뇌를 건져주시는 다라니란 뜻입니다. 이것을 줄여 천수경이라고만 부르고 있는 것입니다.

경허 선사의 수법제자인 수월 선사는 천수경만 평생을 외우면서 천수경을 통해서 깨우침을 얻기도 하였습니다. 수월은 북으로, 혜월은 남으로 만공선사는 중앙에서 선맥을 이어나가다 북만주까지 올라간 수월이 무주상 보시행을 여미고 있을 즈음 어느 날,

이 향기를 맡고 북만주 오막살이까지 찾아온 제자가 한사람 있었으니 그의 이름을 효봉(1888~1966)이였습니다. 효봉은 1888년 5월 28일생으로 평안남도 양덕군에서 태어났습니다.

속성은 이씨며 이름은 찬형이었습니다.

그는 평양 제일 명문인 평양고보를 졸업하고 현해탄을 건너 일본 와세다 대학에서 법학을 전공하였습니다. 10년간 서울과 함흥의 지방법원, 평양의 복심법원에서 한국인으로서는 최초의 판사직에 종사하였습니다.

1923년 36세 때 효봉은 한 피고인에게 사형선고를 내리게 됩니다.

인간이 인간에게 죽음을 선고할 수 있는가?

고뇌苦惱에 빠져들게 되었습니다.

과연 육법전서六法典書가 진리일 수 있을까?

그것은 하나의 규범일지언정, 진정 진리는 아닙니다.

법대로 처리한 결과라고 보면 되겠지만….

그렇다면 그 법을 초월한 다른법이 있을 것입니다.

한가지의 사안에 대하여 고뇌하고 회의를 느낀 순간, 이것은 아닙니다.

효봉은 아내와 세 자녀를 버리고 판사직 사표를 내고 즉시 출가를 결심하게 되었습니다.

판사직을 하루아침에 버리고 아내와 세 자녀까지 버린 효봉은 입고 있던 옷을 벗어 남대문 시장에서 엿판과 한복 두 벌을 바꾼 후 엿장사를 하면서 전국을 3년 동안이나 방랑하였다고 전해지고 있습니다.

효봉은 마침내 1922년 여름 금강산에까지 이르러 금강산의 유점사에 들러 공부할 만한 스승을 찾았습니다.

신계사 보운암의 금강산 도인이라 불리는 석두스님을 찾아가라는 말을 듣고 신계사로 찾아가게 되었습니다.

어디서 왔는가? 석두스님이 물었습니다.

유점사에서 왔습니다.

효봉의 입에서 대답이 떨어지자.

석두의 입에서 무섭게 고함소리 하나가 터져 나왔습니다.

몇 걸음에 왔는가?

석두의 물음입니다.

그러자 효봉은 벌떡 일어나 큰방을 한바퀴 빙돌고 앉으며 말하였습니다.

이렇게해서 왔습니다.

석도는 껄껄 웃으면서 말하였습니다.

10년 공부한 수좌보다도 네가 났구나.

이렇게해서 효봉은 그날에 머리를 삭발하고 계를 받았습니다.

판사에서 엿장수로, 엿장수에서 스님으로 대변신을 한 것입니다.

효봉스님은 북으로 가게됩니다.

수월스님을 만나게 됩니다.

효봉이 수월에게는 마지막 제자가 되었습니다.

그로부터 3년뒤 금강산 법기암 토굴에 들어가 무서운 정진精進을 거듭한 후, 마침내 10년 뒤인 1932년 여름에 활연 대오하여 토굴벽을 발로 차 무너뜨리면서 오도송悟道頌을 남기게 됩니다.

바다밑 제비집에 사슴이 알을 품고

海底燕巢鹿抱卵 (해저연소록구란)

타는 불속 거미집에 고기가 차 달이네

火中蛛室魚煎茶 (화중주실어전다)

이 집안 소식을 뉘라서 알랴

此家消息誰能識 (차가소식수능식)

흰 구름은 서쪽으로 달은 동쪽으로

白雲西飛月東走 (백운서비월동주)

만일 사람이 삼세 일체의 부처님을 요달해 알고자 하려면 마땅히 법계의 성품을 보라.

일체가 오직 마음으로서 지은 것 이니라.

약인 욕요지 삼세 일체불 응관 법계성 일체 유심조라고 했느니

이 세상의 만사 사생이 오직 내 마음에서 일어나고 마음에서 지워지는 것을…

108배拜 인기 있는 이유

2013년 10월 6일 저녁 8시 KBS1 TV에서 방영되는 강연 100℃를 우연히 보게 되었는데 임성훈씨가 MC를 맡은 프로입니다.

첫 번째로 등장한 강연자가 뇌성마비 장애인 한경혜(39세) 보살이 나옵니다.

그는 어머니의 배 속에서 8개월만에 출생하면서부터 뇌성마비를 지닌 채 태어났습니다.

그가 일곱 살적에까지 어머니는 온갖 정성을 쏟아서 전국의 좋다는 병원, 유명하다는 의학박사, 용하다는 한의원을 찾아봐도 결코 고칠 수 없다는 병이란걸 알았습니다.

실망 끝에 나날을 보내던 중 어떤 지인의 조언으로 해인사 백련암에 안거하고 계시는 성철스님을 찾아가게 되었습니다. 그 당시에 성철스님을 친견하려면 3000배의 절을 해야만 만나 친견을 할 수있다고 합니다.

그저 난감하기만 하였습니다.

일곱 살의 나이인데다 그나마 전신의 몸이 굳어져있는 상태인데 어떻게 3000배의 절을 할 수 있겠습니까?

그러나 그의 어머니는 어린딸을 살리고 병을 고치고자 하는 일념으로 딸 경혜에게 3000배의 절을 시키기로 하였습니다.

애야

내 딸 경혜야

스님을 친견하려면

너가 절을 3000번 만하고 나면

너를 만나서 낫게 될는지?

영구히 낫지 못할 것인지?

상담을 해 준다고 하니….

어쩌겠나.

절을 3000번 해 보기로 하자.

오래전에 이 나라의 전직 대통령인 전두환 씨도 성철스님을 친견코자 하였으나 3000배를 하지 않으면 만날 수 없다고 하였습니다. 일언지하에 문전박대를 해서 대통령도 만나주지 않았다는 생각을 떠 올리며.

엄마는 어린 딸 경혜를 달래듯 사흘동안에 겨우 3000배를 마치고 성철스님을 친견하게 되었습니다. 그때입니다.

스님은 반면에 미소를 머금으며 다소 엄숙한 얼굴을 하면서 어린 딸 경혜를 보더니만.

뜬금없이 대뜸 흘러나오는 첫 말씀이 애야 너는 그냥 죽어빼리라 고하니 경혜는 거침없는 스님의 그 한마디에 정신이 횡하니 밖으로 나가는 느낌이었습니다.

경혜는 황망히 밖으로 나와 어머니께 말합니다.

엄마

왜 그러느냐?

스님이 날 보고 그냥 죽어버리래

뭐라고?

죽어 버리라고 하더나?

한참을 멍하니 서 있듯 어머니는 허공을 쳐다보며 조용히 눈을 감았습니다.

잠깐의 시간 어머니는 몸서리치듯 잠시 떨더니만

경혜야

예, 엄마

너 다시 가서 스님께 이렇게 말씀 드려라.

어떻게요.

스님께 가서 어떻게 죽는 건지?

알려달라고 해 보거라.

경혜는 다시 성철스님께 들려

스님.

스님이 죽어라고하면 저가 죽을랍니다.

어떻게 죽는지 가르쳐 주이소

그냥 죽어버리면 되지

따로이 방법이 어디있노?

없다 그냥 죽어라.

스님 죽는 방법을 알아야 죽을수 있고 또 제가 죽고나면 49재도

스님절에서 할 것인데,

잘 죽을 수 있는 방법이 있지 않겠습니꺼?

앳끼, 요 가시나야. 그러면 그래 너 고만 오래 살아뿌리라고 하였습니다.

이 대화는 그때 성철스님과 일곱 살의 어린소녀 경혜가 나누었던 실제의 장면입니다. 지금으로부터 32년 전의 일이니 계산을 해보니 1981년의 일입니다. 스님과 강연한 사람 한경혜는 39세인데 7세때의 일이니 말입니다.

그랬다.

강연 제목은 1000배의 기적이란 제목입니다.

방청석 앞에 당당히 서있는 한경혜 연사는 현재 ○○대학 음악교수로 재직하고 있다고 하였으며 32년전에 성철스님과의 만남으로, 굳어져만 가던 전신의 몸을 힘들게 일으키며 하루도 빠짐없이 1000배의 절을 통해 전신이 서서히 유연해졌습니다.

그러므로 용기를 내어 미국 유학까지가서 인내심으로 음악을 배우면서 교수가되어 장애를 극복한 과정을 발음이 그렇게 똑똑하지 않은 표정을 다소 일그러뜨리면서…

한 인생의 여정을 본인도 눈시울을 적시면서 강연을 끝맺습니다.

지금까지 저의 이야기를 끝까지 잘 들어주셔서 고맙습니다.

감사합니다.

그의 강연 온도는 97℃이였습니다.

방청석에 있는 어느 누구도 박수를 보내지 않으리.

1000배의 기적입니다.

강연자 한경혜는 2004년 절하는 법을 담은 책, 오체투지를 발간해 화제를 뿌리기도 했습니다.

오체투지란 한 마디로 절에서 행하는 큰절로 불, 법, 승 삼보에게 자신을 낮추면서 최대한 존경을 표하는 것을 의미합니다.

두 무릎과 두 팔꿈치 이마, 신체의 다섯 부분이 땅에 닿도록 투지하는 것입니다.

절에서는 3번을 절하는 기본 3배가 있습니다.

삼보에 귀의한다는 뜻입니다.

108배는 참회懺悔기도의 기본 단위로 과거 현재 미래 삼세를 참회하면서, 감사하면서, 발원하면서, 지성으로 한배, 한배, 올리는 의미를 담고 있습니다.

이렇게 사찰의 스님들이나 불자 신도들이 올리는 108배가 불자의 울타리를 훌쩍 뛰어넘어 몸과 마음을 다스리는 건강법으로 각광받게 됨은 근간의 일이 아닙니다.

108배는 나를 끝까지 낮추면서 상대의 행복을 빌면서 하는 절이기도 합니다.

내가 가지고 있는 긍정적인 마인드를 평소에 기도자의 전신에서 발산되는 온열의 맑은 기운을 상대에 보내주는 것이 절이기도 합니다.

우리 육체 중에서 제일 중요하고 값으로 따져 가장 가치있는 부위가 머리라고 한다면 머리는 바로 보물 창고가 아니겠습니까?

세상의 온갖 유형무형의 지혜智慧를 다 안고 있는 머리통입니다.

이 머리의 상단이 이마 아닙니까?

일배. 일배 절을 하는 것을 보면 이 소중한 이마를 사람들이 밟고 다니는 마룻바닥이나 땅에 대는 것이 아닙니까?

이게 절입니다.

얼마 전 TV에서 보니 경남 진주의 유등축제를 서울에 베끼기 절대 반대한다면서 진주 불교 사암연합회 회원사 스님들이 진주에서 서울까지 도보로 10보 1배를 하면서 가는 장면을 보았습니다. 서울까지 며칠이 걸리든 가는 그 행위 자체가 중요한게 아닙니다.

절을 한다는 진정한 참 뜻의 의미는 내 스스로 지극히 낮추면서 상대를 존경하고 배려한다는 깊은 뜻입니다.

이 과정을 보고 서울시는 유등축제를 포기 하십시오 하는 반발적 시위성이 있는것이라고 생각하면 무리일까요?

여하간 108배를 운동으로서의 측면을 실제로 겪어보면 첫 번째로 완벽한 전신 운동이 되고 최 단시간에 그 효과가 나타난다는 것입니다.

두 번째로 단전호흡(복식호흡)이 저절로 됩니다.

세 번째는 온몸의 기순환이 완벽하게 복구가 된다는 것입니다.

네 번째는 언제 어디서라도 조그만 공간(0.5평정도)만 있으면 절을 할 수 있습니다.

다섯 번째는 아무런 추가적 비용이 발생하지 않으면서 혼자서도 얼마든지 할수있을뿐 아니라 실제로 108배를 필자도 계속 해보니 의사가 아니래도 고혈압, 비만, 지방간 등 일종의 성인병 같은 예방

치료에는 적절한 운동이라고 생각하는 것이 필자의 소견입니다.

상세한 데이터는 필자가 의학을 전공치 않은 스님이기 때문에 모르는 것이 당연합니다.

중요한 것은 필자가 스님 때문만은 아니고 현재의 연령대(74세)에 하루도 빠짐없이 108배를 6개월째 계속 하고 있습니다. 이의 진실한 효과는 3명의 공무원 채용시험의 기도를 접수한뒤 108배의 효과 인지는 이론적 확실성은 증명할수 없지만, 3명 전원이 임용시험에 최종 합격했다는 것입니다. 요즘 공무원 시험등 직장 가지기가 하늘의 별 따기이고 바늘구멍에 황소 들어가기가 아닙니까?

서두의 이야기와 같이 장애인 한경혜씨의 32년간 1000배의 기적은 아니라도 108배는 현대인들이라면 누구에게나 권할만한 몸과 마음의 문명병 예방 주사라고해도 과언은 아닐 것 같습니다.

인제의과대학교 서울백병원 가정의학과 강재헌 박사는 1시간동안 절을 했을 경우, 등산이나 수영을 1시간 한 것과 비슷하고 에어로빅이나 자전거 타기 및 배드민턴을 하는 것보다도 운동량이 많다고 밝히고 있습니다.

그리고 근간에는 108배의 효과는 종교를 뛰어넘어, 천주교 경북 경산성당의 정홍교 주임신부는 성당 안에서 절을 한다는 고정관념을 깨는 것이 쉬웠던 것은 아니며, 또한 오해도 많이 받았습니다. 그러나 선입견先入見보다도 더 중요한 것과 진실은 우리는 절을 통해 몸과 마음이 치유된다는 엄연한 사실들을 긍정적으로 받아들여야하며 절을 하면 건강해진다는 것이 사실로 체험하고들 있다는 것입니다.

절은 108배, 1000배, 그숫자가 그리 중요한 것이 아니고 자기 개인의 체질에 따라서 역량에 맞게 하면서 계속적으로 해야 된다는 것입니다.

32년간 거르지 않고 1000배를 해서 죽음 직전에 그의 인생을 역전시켜 활기차고 행복하게 살아가고있는 한경혜 보살에게 응원의 박수를 한껏 보냅니다.

고맙습니다. 감사합니다. 참회합니다. 이렇게 두손모아 합장合掌하며 발원합니다. 설합니다.

내 마음, 내 마음을 비우고 당신의 건강과 행복을 위해 참회懺悔하며 절합니다.

나는 부처인 줄 몰랐지

수청월현水清月顯이나 월역불래月亦不來요 수탁월은水濁月隱이나 역비월거亦非月去로다. 단시수유청탁但是水有清濁이니 비위월유승심非爲月有昇沈하라.

진리 또한 이와 같아서

이인심자유후정 이오 불본무본래야 라

구름이 가리워 숨었지 달이 간 것이 아니거늘

마음이 맑아 부처님을 뵈오니, 부처님이 가신게 아니고

다만 사람의 마음에 때가 있고 없고 하는것이니

부처님은 본래 가고 옴이 없나니라.

우리나라 큰 스님 가운데 중국 당나라에가서 부처님의 진신사리 다섯과를 모셔온 자장율사가 문수보살을 친견하기 위해 강원도 오대산五大山에서 초암을 짓고 기도하고 있었습니다.

어느날 행색이 초라한 처사한분이 찾아와 스님을 친견 하겠노라고 시자에게 청을 했습니다. 시자가 자장율사에게 여쭈었더니 자장율사는 면담을 거절하였습니다. 처사는 그래도 계속하여 오늘

꼭 스님을 만나야 된다고 시자에게 거듭 청했습니다. 두 번을 거절 당한 처사는 애원하다시피 시자에게 부탁을 하였으나 끝내 자장율사는 걸인같은 내방객을 만나주지않고 끝내 거절을 했습니다.

이때 초라한 내방객의 말이 상에 집착한 자장이 어찌 문수보살을 친견할수 있겠느냐고 하면서 갑자기 연꽃 위의 문수보살로 화현해서 서산을 향해 떠나갔습니다.

여기에서 우리는 서두에서 말한 법구경法句經 한구절을 깊이 생각해 볼 수밖에 없습니다.

단시수유청탁但是水有淸濁이니 비위월유승심非爲月有昇沈이네

다만 내 마음에 때가 있고 없고 하는것이지 여래如來가 찾는다고 오는 것이 아니고 부르지 아니한다고해서 오지않는 것이 아니라 항시 이곳에 계시는 것이니. 이 광경을 목격한 시자는 스님에게 달려가서 문수보살님이 오셨다고 말씀드렸습니다.

이때, 자장율사는 문수보살하고 허둥지둥 밖으로 뛰어나와서 서산을 향해 뛰어가기 시작합니다. 가다가다 또가고 얼마를 뛰어가다가 돌부리에 걸려 넘어져서는 그길로 곧 열반涅槃에 들었다고 삼국유사三國遺事에 전해지고 있습니다.

또한 원효대사元曉大師가 관세음보살을 친견親見하기 위해 낙산사를 찾아가다가 목이 말라 우물가에서 소복차림으로 빨래를 하고있는 한 여인에게 냉수 한 그릇을 청하게 되었습니다.

그러자 여인은 쌀을 씻은 뜨물 한 바가지를 원효대사에게 드렸습니다.

원효대사는 뜨물을 땅에 버리면서 이왕 줄려면은 깨끗한 물을 줄 것이지 스님에게 더러운 물을 줄수 있느냐고하니 여인의 말이 마음이 맑은 사람이 마시면 뜨물도 맑은 물이요, 마음이 탁한 사람이 마시면 맑은 물도 뜨물과 같다고 말하면서 본래 물이 더럽고 깨끗한 것이 따로 어디에 있겠습니까? 라고 여인이 대답을 하자.

원효스님은 쓴 웃음을 지으면서 낙산사로 발길을 재촉했습니다.

조금 길을 가다가 세 갈래의 길을 만나 어느쪽으로 갈까? 망설이고 있는데 지팡이를 짚고 있는 한 노인을 만나 그 노인에게 어느쪽으로 가야 낙산사로 가는 길이냐고 물었습니다.

예. 스님

스님께서는 낙산사에는 무엇하려고 가십니까?라고 물었습니다.

낙산사에 관세음보살을 친견하러 간다고 대답하자.

그 노인의 하는 말이

조금 전에 관세음보살님을 친견하지 않았습니까? 라고 해서 원효대사의 말이, 제가 어디서 관세음보살을 보았단 말입니까? 했습니다.

우물가에서 스님에게 물을 떠준 그 여인이 바로 관세음보살이 아닙니까? 하였습니다.

원효대사는 깜짝놀라서 급히 우물가에 가보았으나 아무도 없었습니다. 다시 확인하려고 노인을 만났던 그곳으로 와보니 그 노인은 간 곳이 없었습니다.

보통사람이 알아보지 못하고 원효대사도 알아보지 못하는 그 관세음보살觀世音菩薩을 알아보는 분은 부처님이 아니고 과연 누구이겠습니까?

약이색견아 이음성구아 시인행사도 불능견여래
(若以色見我 以音聲求我 是人行邪道 不能見如來)

이 부처를 음성으로 나를 생각하고 논한다면
그것은 사도다. 영원히 부처를 보지 못하리라.

지금 우리는 사장율사와 원효선사의 두 사화의 사실과 진실성이 문제가 아니라 위의 두 내용이 우리들에게 무엇을 전해주려고 하느냐 하는것에 초점을 두고 깊은 관심을 가져야 할 것입니다.

금강경金剛經에 말하기를 형상이나 음성으로 나를 보려함은 정도가 아닌 사도를 행하는 것이기 때문에 부처와 여래를 친견할수 없다고 했습니다.

범소유상 개시허망 약견제상비상 즉견여래
(凡所有相 皆是虛妄 若見諸相非相 卽見如來)

무릇 있는 바의 모든 형상은 다 허망하기 때문에 모든 차별상을 상으로 보지 않을 때 부처님과 여래를 친견할 수 있다고 하는 말씀이 부처님의 제자 박카라의 임종 당시의 이야기입니다.

이러한 이치를 깨우쳐 주려고 하는 것입니다.

현재의 우리들 실상도 이와 같지 않은 현실상입니다.

어제 저녁 뉴스에 50년전 고 박정희대통령이 독일에 차관을 구하러 가면서 전용기가 없어 외국항공의 일반석에 탑승하여 이역만리 독일에가서 노동을 하고있는 광부와 간호사를 만나 끌어 안으면서 여러분들 다시는 이와같은 고생이 우리들 후손에게는 물려주지 말자고 하면서 눈물바다가 되는 광경을 화면으로 청취하였습니다.

당신도 울었고 나도 울었습니다.

이 글을 쓰고 있는 지금도 필자는 눈물이 앞을 막습니다.

왠지는 나도 모릅니다.

50년이 지난 지금 이 나라안의 실상은 어떠합니까?

부처님과 여래가 세월이 지났다고 없어지는 것이 아닙니다.

음성音聲으로 나를 볼려고 하지 말거라.

역사는 살아있습니다.

다만 실상을 보지 못 했다고 하면 할말은 없습니다.

종교의 세계나 현실정치의 세계나 본래공이거니 제발 바른길로 가자.

제발 놓아라.

제발 발목 잡지 말거라.

나는 부처인줄 몰랐지.

물에 관한 이야기

보통 사람들이 말하기를 눈은 마음의 창이라고 한다, 마음이란 무엇인고? 눈에 고인 눈물이 마음이요.

얼마 전 일본인 작가 '에모토마사루'가 쓴 〈물은 답을 알고 있다〉라는 책을 읽어본 직이 있다. 이 책에서는 물은 마음의 거울이라고 말한다. 눈은 마음의 창이나, 물은 마음의 거울이나, 그게 그것 같아 보이지만 전혀 다른 차원이다.

그에 물에 대한 이론으로는 모든 존재는 진동이다. 삼라만상은 진동하며 제각각 고유한 주파수를 발산하여서 나름대로 특이한 진동을 갖고 있다는 논리이다.

모든 물질을 미세하게 세분해서 나누고 쪼개고 또 쪼개어서 분해하면 모든 것은 입자이고 그리고 파동이기도 하다는 신기한 세계로 들어간다고 하며 원자 수준까지 작아지면 이 세상의 모든 물질이 원자핵 주위를 전자가 돌고 있는 것 뿐임을 알게 된다고 한다.

전자의 숫자와 그 모양에 따라 원자는 고유의 진동을 갖는다.

세상의 모든 물질은 속이 꽉 찬 소재가 아니라 원자핵 주위를 하염없이 맴도는 파장이라고 느낄 것이다. 세상의 모든 것은 진동하고 움직인다.

우리 인체를 인문학자들은 소우주라고 말한다 실제 따지고 보면 우주와 꼭 같다. 태양을 맴도는 여러 행성과도 같고 오대양 육대주가 있듯 인체 내에는 수억 개의 세포가 있으니, 그 수억개의 세포가 1초간의 2억 개의 세포가 소멸되고 다시 그에 비례한 2억개의 세포가 새로이 생성된다고 하니 고성능 현미경으로 관찰하면 그 과정이, 그러한 진동은 쉬임없이 초고속으로 끊임없이 반복적으로 점멸하고 있다는 얘기이다.

불교의 경전 중 반야심경般若心經에 다음과 같은 구절이 있다. 불생불멸不生不滅이라 했으니 없어짐도 아니요 생함도 아니라고 했다.

그럼 무어냐?

바꾸어 말하면 살아있음도 아니요 죽음도 아닌 그저 깜박깜박하는 형상이 아니런가.

그리고는 또한 심경에서는 색즉시공 공즉시색色卽是空 空卽是色 눈에 보이는 것에는 실체가 없고, 눈에 보이지 않는 것에는 실체가 있다, 2560년 전 먼 옛날 '석가모니'가 말했다는 이 수수께끼 같은 말이 오늘날 신기하게도 현대과학으로 입증된 것이 아니 겠는가?

이런 맥락에서 유추해 본다면 사람에게도 진동의 주파수를 발산하고 있는 것이라고 보아야 될 것이다. 인생에서 큰 슬픔을 안고 있는 사람은 슬픔의 주파수를 내 보내게 되고 자신에게 일어나는 모든 일을 기쁘고 즐겁고 매사를 긍적적으로 받아들이는 사람은 밝고 영롱한 빛의 주파수를 내 보낼 것이고 남을 배려하고 사랑하는 사람에게는 사랑의 파동이 주파수로 느껴질 것이고 남에게 피해주는 사람은 시커멓고 사악한 파동이 일어날 것이다.

한 가지 예를 들자면 복권에 1, 2등으로 당첨자를 낸 판매소는 명당 터로 계속 성공하는 장소가 있는가 하면 수억 짜리의 보석을 지닌 사람도 그 보석으로 인해 불행을 겪는 경우도 허다하지 않는가?

어느 날 TV에서 '그것이 알고 싶다' 라는 프로에서 몇 개의 유리병 속에 하얀 쌀로 지은 밥을 넣고 각각 고맙습니다. 사랑합니다. 나쁜 놈. 이란 말을 정기적으로 1개월간 지속적으로 말을 걸거나 글자를 써서 붙여 놓았더니. 말의 고유한 주파수를 민감하게 감지하고는 하나의 유리병에서 보기흉한 곰팡이가 누렇게 피어있고, 또한 하나의 유리병 속의 밥에서는 향긋한 냄새가 풍겨난다는 것을 시청한 기억이 있다.

음악이 다양한 주파수의 진동 폭을 즐기는 것이라고 한다면 불교의식 속에서의 독경을 하면서 목탁을 치는 것도 소리를 냄으로서 일종의 치유파동을 만들어내기 때문일 것이다.

너거 道 닦아봤나?

만각스님 수행 에세이

2부

할 말은 하고 살자

정치政治와 당동벌이黨同伐異

역사는 반복된다고 하지만 정치보복의 악순환속에서 헤어나지 못하는 것을 보면 오늘날의 정치나 수백년 전의 조선시대의 정치나 별반 차이가 없음을 느낄수 있습니다.

조선시대에 들어 무오사화, 갑자사화, 기묘사화, 을사사화등 4대 사화가 발생한 것은 사림파가 중앙정계에 진출해 훈구파의 비리를 공격하면서 사림파와 훈구파 사이에 대립이 조장됐고 사심세력의 도전에 위협을 느낀 훈구파가 정치적 보복을 가했기 때문입니다.

옳고 그름을 따지지 않고 자기와 같은 의견을 갖고 있는 사람들끼리 한패가 되고 다른편은 덮어놓고 배척하는 당동벌이黨同伐異가 원인입니다.

오늘의 정치형태와 무엇이 다르겠습니까? 국가적 과제에 대한 문제의식을 전 국민적으로 공유할수 있도록 만들어 주어야 합니다. 그러나 한국정치사는 오히려 그 잘난 정치인들의 번드레한 혀놀림이 마침내 국민들의 의식을 마비시키고 있질 않는가?

국민의 건강한 문제의식을 마비시키는 것
그것이 바로 포퓰리즘입니다.

포퓰리즘은 숨겨진 독선의 겉모습입니다.

지도자들이 국민을 바보로 취급하며 속이는 것이기 때문입니다.

나만 당선된다면, 혹은 이것만 해결된다면, 이번일만 잘 마무리되면 모든 것이 술술 일사천리로 해결될 터인데 라는 식의 논리로 말입니다.

이제는 당신들도 착각에서 벗어나라.

그리고 당신들 정신좀 차리시오.

그럼 우리들은 어떻게 해야 되느냐구요?

아들아 우리가 시다 바리(조수, 돌만이)인가요?

아니면 봉(물주)인가요?

결국은 제대로 뽑은 인물만이 희망입니다.

그럼 어떻게해야 하는 겁니까?

정책과 공약을 주도면밀히 보면 됩니다.

정치인들은 당선만 돼서 200여 가지의 특혜만 골몰하기에 나랏돈을 제돈으로 착각해 포퓰리즘성 공약을 남발합니다.

기준이 뭐냐고요?

누가 어떤 사람이 민생과 나라를 살릴 적임자인가는 우리들이 잘 알고 있질 않는가?

투표할거죠.

투표할거죠 하면서 선관위에서 홍보멘트가 방송되고 있습니다.

이번에야 투표안할 사람 있을까요?

국민들이 시다바리(조수)가 아니라 나라의 주인 행세를 올바르게 하자는 것입니다.

할거야.

꼭 할거야.

극소수의 특권층들

도덕적 해이가 만연하게 되고 무엇보다도 사람들이 염치를 모르게 된다는 것입니다. 부도덕적 행위에 대한 수치감이 실종되는 것입니다.

참 이상한 나라 대한민국

최근 미국의 백만장자 모임인 건실한 국가재정을 위한 애국적 백만장자Patriotic Millionaires들이 의회를 찾아가서 자신들의 세금을 더 올려달라고 요구해 눈길을 끌었습니다.

바로 부자증세인 것입니다.

언뜻 보기엔 무언가 잘못된 것이 아닌가?

아니면 오보일 수도 있을 것이라고 생각하지만 그렇지 않고 실제로 있었습니다.

우리(한국)가 생각하기로는 참 이상한 미국 나라라고 보이는 것입니다.

이 모임의 대변인격인 찰리핑크는 부자들이 세금을 더 내려는 것은 어려운 사람을 돕고 만족을 얻자는 자선 차원이 아닙니다.

미래에 우리에게 닥쳐올 위기를 미리 방지하자는 계몽적 이기심이라고 합니다.

우리나라(대한민국)의 부자들은 어떤가?

매년 수억원씩 버는 주요전문직 사업자(평균매출 2억 8000만원 2010년도 기준) 중 연소득을 2400만원 미만으로 신고한 사업자가 15.5%에 달했다고하니 기가 찰 노릇입니다.

뿐만이 아니라 거액의 재산과 소득이 있음에도 위장취업과 소득축소로 건강보험료 납부를 기피하고 고액의 보험료를 체납하는 몰염치한 부자들이 부지기수라니 이또한 부끄러운 일이며 화까지 치미는 일이 아닙니까?

미국의 부자들과 배치되는 사안이니 한번쯤 되새겨 볼일이라고 생각합니다.

대한민국의 국회

세상 곳곳에는 아프고 힘든 사람들이 너무 많고, 아파도 아프다고 말 못하고 살아가는 사람들이 너무 많습니다.

그들에겐 모두가 의지하고 하소연하고 슬픈 얘기를 들어줄 하느님이 필요합니다.

정말로 원하는 그런 하느님이 많았으면 좋겠습니다.

거리에서 전도하는 그 하느님말고, 부흥회에서 설교하는 하느님말고, 정말로 내아픈곳을 어루만져주는 그 하느님 말입니다.

그런데 살다보니 그런 하느님은 우리 주변에서 쉽게 만날 수 없는 것은 왜 그렇습니까?

반듯하게 가르마를 탄 목사님의 설교보다 눈매가 깊은 스님의 설법보다 차라리 추운겨울 길가의 모퉁이에서 김이 무럭무럭나는 찐빵을 파는 아낙네의 푸념이 오히려 위로가 되는 현실일 것입니다.

제각기 민생을 먼저 챙기고 어려운 이웃을 위한 정치를 한답시고 젊은 세대들의 소리를 귀담아 듣겠다고 국민들을 잘살게 만들겠다고 온갖 사탕같은 달콤한 말로서 제일의 당론으로 정한다느니 하는 위정자爲政者들이 들끓는 세상입니다.

말이야 뻔뻔하세 잘합니나.

우리나라 국회 말입니다.

아니 국회의원이란 자들 말입니다.

정말 그래도 되는건지 국민들은 매우 혼란스럽고 어처구니없는 일들이 벌어지고 있는곳이 국회랍니다. 언젠가는 2단 옆차기로 몸을 날리고, 어느날은 도끼로 문을 부수는 싸갈머리 없는 짓을 합니다. 어느때는 의장석에 최루탄을 터트리고, 최루탄은 시위진압 같은데나 방패막이로 터트리는 줄로만 알았습니다.

나라의 안녕 질서를 위해 최루가스를 사용했다고 궁색스러운 변명을 할 것이지만 말이되는 소리를 해야지 국민들을 바보로 보는 것인가?

국민들 눈에는 훤히 다 보이는 것입니다.

그리고 다 알고 있습니다. 〈제발 정신들 똑바로 차리시오.〉

해동국海東國 조선朝鮮

우리나라의 건국신화

조선朝鮮은 우리 민족 최초의 나라 이름입니다. 조선을 한자 그대로 풀면 고요히 해뜨는 아침의 나라입니다.

조선은 목초牧草꼴인 선蘇을 따라 이동하며 순록을 치는 부족의 이름이기도합니다. 순록 유목 단계에서는 소욘蘇족과 차아탕족 조족朝族 또는 코리치로 불렀습니다. 이것은 순록 유목 단계에 진입한 조족과 방목을하는 선족을 구분한 것입니다.

바로 이 유목하는 차아탕족 선족이 통합해 세운 예맥과 단단국檀檀國이 단군조선檀君朝鮮이라 부른 것입니다. 우리 역사에서는 다섯 개의 조선이 있었습니다. 단군조선과 기자노선과 위만조선과 이씨조선과 김씨 조선입니다.

기자와 위만조선은 동이족(즉, 북방 민족계)이 세운 나라가 아닙니다. 그래서 동이족의 조선은 단군과 이조와 전조의 셋이라고 할 수 있습니다.

단군檀君의 이야기는 천지창조 신화와 건국신화와 융합된 것입니다. 천신인 환인桓因의 아들이 하늘에서 내려왔다는 것은 환웅桓雄으로 대표되는 북방민족이 중앙아시아나 시베리아에서 이주했음을 암시합니다.

환웅 집단의 언어는 알타이어 계통중 퉁구스어 계통으로 짐작되었기에 이러한 어계를 따라 퉁구스족이라고 합니다. 이들이 한반도韓半島에 들어오면서 토착세력이었던 곰부족과 관계를 맺었습니다. 결국 환웅은 웅녀로 상징되는 곰 부족의 토착민을 정복하고 새로운 신시를 건설하게 되는 것입니다. 천신인 환인은 모계 사회에서 살았고 그 아들인 환웅은 모계사회에서 부계사회로의 전환기轉換期를 살았음이 확실합니다.

소선의 선국시소인 단군의 본뜻은 산신 혹은 부당으로 불립니다.

이것은 무당의 이름인 달굴의 음을 베낀것이며 제사장祭司長의 뜻을 지니고도 있습니다.

단군의 표기역시 제단 단壇자와 박달나무 단檀자로 혼용해 쓰고 있습니다.

단군은 1500년간 나라를 다스린 뒤 주나라 무왕이 은나라의 기자를 조선에 봉하자 그는 장당경으로 옮겨갔습니다. 뒤에 다시 돌아와 아사달에 숨어서 산신이 됐는데 나이가 1908세이었다고 합니다. 이것은 단군조선이 세상을 다스리던 47세계의 기간을 말한 것으로 이해가 됩니다. 치세기간을 살펴보면 단군조선은 아마도 신석기에서 청동기를 걸쳐 존재했던 것으로 짐작됩니다. 철기로 무장한 위만등의 새로운 세력에 의해 통치를 마감했던 것으로 이해되나 이 같은 신화적神話的 담론이 형성됐었습니다.

조선의 주산과 무대

천신인 환인의 아들인 환웅과 웅녀사이에서 태어난 단군왕검이 조선을 세웠던곳, 과연 아사달은 어디일까?

아사달은 한자로 표기하면 조양朝陽입니다. 지금의 중국 요녕성 조양이라 할 수 있습니다. 요양은 조선의 양지바른 땅입니다. 이곳은 단군왕검檀君王儉이 조선을 연 도읍지입니다.환웅은 하늘에서 요녕성 북진시에 있는 태백산 꼭대기의 신단수神檀樹 밑에 내려와서 이곳을 신시라 불렀습니다. 여기서 태백산은 의무려산醫巫閭山으로 추정됩니다.

그런데 삼국유사에서 일연스님은 백악산白岳山을 온전히 파악하지 못하고 지금의 묘향산이라고 비정했습니다. 그런데 일방적으로 우리들은 예부터 우리민족의 진정한 주산은 백두산이 아니라 의무려산醫巫閭山입니다.

이 주산에서 뻗어나간 동쪽 내맥이 백두산이 된 것입니다. 이 백두산에서 경상도 지리산까지의 큰 기맥이 흐름을 용으로해서 백두대간이 뻗어나가는 기맥을 말함인데 제일 엄중한 국내의 현재 법에서는 12백두대간 법이라고 합니다.

백두대간이 지나가는 6개도 32개시, 군의 지자치제와 지역 주민들은 백두대간의 보전의 필요성은 공감하지만 개인 재산권의 지역을 무시한 과도한 보호구역 설정에 따른 반대여론이 들끓고 있습니다. 굳이 백두대간법을 제정하는 깊은 뜻은 뭘까?

단지 환경 때문일까?

몇몇 불교계 인사가 위원회가 되어 얼마나 힘을 발휘할지는 모르지만 불교계의 큰 터전을 스스로 내어주는 격이 아닐가 싶습니다.

상생패신傷生敗身

가난하고 천한 뒤에라야 부귀의 즐거움을 압니다.

된장독에 깊이 묻혀 절인 들깨 잎과 콩잎을 먹은 뒤라야 기장밥의 맛이 단줄을 압니다.

누더기 옷을 기워 입은 뒤에야 여우털과 족제비 목도리와 포근한 목화솜털의 아름다움을 압니다. 병이들어 병원에 누워, 온몸에 주사바늘을 치렁치렁 달고서야 병들지 않는 것이 얼마나 편안한 줄을 알게 됩니다. 근심걱정을 겪은 뒤에야 근심없이 사는 것이 좋은 일임을 압니다.

내가 모르는 것은 늘 곁에 있기가 마련이고 아는 것은 늘상 내 곁에 없습니다. 없었으면 몰랐으면 싶은 것들은 늘상 곁에 있고, 가졌으면, 누렸으면 하는 것은 저 멀리에 있습니다. 이것으로 저것과 맞바꾸면 좋을텐데 하며, 생각은 하지만 뜻대로 안됩니다. 따지고 보면 빈천과 거친 음식의 시간이 있어야 부귀의 흐뭇함과 맛진 음식의 진미를 압니다.

부귀한 사람은 빈천의 고통을 모릅니다. 건강한 사람은 아픈 사람의 심정을 모릅니다. 노력없이 일확천금을 노려 인생역전을 꿈꾸다보니 하루의 일당을 몽땅 로또에 내 인생을 겁니다. 지름길에는 늘 위험과 고통이 따르는 법이며 기름진 음식은 혈관을 막습니다.

정내교(鄭來僑 : 1681~1757)가 용존와기用存窩記에서 말했습니다.

바른길은 걷기도 편하고 엎어질 염려도 없습니다. 하지만 사람들은 굳이 지름길로만 가려고 합니다. 끝내는 삶을 손상시키고 몸이 망가지는데도, 단계를 밟아 차근차근하지 않고 위험을 무릅씁니다.

몇 년전 이야기입니다만 2012년 12월은 나라의 대통령을 선출하는 달이었습니다.

왜 뜬금없이 대선 이야기냐.

근일에 와서 난장판이 된 성국을 보면 어떤 이유에서든, 자기의 정체를 망각한채, 본인의 국사는 뒷전이고 부여한 도정의 임무를 중도에 헌신짝처럼 버렸습니다.

야당의 대선후보 경선에 뛰어든, 경남의 K도백을 두고 항간에는 말들이 무성합니다. K도백이 처음 도지사 후보시절에 그는 320만 도민에게 많은 공약을 했습니다. 임기 4년동안 경남의 발전과 도민의 복리증진을 위해 이 한몸 바치겠다고 말했지요.

2년 후에 대통령 후보 경선을 위해 중도에 사퇴하겠다는 말은 한적도 없고 도민들도 그런 말을 들었다는 사람이 한명도 없습니다. 그 당시에 중도 사퇴의 말이 있었다면 단연코 도지사 당선은 되지도 않았을 것입니다.

현재의 사안으로보면 이는 분명 약속 불이행의 사기행각입니다. 또 도지사 당선 직후 꽃 굴레를 목에 걸고 양손에는 꽃다발을 쥐고 하늘높이 두팔을 치켜들면서 4년간의 포부를 가슴 벅차게 외쳐댔습니다.

경남도민 여러분, 이 은혜 잊지않고 민주도정을 위해 최선을 다하겠습니다는 말도 했습니다.

지금 이 꼴은 뭔가? 왜 바르고 곧은 신작로를 두고 가시밭길 험한 지금길을 택하는가?

도민을 배신한 것만으로도 미운 오리새끼가 되었는데, 이후에 12월 대선과 함께 도지사 선거도 치러야 됩니다.

그뿐이겠는가?

도지사 출마를 시작하는 시장군수, 도의원들이 연쇄적으로 사퇴를하고 도지사후보로 나선다면 당선되고 안되는 것은 본인들의 일입니다. 약속대로 4년 임기동안 그렇게 외쳤던대로 도정에만 헌신했다면, 안치러도 될 도지사. 시장. 군수. 도의원등의 선거를 위한 비용은 얼마나 들까가 가장 궁금한 사항이 아닌가?

나 하나의 출세의 욕심 때문에 대한민국 국민의 혈세 남용이 너무나 억울하다는 얘기입니다. 대한민국의 선거법이 잘못되었도 한참 잘못된 것입니다. 이는 하루빨리 개정되어야만 할 사항입니다. 아니 꼭 개정되어야합니다. 당선의 영광은 본인이 전적으로 다 누리면서 모든 제반 비용은 어리석고 바보같은 국민들이 부담하라는 사리에 맞지않은 선거법이 있다니 개탄할 일입니다.

나라의 법을 만든다는 그네들(국회의원) 말입니다.

국민을 위한 바른법을 만들려면 정당들끼리 싸움질만하고 시일만 끌고 당리당략을 위해서는 2단 옆차기를 안하나, 도끼로 문을 부수지를 않습니까?

이 지구상에서 유래가 없는 희한한 짓은 다하면서 200여가지의 혜택을 누린다는 내 밥그릇 챙기는 법안에는 은근 슬쩍 재빠르게 망치지는 모습을 보는 국민들의 심정을 당신들은 정녕 모른단 말입니까?

정녕 상생패신傷生敗身을 해야만 정신들을 차릴 것입니까?

백성은 물과 같아, 이로 인하여 배를 띄우기도하고 엎어지게도 합니다. 백성을 물에 비유하고 임금을 배에 비유하여 물이 사나우면 배를 뒤엎을 수도 있다는 뜻을 지닌 남명 조식 선생의 민암부에 나옵니다. 이 말은 위정자들에게 커다란 보감이 되는 명언이라고 생각합니다.

국회에 입성하여 애국가를 부르지 않는 정체성을 상실한 종북의 무리들이 있는가하면 이미 감방신세를 진자가 다시 수좌의 자리를 버젓이 차지하고도 있으니 이게 무슨 해괴망측한 일들이란 말인가? 도시 머리가 흔들거려 어지럽습니다.

왜들 이러지?

자기 분수도 모르고 책무도 망각하고 개인의 욕심만 채우려는 무지한 그네들은 물 수水의 한자 뜻을 모르겠습니까?

이글자의 깊은 뜻은 가운데 막대기는 산 능선을 말하는 것이고 양쪽갈래의 내려진 비탈은 물의 흐름을 뜻합니다. 물은 자연의 섭리와 순리에 따라 높은 곳에서 낮은 곳으로 흐르게되니 그 옆에 다가 순리대로 이치대로 살면서 가라는 것을 두니 법을 지키라는 것이 아닙니까?

왜냐하면, 법法자는 물처럼 흘러가는 평형의 유지를 의미하기 때문입니다. 근데 당신들 정말 법을 만들기만 하고 만든 그 법을 지키는 것인지 분간이 안됩니다. 국민을 바보로 아는 사람들 언제인가 당신은 상생 패신할것이라고 생각하고 있습니다.

요즘 신문지상이나 TV를 보면 여야 경선후보들이 박근혜 때리기라는 구호아래 5.16군사혁명에 대한 전 대통령에 대한 업적을 폄하함은 물론이고 욕하면서 그 아버지의 딸에게 한결같이 집중공세로 퍼붓고 있습니다.

지금 박근혜를 공격하는 여,야 경선후보들이 그 당시(5.16군사혁명) 때에 몇 살이나 되었으며 그 후, 박정권때 국가와 민족을 위해 무슨 일을 했는지 묻고 싶습니다.

국가재건을 위한 군사혁명은 왜 일어났는지?

돌이며 생각해볼 진솔함도 가져봐야 되며 오늘의 대한민국이 누구 때문에 건재하고 있는가 되새겨 봐야됩니다. 오죽했으면 부정부패를 막기 위한 수단으로 혁명을 계획했겠습니까?

다 알고 있지들 않는가?

지난세월의 실예로 1960년대의 마산의 3.15부정선거, 고 김주열군의 눈에 최루탄 꽂인 채로 바다에서 그 시신이 떠오름을 시발로 3.15가 4.19로 이어지면서 이땅에 독재와 부정부패가 무너지기 시작되었음을 다알고 있습니다.

4.19 민주항쟁 모르는 사람 어디 있습니까? 그 시기의 국내 사정

으로는 최선의 선택이 맞는 것입니다.

왜 5.16군사혁명이 아니었다면 하는 긍정적인 생각을 한번쯤 해보지 못하는가? 실로 여, 야 모두의 위정자, 위선자들의 몰골이 불상하기까지 하는구나.

국민들은 다알고 있습니다.

민주주의라고 하는 것도 우리나라의 정서와 실정에 꼭 맞는 민주주의를 선택하려 했던 것도 고 박정희 대통령 그분뿐이었습니다.

옛 속담에 개구리 올챙이 시절 모른다더니, 지난일이라고 함부로 역사를 왜곡하면 아니됩니다. 지금이라도 60대 이상의 국민 다수에게 여론조사를 해보십시오.

아마도 그때의 박정희같은 영도자를 그리워하고 있을 것입니다. 지혜의 도인 장자는 청무성聽無聲의' 철리를 강조하였습니다. 입을 열기 전에 먼저 귀를 열고 육체의 귀와 영환의 귀로 듣는 소리가 아닌 마음의 귀와 영혼의 귀를 열고 듣는 소리입니다.

얼굴을 보면 입은 하나인데 눈과 귀가 두 개인 까닭은, 말하는것의 두배로 보고 들으라는 조물주의 이치일 것입니다.

오늘의 위정자들에게 고하노니, 한자의 청聽자 마지막 획이 一心이듯, 이는 아주 사소한 민의에도 한마음으로 귀를 기울이라는 의미일 것입니다.

편견의 노예가 되지 말고 명경지수明鏡止水의 지혜로운 제 3의 눈이 절실히 요구되는 때이니 말입니다.

아무렴 상생패신 하는 일은 없어야지.

〈보충 자료〉

김주열은 1944년 10월 7일 남원시 금지면 옹정리에서 태어났다. 아버지 김재계와 어머니 구너찬주 사이의 둘때 아들이었다. 위로는 누이가 둘 있고 아래로 동생이 있었다. 할아버지 김태종은 해방의 혼란기에 면장을 지냈으며 아버지는 조합장을 지낸 천석군 부잣집이었다.

김주열이 어린 나이에 죽었으면서도 비교적 많은 사진이 남아 있는 것은 이미 사진기와 전축을 가진 부유한 집에서 태어나고 자랐기 때문이다.

어머니 권씨는 함양 사람으로 '함양댁'이라 불렸으며, 이는 김주열의 영남 지방과의 인연을 암시하고 있다.

1956년에는 금지초등학교를, 1959년에는 금지중학교를 각각 6회로 졸업했다. 이어 진주고등학교 시험에 합격하였으나 거리가 너무 멀다는 이유로 아버지가 반대해 남원농업고등학교에 입학하였다. 그러나 적성에 맞지 않았는지 몇 달을 다니지 않고 집에서 재수를 시작했다.

입학 시험이 가까워 오자 김주열은 1960년 초에 서울로 올라가 YMCA 고교 입시 학원에 다니며 공부하닥 철도고등학교 입학 시험을 치르지만 실패하고 서울고등학교에 원서를 냈다.

그러나 형 김광렬의 친구이며 형 같이 따르던 하용웅의 권유로 마산상업고등학교에 다시 원서를 내게 된다. 당시에는 아버지의 병환으로 가계가 기울어 학비가 들지 않는 철도고등학교 입시를 치러야

했는데 기우는 가계를 일으켜 세우려면 은행원으로 취업하는 것이 지름길이라는 권유에서였다.

김주열은 마산사업고등학교 입시를 치르고 남원으로 왔다가 합격자 발표를 앞두고 형 김광렬과 함께 마산으로 갔다. 합격자 발표일은 3월 14일로 공시되었으나 3.15 선거를 앞두고 군중이 모이는 것을 극도로 꺼린 교육청에서 합격자 발표의 연기를 종용해서 16일로 연기되어 있었다. 김주열이 3.15 선거 당시 마신에 있게 된 이유다.

김주열은 3월 15일 하용웅 선배의 담임 선생님을 통해 합격했음을 확인하였지만 남원으로 되돌아올 수 없었다. 당시에는 마산에서 남원까지 꼬박 하루가 걸려서 첫차를 타지 못하면 도중에서 유숙해야 했기 때문이다.

1960년 3월 15일 제4대 정·부통령 선거는 부정과 비리, 억압으로 점철되었다. 3인조, 5인조 방법은 물론 사전 투표와 선거 통지표 가려 주기 등 모든 부정과 비리가 동원되었다.

김주열의 이모할머니는 열렬한 민주당 당원이었다. 당연히 투표 통지표가 전달되지 않아 종일 울분을 터트리고 있었다. 그러던 중 마산에서의 부정 선거가 들통이 났고 학생과 시민들이 거리로 나와 시위를 하자 이를 목격한 이모할머니가 집으로 와서 김주열과 김광렬에게 시내에 나가보라고 한다. 이에 시위대에 합류하게 된 두 형제 중 김주열이 돌아오지 않은 채 행방불명으로 처리되었다.

어머니 권씨가 마산으로 달려가 김주열을 찾아 헤맸으나 끝내 아들을 찾지 못하고 4월 11일 고향 남원의 첫 버스에 오르게 되었다.

어머니가 귀향하고 있던 그 시간 11시경에 마산의 중앙 부두에 미국제 최류탄이 눈에 박힌 시신이 떠오르고 이 주검이 김주열로 확인되자 용공 분자의 난동, 좌익 폭등으로 내몰린 마산 시민들의 울분이 다시 터져 올랐다. 마산의 2차 의거가 시작된 것이다.

4월 11일 마산 2차 의거는 부산, 광주 등지에도 불을 지폈고 4월 18일 고려대학교 학생들이 평화적인 시위를 감행한다. 그러나 정치깡패들이 이 시위대를 급습해 수많은 학생들이 병원으로 실려가면서 4월 19일 서울과 전국 각지의 학생들이 거리로 뛰쳐나왔다. 4.19 혁명이 시작된 것이다.

부통령으로 당선된 이기붕 일가는 아들 이강석의 권총에 의해 죽고 4월 26일 대통령 당선자 이승만은 하야 성명을 발표하고 하와이로 도망하여 귀국하지 못하고 죽었다.

[상훈과 추모]

4월 11일 시신 인양으로 4.19혁명을 이끌어낸 김주열은 4월 14일 고향 선산인 남원시 금지면 우비산 자락에 묻혔으며 1995년 4월 11일 마산상업고등학교에서는 김주열에게 명예졸업장을 추서했고 그 졸업장은 김주열 열사기념관에 전시되어 있다.

재다신약財多身弱의 사주四柱

1) 재물財物과 여색女色

조물주가 생명체를 창조할 때 수컷은 수정을 통해 유전자를 후세後世에 물려주는 역할로 주어진 생명을 다 하도록 설계해 놓았습니다.

본래 풍수학風水學의 이기론에 의하면 태초에 아무것도 없는 캄캄한 암흑을 시간적 공간이라 부릅니다. 이것을 불교에서는 공空이라 고하며 이것을 또한 무극無極의 상태라 합니다.

무극에서 태극太極으로, 태극에서 음陰과 양陽으로 갈라지며 여기에서 지구와 생명체가 이루어지면서 다시 오행五行이 생기고 현재가 있는 것이라고 봅니다.

조물주造物主가 천지를 창조했다고 함은 어딘지 모르게 종교적 차원의 논리가 스며든 감도 있지 않나 싶습니다. 여하튼 수컷을 통해 수정후에 장렬히 전사하는 것 중에는 꿀벌, 사마귀, 과부거미등이 생식달성과 함께 생애를 마감하는 생명체들의 실체들입니다.

영국의 귀족이자 국방장관인 램튼경이 베티라는 콜걸의 함정에 빠져 국방장관직을 사퇴하면서 늘어놓은 변명은 성숙지못한 인간이 갑자기 높은 자리에 앉게 되면 그동안 살아왔던 습이 있습니다.

한순간에 성인군자聖人君子가 될 수 없다는 말인데 구차하고 다소

빈약하기는하지만 말은 맞습니다.

우리나라의 고위공직자들이 새겨들을 이야기입니다.

램튼은 영국 북부지방의 램튼성을 중심으로한 램튼가 계의 이름난 명문귀족으로 1남 5녀의 자녀를 두고 유복한 가정을 이루고 있었습니다.

이 섹스 스캔들로 인해 세계적인 망신을 샀습니다.

콜걸인 베티의 남편이 몰래(몰카) 매춘장면을 찍은 사진 한 장이 결정타였습니다.

지난 토요일 오후에 M대학 평생교육원의 역학강사를 초빙하여 5명의 수강생과 같이 재다 신약에 대하여 강의를 듣게 되었습니다.

남자의 사주는 처 또는 여자를 재물과 같이 본다는 것입니다.

사주에 재財가 없으면 재물과 여자가 없는것이되고 또한, 없으면 부족하여 채우려고하기 때문에 돈과 이성을 끊임없이 갈구하게 되어 바람을 피우는 사주로 본다는 것입니다.

일주가 상대를 상극하면 재가 되고 상대가 나를 극하면 상관이 됩니다.

이런 사주팔자에 해당되는 자가 욕심을 부리게되면 재난災難이 따르고 사고를 칠 위험이 있는 경우입니다. 요즘 세간에는 건설업자 Y씨와 고위층의 성접대 문제가 세상을 떠들썩하게 하고 있습니다. 얼마 가지 않아 실체가 드러나겠지만 소위 의혹의 단골인 동영상이 등장하고 성접대라는 민망스러운 말들이 난무합니다.

특히, 몇년 전에는 검찰의 수장인 채동욱 총장의 혼외 아들이 문제로 연일방송에서 보도되며 정치적 쟁점화로까지 번지면서 여, 야간 갑론을 박하며 시끄럽기도하니 일순간의 쾌락에 빠져 신세를 망치는 꼴이 되었습니다.

2) 성욕性慾

물속의 연어나 송어가 깊은 북쪽 바다에서 강으로 올라와 고향의 맑은물 개울가 수초에 산란하면 수놈은 정액을 뿌려 수정한후에는 목숨을 초개와 같이 버립니다.

수컷이라는 생명체의 유전자DNA 속에는 오로지 수정시켜야한다는 명령어 밖에는 입력된 메모리가 없기 때문입니다.

간디는 도덕의 원리를 불상해不傷害 극기, 금욕등에 두고 신과 진리를 동일시하고 도덕적 자기 개선을 통해 그러한 진리를 볼수 있다고 보았습니다.

1869년생인 간디는 그의 나이 31세였을 때 자기의 성기를 끊어버리고 1906년에는 항구적인 금욕생활을 맹세하기도 했습니다.

이제 막 출범한 새 정부의 신임 법무부 차관이 옷을 벗었고 후보지명을 받았던 6명의 장차관급들이 국회의 인사청문회를 통과하지 못하고 자진 사퇴형식으로 낙마를 했습니다.

그리고 사회고위층 10여명도 수사한다고 난리들을 피우고 있습니다.

어째서 하나같이 맑은 사람이 없는가?

고위층 인사들은 창피한 줄을 알아야합니다.

중국에서도 고위공직자를 비롯해 하위직 공무원들까지 부정부패와 관련된자를 색출하여 엄하게 사형까지도 시키고 있다는 뉴스를 접하고 있음이 바로 어제의 TV뉴스 얘기가 아닙니까?

3) 단골메뉴

하루가 지나고 새벽을 맞는 새로운 날, 늘 새로운 시작 그리고 일상에서 배우면서 사는 새로운 만남들은 늘 설렘을 동반합니다. 새로이 펼쳐질 미지의 세계에 대한기대, 이 기대야말로 항시 마음을 부풀게도 합니다. 비록 우리들의 삶이 고달프다 할지라도 우리는 늘 새로운 기대속에서 설레는 마음으로 하루하루를 시작합니다.

배운다는 것, 얻는다는 것, 깨닫는것들은 실은 하루하루가 아니라 시간, 시간으로 배우면서 사는것입니다. 언제나 그랬듯이 물러나는 이전의 정부들이 다 꼭같이, 마지막에는 대개가 잡음이 있었습니다.

국민들의 불평불만도 있었으니 영 개운치가 않았던것도 사실입니다.

그래서 물러나는 군주의 뒷모습이 그저 담담했음도 사실입니다.

첫 여성대통령인 박근혜 새정부에 대한 기대감은 바로 새로운 비전 행복해지기를 기다리고 갈망하는 국민들의 염원을 펼치리라고 설레는 마음으로 믿어도 봅니다.

낮은 자세로 국민의 행복한 삶에 대한 약속을 지키도록 기도했던 마음 당신을 믿습니다.

지난 세월도 그랬고 지금도 그렇구나!

왜 그럴까?

왜 이런일이 반복될까?

인사청문회 광경을 보노라면 화부터 치민다.

우리나라에 그렇게도 맑은 사람이 없나 싶을 정도입니다.

단골메뉴 역시 대부분의 후보지명자가 코너에 몰리는 모습과 다운계약서, 양도세 탈루, 위장전입, 부동산투기, 자녀들의 병역면제 등은 빠지지않는 단골 메뉴입니다.

그것뿐이겠습니까?

퇴임후, 고소득 군들(고위 공직자) 상상을 초월하는 우대보수, 그 외, 마약밀매, 성매매, 밀수, 장물거래등 지하경제 규모는 1980년에 70조였던 것이 2012년에는 290조라니 서민들의 눈에서는 불꽃이 튑니다.

섬광처럼 말입니다. 앞으로는 아무래도 대가성 특혜등 돈 문제가 뉴스의 초점으로 등장하리라고 봅니다. 왜냐하면 여자와 돈은 같은 선상에 있으니까 말입니다. 이런 사람들은 모두가 사주에 무재이거나 재다신약인 사람들일 것입니다.

사람들이 성욕을 자제하지 못하면 패가망신할 수 있다는 것을 왜 모르겠는가?

분에 넘치게 탐욕을 부리면 명을 재촉함을 왜 모르겠는가?

같은 국민이면서도 헌법 제1조도 모르는 부패공직자들, 대한민국의 모든 주권은 국민에게 있다는걸 모르겠는가?

며칠전 신문을 보니 세계의 조세피난처라해서 유럽쪽 어디에 인구 30,000명쯤되는 버진 아일랜드라는 나라에 스위스 은행의 비밀계좌보다도 엄청 많은 돈을 예치하고 있다는 것입니다.

그 중에도 한국에 알려지지않은 재벌이 맡긴 금액이 870조라고 하니 이런 금액단위는 필자는 글로서는 쓰는데 계산은 실제로 못하겠습니다. (이게 말이 된다고 생각하십니까?)

우리나라의 일년 총예산액이 370조라고하는데 2년반의 나라살림을 꾸릴 수 있는 금액이 아닌가. 실로 무섭고 징그럽기까지 한 사항입니다.

사실이 아니었으면 좋으련만 사실이라면 이 사람들 정말로 불쌍하기까지 합니다.

이러한 부조리가 우리사회에 만연되어 있음을 이미 새 정부의 통치자(박근혜 정부)는 알고 있을 터니 4대 질병퇴치뿐 아니라 4대 사회악도 부정부패, 차명재산 은닉 및 재벌들의 비자금 조성금등을 발본색원하여 그들로부터 누수되는 세금을 끝까지 추적 징수하여, 밝은 사회, 행복한 삶이 될수 있도록 국민들은 바라고 있을 뿐입니다.

연일 뉴스는 성범죄자에 전자 팔찌를 끼웠느니, 전자 팔찌를 끊고 어린이를 성추행했다느니, 무슨 주사약을 쓴다느니, 야단을 부리고 있습니다.

국민들은 정신이 멍멍하고 눈알이 튀어 나올것만 같습니다.

제발 좀 마음 편하게 살아봅시다.

보조국사 지눌의 가르침인 초발심자경문의 초심부분을 보면

財色之禍(재색지화)는

甚於毒蛇(심어독사)하니

省己知非(성기지비)하야

常須遠離(상수원리)어다.

라고 한 내용입니다.

처음 출가한 승려들이 지켜야할 덕목으로서 재물과 여색은 독사의 독보다 더 심하니 항시 몸을 사려 스스로 반성하고 그릇됨이 없이 잘 살피며 모름지기 이를 멀리하도록 하라는 내용입니다.

허나 어찌 스님들에게만 해당되는 말이겠습니까?

아라 홍련 700년의 인연과 이름 모르는 왕들의 사연

서기 400년경 광개토대왕의 20만 고구려高句麗 군사들은 고구려의 속국인 남쪽의 신라新羅에 왜군倭軍이 침입하고 있다는 보고가 들어왔기 때문에 남정南征을 하게 됩니다.

왜군(일본)과 가야군이 신라를 침공했습니다.

신라왕이 사신을 보내 구원을 청하였습니다.

신라 밑에는 가야伽倻라는 여러 나라들이 있었습니다.

이 나라들을 정복하여 복속하게 할 것입니다.

고구려의 태왕 담덕이 어전에서 영을 내리며 철기군단鐵騎軍團의 장수들을 소집했습니다.

들거라.

나는 천손天孫이고 왕중王中의 왕王이다.

나는 너희들을 이끌고 남정南征을 할 것이니라.

신라를 구원하고 가야를 정벌하여 남쪽의 땅끝을 보리라.

그대들은 남쪽 끝을 본 일이 있는가?

나는 그대들에게 남쪽 끝, 세상의 끝을 보여줄 것이다.

담덕이 철기군단의 장수들에게 영을 내리자 장수들이 군사들에게 그대로 전했습니다.

가야와 왜가 방심하고 있는 틈새를 노려야합니다.

적을 기습하는 것입니다.

손자병법에 보면 공기불비 출기불의(攻其不備 出其不意 – 대비가 없을 때 공격하고 예상하지 못한 곳에 출동한다)라고 했습니다.

현재의 상황은 어떠한가?

담덕은 말위에 앉아서 마중나온 신라의 태수에게 물었습니다.

신라의 북원태수 양달이 황송한 듯이 대답합니다.

가야와 연합하여 겹겹이 에워싸고 공격을 하는 한편 주위의 촌락에서 재물을 약탈하고 부녀자들을 겁탈하여 아비규환의 참상이 벌어지고 있습니다.

가야는 어떤 나라인가?

담덕이 사벌주(지금의 경주)에 진을 치고 장수들에게 물었습니다.

가야는 원래 아홉 개 촌락의 촌장이 각 촌을 다스리는 부족 국가입니다.

금관가야(지금의 김해)국의 수로왕이 통일했다고 합니다.

지금은 여섯나라가 연맹을 이루고 있으며 중국과 왜와 무역을하고 농사를 주로 짓고 있습니다. 가야에 대해서 비교적 정통적으로 파악하고 있는 사벌주 태수 설호가 소상히 아뢰었습니다.

알았느니라.

담덕은 왜국은 나라꼴도 제대로 갖추지 못한 미개한 나라입니다.

철저하게 도륙하여 다시는 침략하지 못하게하고 가야는 고구려의 속국으로 만들 것이니라.

이렇게 말하며 담덕이 장수들에게 영을 내렸습니다.

철기군단의 대장군들이 일제히 군례를 바쳤습니다.

고구려군의 노도와 같이 몰아치는 공격에 왜국의 군사들과 가야의 연합군은 둑이 무너지듯 추풍낙엽과 같이 쓰러지며 진세가 허물어지면서 패배를 하게 됩니다.

이로써 남방정벌은 이루어집니다.

사별주를 회복한 담덕은 각 군에 명령을 내립니다.

신라를 공격한 고구려의 철기 군단은 북으로 회군을 명하고 담덕은 직접 지휘하는 현무군만을 이끌고 그길로 질풍처럼 달려서 가야를 침공하게 됩니다.

대륙을 질타하던 고구려의 현무군이 말 발굽소리를 요란하게 울리면서 노도처럼 쇄도해오자 연합부족 군사인 가야국의 병사들은 공포에 떨고 있습니다.

금관가야의 왕이 가야를 통일했다고는 하나, 9개촌이 연합하여 이룬 부족국가입니다.

고구려 철기군에 위압이 된 금관가야의 왕은 전의를 상실하고 담덕 왕에게 항복을 하게 됩니다. 담덕은 금관가야의 항복을 받아들이고 1만 군사를 이끌고 금관가야로 들어갑니다.

그런데 금관가야왕의 아들이 고구려에 항복하지않고 밤중에 몰래 부족들을 이끌고 고구려군을 급습했습니다. 〈항복을하고 다시 배신을 하는 것은 신의가 없는 것이다.〉

금관가야를 완전히 멸망시켜라.

담덕은 노기중천하여 장수들에게 삼엄한 군령을 내리니 고구려군은 사흘만에 금관가야를 완전히 초토화 시켰습니다.

이로써 가야 6국의 중심이면서 친 백제 세력이었던 금관가야는 완전히 정복되고 힘을 잃게되니 다음은 대가야(지금의 합천)가 6국의 중심이 되었다.

고구려군에 의해 금관가야가 철저하게 짓밟히는 것을 본 나머지 5가야(대가야, 소가야, 성산가야, 비화가야, 아라가야)는 속속 고구려군에 투항했습니다.

이렇게하여 가야국들은 멸망하게 되었다.

담덕은 남도의 끝에 이르자, 짙푸른 수평선을 바라보면서 어떤 감회를 느꼈을까〉

사라진 가야국들에 대하여 좀더 상세히 살펴보면 가야는 6세기 중엽까지 영남지방의 낙동강 서쪽에 주로 분포하였던 여러 정치체로 일컫는 말입니다.

삼한시대의 변한을 구성하였던 이들 가야는 마한과 진한이 백제와 신라로 성장한 것과는 달리 단일정치체로 통합하지 못하고 5세기 이후에 대가야를 중심으로 연맹체를 형성하고 있었다는 설이 있는가하면 금관가야, 대가야, 소가야, 아라가야 등 지역별로 주도하는 독자적인 연맹체를 이루었던 것으로 보는 지역 연맹론도 있습니다.

담덕의 아들 거련은 마침내 고구려의 보위에 올라 장수왕이되고 그는 부왕에게 광개토라는 시호를 올리고(국강상광개토경평안호태왕國岡上廣開土境平安好太王)라는 비석을 세웠습니다.

용락 10년 태왕(담덕)께서는 신라를 구원하기위해 보기 5만을 파견해 임나가야(가야, 신라)까지 가서 왜를 토멸했다는 비문에서 재고해 봅니다.

우선 각기 사학자들이 임나가야에 대하여서는 이론이 분분하다는 것입니다.

인제대학교 이영석 교수의 임나일본부 실체에서 보면 임나일본부는 가야에 파견된 일본(왜국)의 사신으로 밝혀지게 되었습니다.

즉, 이것은 일본서기 부본에서 발췌한 부분으로 7년간의 세월동안에 밝혀낸 수확이라고 볼 수 있다고 합니다. 이로써 임나일본부는 한일 양국간의 학자들이 잠정적인 합의인정으로 막을 내리게 됩니다. 임나일본부는 아라국(함안)에 있었습니다.

낙동강 건너 김해, 창원은 함안 아라국의 바로 앞이고 섬진강 건너 진주는 바로 뒤에 있었습니다. 임나일본부들이 아라 국왕의 말만 듣고 가야 여러 나라가 아라국을 형님처럼 여겼다는 기술은 아라국을 중심으로 전개되었던 가야의 독립유지라는 치열한 노력을 보여줄 뿐입니다.

어떻게 보면 완전한 국가형태로는 존재했다고 볼 수 있는 근거는 없습니다.

실질적으로 가야국이 연맹체 형태로 존재했다는 것은 고구려의 남정이나 일본서기에서 발췌된 임나일본부를 보더라도 확실한 것인데 후세에 4국이 아닌 삼국의 기록만 있게되어 매우 안타까울 뿐입니다.

그 중에서도 아라가야의 역사적 유물적 고증을 발췌해보면 아라국의 고지인 마갑총 발견은 고구려의 고분벽화에 그려진 마갑의 실재를 보여주는 유일한 예입니다.

고분 벽화의 실물이 유일하게 아라국(함안)의 왕릉 묘역에서 확인된 것입니다.

마갑총의 연대로 보나, 마갑의 형식으로보나, 이 마갑은 광개토왕릉비에 기록된 400년대 중반의 남정전쟁에서 아라국이 고구려군과의 전투에서 획득하였을 가능성이 제일 높다는 것이 가장 타당한 해석이라고 봅니다.

함안 도항리 해동아파트공사 중에 출토된 국내 최대 규모의 마갑총을 비롯한 대형 고분군 37기중 일제 강점기인 1917년 일본학자인 이마니시류가 처음 발굴했다는 4호 고분에서 발견된 칼자루가 둥근 환두 대도와 140여점의 토기등이 무더기로 나온걸로 봐서는 아라국은 6국 중에서도 그 세력이 가장 강했던 왕조 형태의 나라를 운영하고 있었지 않았나 하는 조심스런 판단이 선다는 것입니다.

즉, 많은 고분군이 왕릉일 수 있다는 것입니다.

여러 가지 중에서도 독특한 문화를 가진 독자적인 정치세력이었음을 확인시켜주고 있습니다.

각종 큰칼이나 갑옷, 말 갑옷, 새가 달린 미늘 쇠갈은 철제품과 금, 은, 유리, 옥으로 만든 장신구들은 이곳 아라가야왕들의 강력한 위상을 보여준다고 설명할 수밖에 없습니다.

그런 맥락에서 유추해본다면 아라국은 신라에 복속되기전 1차적인 고구려 원정군과의 위기를 잘 넘기고 함안, 마산, 진동만과 현동, 의령, 진주서부까지 영역을 넓히면서 자주적으로 국가형태로 운영하였습니다.

고구려 백제와 신라의 틈새에서 끝까지 버티지 못하고 금관가야의 몰락과 더불어 그 존재를 잃게 되었습니다. 가야국의 유적과 관련 국가사적 28곳중, 22곳이 경남에 있습니다.

김해, 사천, 창녕, 창원, 고성, 함안 등 도내 곳곳에 가야 관련 주거유적과 패총, 고분군들이 많이 출토되었습니다.

이들 고고 자료를 보면 신라, 백제에 못지않은 선진문화를 가졌던 나라임을 알수 있습니다.

1980년대 이후, 고고학 자료의 확대와 문헌에 대한 재해석으로 가야에 대한 많은 사실들이 밝혀지고 있습니다.

가야는 남한의 1/4에 달하는 영토를 가졌으며 700년에 가까운 역사를 가진 나라입니다.

남한 인구 5000만명 중에 김수로왕의 후손으로 아라가야(함안)에는 역사 속에 묻힌 잃어버린 왕들의 사연도 많이 있습니다.

시공時空을 뛰어넘어 700년만에 환생還生하다

2009년 함안(아라가야) 성산산성(사적67호) 발굴현장에서 산성의 연못으로 보이는 깊이 4~5미터의 진흙이 퇴적된 토층에서 10알의 연종자가 발견되었습니다.

이 씨앗을 대전과학단지 한국지질 자원연구원 박중헌 박사에게

연 종자 2알을 보내 성분분석과 연대 확인을 의뢰한 결과 1알은 650년전, 1알은 760년전의 고려시대의 것으로 판명되었습니다. 그중 씨앗 3개가 발아를 성공하여 긴 잠에서 깨어나 싹을 틔우고 꽃을 피웠습니다.

다시 서너해를 지나 수백송이로 번지게됨에 연못 속에서 새로이 성단이 태어나고 있는 것처럼 바로 연화의 세계입니다.

아라가야의 옛 땅에서 발견됐다고해서 아라 홍연으로 명명한 이 연꽃은 700년 세월의 시공을 초월해 긴잠에서 깨어나 우리들에게 어떤 의미로 다가올지는 우리들의 몫입니다.

오랜 세월 말없이 잠들고 있다가 현세와의 어떤 인연으로해서 다시 환생한 것인지도 모르고 있습니다.

일본에서도 1950년대에 2000년이나 된, 연 씨앗의 발아를 성공했다는 보도를 접한적이 있습니다.

이집터의 문헌에도 몇백년, 몇천년된 연꽃이 피었다는 얘기가 전설처럼 전해지고 있습니다.

그리스와 로마인들은 연꽃을 신비롭게여겨 태양신인 아폴론에게 바쳤으며 그리스도교에서는 연꽃이 영적으로 신성한 능력을 가지고 있다고 여겼습니다.

또한 중국에서는 군자화라고 부르기도하며 불교에서는 연꽃에 오묘한 법칙이 드러나 있다하여 만다라화라고도 합니다.

어린 시절을 시골에서 보낸 사람이라면 비가올 때 연잎을 머리에 이고 비를 피한 경험은 다들 한두번쯤 있었을 것입니다.

빗물이 연잎에 떨어지면 맑고 청아한 소리를 내며 물방울이 둥글게 맺혀 또르르 떨어지는 장면을 기억할 것입니다.

연잎에 닿으면 그대로 굴러 떨어지고 그 어떤 흔적도 남기지 않습니다.

그래서 옛 사람들은 주변의 부조리나 나쁜 환경에 물들지 않고 사는 사람을 연꽃에 비유하기도 하며 늘 청정한 마음을 간직한 사람을 연꽃같은 사람이라고 했습니다.

불교에서는 연꽃은 거의 절대적 의미를 가지고 있습니다.

인도 가비라국의 왕자였던 부처가 영취산에서 설법을 할 때 대중들에게 들어보인 것도 연꽃입니다. 대중들은 그것이 무슨 뜻인지 깨닫지 못하였으나, 가섭만은 참뜻을 깨닫고 조용히 미소를 지었습니다. 이에 석고(부처)는 가섭에게 진리를 전해주었다고 하여 말을 하지 않고도 마음과 마음이 통하여 깨달음을 얻게 된다는 뜻입니다.

선 수행의 근거와 방향을 제시하는 불교의 대표적인 화두 중 하나인 염화미소도 연꽃으로부터 나왔습니다.

부처가 룸비니동산에서 마야 왕비로부터 출생하자마자 바로 일어서서 한 손으로는 하늘을, 다른 한손으로는 땅을 가르치며 천상천하 유아독존을 외치며 사방으로 일곱걸음을 걸었다고 합니다. 그 때 발걸음을 뗄 때마다 땅속에서 연꽃이 피어올랐다고 합니다.

그리하여 연꽃은 불교와는 끊을 수 없는 인연으로 각종 불교행사에서 연꽃은 빠지지 않습니다. 부처님의 탄신일인 사월초파일에 법당과 온 마당에 연등을 장식하고 불을 밝혀 부처님의 탄생과 깨달음의 지혜를 연꽃으로 나타내고 있는 것입니다.

연꽃은 쌍떡잎 식물로, 수련과의 여러해살이 수초입니다.

만년식물로 불릴 정도로 수명이 길어 연꽃은 풍요, 건강, 장수를 상징합니다.

흔히들, 물 위로 높게 자라는 연꽃과 수면에 떠서 자라는 수련, 두 가지로 나누어 집니다.

수련은 아침에 꽃을 피우고 오후에 그꽃을 접습니다.

이렇게 상스러운 아라홍련이 700여년 걸려서 오늘 새벽에 막 도착한 오리온의 별빛처럼 화사하게 피어올라 향기를 내뿜고 있습니다.

별나라 이야기

조선땅의 갈릴레이

이리 오너라.

여봐라, 게 아무도 없느냐.

조선시대 사대부(양반)가 대문 밖에서 주인을 찾을 때에 행하는 모습입니다.

1762년 조선조 중기 21대 영조 때의 일입니다.

어느날 어둑어둑한 저녁에 지금의 충남 천안시 수신면의 양반집에 선비 몇 명이 찾아들었습니다. 그 집 하인이 대문을 열고 선비들을 맞이하고 남쪽에 있는 연못가로 그들을 안내하였습니다. 연못 위에는 정자亭子가 세워져 있었습니다.

당시에 쉽게 볼 수 없는 특별한 기구들이 설치돼 있었습니다. 가운데가 주먹만한 둥근 공이 있고 그 공을 관管처럼 생긴 것이 둘러싸여 있었습니다.

이것이 무엇입니까? 네모난 상자안에 원판이 끼워져있는데 무엇인지 궁금합니다.

정자로 올라온 선비들이 묻자, 집주인은 이렇게 대답합니다.

가운데 둥근 공이 있는 기구는 천체의 움직임과 위치를 측증하는 혼천의渾天儀라는 것이고, 원판이 있는 기구는 미리 정해놓은 시각이 되면 자동으로 소리를 내어 시각을 알려주는 서양식 자명종自鳴鐘이라오. 집주인과 선비들은 밤이 이슥하도록 하늘의 별을 바라보며 이야기를 나누었습니다.

정자의 혼천의와 자명종을 설치한 인물(잡주인)은 조선의 실학자實學者 홍대용이였습니다. 그는 별을 살펴보던 이 정자를 농수각籠水閣이라고 이름을 붙였습니다. 지금으로 말하면 개인 천문대天文臺라고 하면 맞는 말입니다.

그는 세상에 있는 모든 물건은 같은 가치를 지니고 있다는 만물평등사상이 바탕으로 깔려있는 의산문답醫山問答이라는 책을 써서 과학사상을 펼치기도 했습니다. 그래서 우주는 무한하고 지구는 둥글며 스스로 회전합니다. 우주의 중심이 따로 없기 때문에 중국이 세계의 중심이라 할 수 없으며 조선이 중심국가가 되지말라는 법도 없습니다. 이론은 당시에 조선은 물론이고 동아시아에서도 찾아보기 어려운 독창적이고도 개혁적인 주장이 담겨져 있습니다.

태양계에 속하는 행성들을 나열해보면 태양을 중심으로 8개의 행성이 공전하고 있습니다. 행성이란 타원 궤도를 가지고 태양 주위를 공전하여 스스로 에너지를 생성하지는 못하고 태양빛을 반사를 받아, 빛을 내는 천체를 말합니다.

첫 번째 제일 가까운 수성, 금성, 지구, 화성, 목성, 토성, 천왕성 등이 있습니다.

2001~2002년 한국천문연구원은 보현산 천문대에서 처음 발견

한 화성과 목성사이의 소행성(행성보다는 작고 유성체보다는 큰별)은 띠모양을 이루면서 태양둘레를 돌고 있는 이 별을 홍대용이라 이름 붙였다고 합니다. 국제천문연맹 산하 소행성 센터로부터 승인도 받았습니다. 현재, 이 땅에서 천문학을 연구하는 후손들이 조선시대에 별처럼 빛났던 홍대용의 과학정신을 기리고 싶어서 별의 이름을 그렇게 지은 것이라 믿습니다.

맑은 밤하늘의 별을 쳐다보면 수없이 많은 별들이 깜박거리고 있습니다.

가깝게 보이는 큰별, 멀리 아물거리는 별이랑 학교에서 배운대로 여러 가지의 별자리가 있습니다. 궁수자리, 염소자리, 물병자리, 물고기자리, 황소자리, 게자리, 사자자리, 처녀자리, 천칭자리, 전갈자리, 거문고자리, 백조자리, 페르세우스자리, 카시오페리아자리, 오리온자리, 큰게자리, 아쉬운 이별자리, 이루 헤아릴 수 없는 무수한 별자리들이 있습니다.

안타깝게도 지금 살고 있는 곳이 도시라면 공해와 가로등 네온사인같은 여러 가지 불빛 때문에 별을 보기가 쉽지 않겠지만 시골에서 밤하늘을 본다면 가히 별의 축제를 감상할 수 있겠습니까? 보통 망원경을 이용하지 않고 눈으로 볼 수 있는 별은 약 2,500개 정도라고 합니다. 그러나 실제 별의 수는 수천억개가 넘는다고하니 세는 것은 어렵습니다.

아주 먼 옛날부터 사람들은 밤하늘의 별을보며 뱃길을 찾기도하며 농사의 시기를 결정하기도 했습니다. 또, 별들의 이름을 붙여주고 상상 속의 이야기도 곧잘 만들어 내기도 했습니다.

밤하늘의 별들이 전혀 움직이지 않는 것 같이 보이지만 실상은 1초에 지구를 7바퀴 반도는 속도로 100년 이상 가야 할 거리에 있는 별은 빠르게 움직여도 우리들 눈에는 보이지 않는 것입니다. 똑같은 속도로 움직이는 물체라도 멀리서 볼수록 느린 것으로 착각하는 것과같은 원리입니다. 그래서 우주는 정말 넓다는 걸 다시 한번 실감케 되는 것입니다.

퇴출당한 명왕성冥王星이야기

플루토라면 명왕성의 영어 이름입니다.

명왕성은 달의 2/3 크기입니다.

그동안 천문학계에선 명왕성의 행성으로서 논란이 많았습니다.

크기와 공전궤도가 다른 행성과 차이가 났기 때문입니다.

첫째로는 태양을 중심으로 공전하고 있지 않으며

둘째, 충분한 질량을 갖지 못했기 때문에 자체 중력으로는 평형을 이루지 못하며

셋째, 자신의 궤도주위를 깨끗이 흡수하지 못했기 때문에 주위의 미 행성들을 끌어들일 만큼 중력을 갖지 못했기 때문에 명왕성이 빠지면서 태양계의 행성이 9개에서 8개로 줄어들게 된 것입니다.

국제 천문연맹에서는 행성에서 제외시켜 그 이름은 왜소행성 13434001이 되면서 퇴출당한 것입니다.

파리장서巴里長書와 함안咸安 3.1 독립만세

1) 파리장서巴里長書

글자대로 풀이하면 파리에 보내는 긴 편지란 뜻입니다.

1919년 3월 1일 민족대표 33인의 이름으로 독립선언문獨立宣言文을 발표하였습니다.

기미년이 1919년이라 그해의 천간을 이름하여 기미독립선언문이라고 부르게 된 것입니다.

기미독립선언문은 고등학교 국어교과서에 실려 있어 모르는 사람이 없습니다.

3월 1일 정오에 서울 파고다 공원에서 독립선언문을 낭독하기로 했지만 민족대표들이 나타나지를 않자 어떤 청년이 단상에 올라가 독립선언문獨立宣言文을 낭독했습니다.

그때, 그 자리에 모였던 4,000~5,000명의 군중들이 밀물같이 사방으로 펴져나갔고 이를 도화선導火線으로해서 전국적으로 1,500여 회의 독립만세운동이 계속해서 일어났습니다.

서울의 경우 그 당시 파고다 공원에 약속시간대에 나타나지 않았던 민족대표들은 장소를 요리집 태화관으로 바꿔 오후 2시에 독립선언서를 낭독했습니다.

민족대표 33인중에는 기독교대표가 16명 천도교대표가 15명, 불교대표자는 단 2명 뿐이였습니다. 그 당시의 조선은 유교를 국교로 삼은 국가였습니다.

그러나 독립선언문 민족대표에 유림儒林은 한명도 들지 않았습니다.

유림들은 할말이 없게 되었습니다.

유림들 자신도 스스로 많은 반성을 하고 고뇌했을 것입니다.

1919년 조선의 마지막 황제인 고종의 장례로 많은 선비들이 서울에 모였는데 이때 김창숙선생의 주도로 파리평화회의에 조선의 독립을 칭원하는 독립청원서를 보내기로 계획하었습니다.

그후, 유림의 대학자 곽종석선생께 부탁하여 흔쾌히 허락받고 파리에 보낼 긴 편지를 작성하게 되었습니다.

핵심적 내용은

첫째, 세계 각국의 민족은 각자의 전통과 습속이 있어 남에게 복종이나 동화를 강요받을 수 없고.

둘째, 사람이나 나라는 그 자체의 운용능력이 있으므로 남이 대신 통치할 필요가 없고.

셋째, 조선은 삼천리강토와 2,000만 인구와 4000년의 역사를 지닌 문명의 나라이며 자신의 정치원리와 능력이 있으므로 일본의 간섭은 배제돼야 한다는 요지의 내용이었습니다.

그후, 김창숙선생은 137명의 유림대표가 연명한 장서를 휴대하고 중국으로 갔습니다. 이 장서의 본문은 2,674자에 이르는 한문 문장으로 되어 있습니다.

그는 상해에 도착해서 이 장서를 번역해 강화회의에 파견돼 있는 김규식金奎植에게 우송해 만국평화회의萬國平和會議에 제출하게 하도록 했습니다

또한, 그는 영문번역과 한글번역, 일본어 번역 등 수천부를 인쇄하여 외국의 각 공관과 국내외의 여러곳에 발송했습니다.

이로 인해 사건이 드러나자 곽종석 선생을 비롯한 137명의 유림과 관련된 많은 관련자들이 일본경찰에 투옥되어 갖은 고문을 당하기도한 사실들은 고등학교 교과서에 실려 있어 모르는 사람이 없을 정도입니다. 그런데 이 독립선언문을 명문으로 생각해 줄줄 외우는 사람도 많지만, 정작 명문은 되지 못한다는 것입니다.

왜일까?

선언문의 생명은, 그 선언문을 들으면 의분을 느껴 떨쳐 일어나게 만들어야 하는 것입니다.

기미독립선언문은 지나친 수식과 대구문對句文이 많아 만연체蔓衍體가 되어 그러하지 못합니다. 일본을 책망하지 않는다는 등, 내용상으로 문제점이 많다는 것입니다.

그와 반대로 파리장서는 한문으로 된 아쉬움은 있지만 내용이 충실하고 문장자체가 진지하고 절실함마저 느끼게 하여 아주 뛰어난 명문입니다.

그런데도 대부분의 국민들은 파리장서가 무엇인지?

어떤 것인지도 모르고 있으니 아쉬운 마음 금할 수 있습니다.

2) 함안의 3.1 독립만세

먼저 함안에 대하여 잠시 이야기하고자 합니다.

필자의 고향이 함안이라서가 아니라 이곳 함안은 전국에서도 매우 유명한 지명입니다.

지리적으로는 남고북저의 지형으로서 물이 남쪽에서 북쪽으로 흘러, 서부 진주쪽에서 내려오는 남강과 합수됩니다. 다시 창녕 이방, 부곡에서 내려오는 물과 남지에서 합수된 물은 함안군 칠북면 화천리에 설치된 사대강 사업의 일환으로 완공된 창녕, 함안보에서 잠시 그 유속이 쉬었다가 다시 그물은 길곡, 초동, 하남을 거쳐 삼랑진쪽의 낙동강과 합류되어 물금, 구포를 지나 철새도래지인 을숙도에서 바닷물과 합수됩니다.

함안이라고 하는 지명에 대하여 글자대로 풀이한다면 다함께 편안하게 잘산다는 뜻으로 풀이되나 옛 문헌에 보면 함주라고 하였습니다.

선조 20년 서기 1587년 이곳 함주 군수로 부임한 서원 정구鄭逑는 일찍이 지방관서로는 최초로 군세일람을 조목조목 기록하여 현재까지 전해져 내려오는 함주지咸州誌가 있습니다.

역사적으로 보면 한반도에 농경문화가 싹트면서부터 이 땅에는 하나둘 성읍국가가 형성되기 시작하였습니다.

삼국지三國志 위지魏志 동이전東夷傳의 기록으로 보면 삼한 가운데에 변한에 속하였습니다. 이곳 함안은 그 당시에는 변진안야국으로 불리어 지고 있었습니다. 이곳 주변에 육가야국 중 안락국에 속한 이곳은 그 당시로서 대국大國이였던 것입니다. 적어도 고구려의 철기군과도 같이 설정도의 나라의 힘이니 소국일 망정 그 위세가 대단했다고 볼 수 있습니다.

그후, 신라 법흥왕 때 결국 신라의 영토에 편입되게 되었습니다. 이토록 성읍국가로는 그 위세와 권위가 강력한 것만은 사실인 듯, 아라가야의 옛왕궁터인 현재의 가야읍 가야리에 복원공사가 한창입니다.

그리고 전국 234개의 기초지방자치단체 중에서 제일 부유한 부자군이라는 별호도 갖고 있습니다. 전국 철도망중에서 군부에 KTX가 정차하는곳도 이곳 함안군이 유일하며 고속도로의 나들목인 IC도 군 경계를 지나면서 3군데나 있는곳, 역시 함안이 유일하다니 가히 별난군이기도 합니다. 이제 94년전으로 역사를 되돌려 3.1독립만세의 경남 최초의 의거지인 칠북면 연개장터의 그날의 그 함성이 울려 퍼졌던 곳으로 가보아야겠습니다.

1919년 서울 파고다공원의 기미독립선언문 낭독으로 인해 전국적으로 퍼져나갔던 이 땅의 만세의거중 이곳 함안의 의거는 전국 제일의 독립만세 의거로 평가받고 있습니다.

경남 최초의 의거이고 삼남최초의 많은 사상자를 낸 이곳 함안의 의거는 3월 9일 칠북의 연개장터 현재(칠북초등학교 이령분교)에서 3.1독립시위를 참관하고 돌아온 14명의 유지를 중심으로 시위가 시작되었습니다.

3월 12일과 17일 평림장터 의거, 18일 이룡리 의거, 19일 함안읍 의거, 23일과 4월 3일 칠원면의거 등 총 8차례에 걸쳐 지속적으로 일어났습니다.

함안의 의거는 경남 지역에서 최초의 의거, 일본군경에게 받은 피해 최대, 독립운동 사실증명서 요구, 군수와 경찰서장의 독립만세 강요등, 숱한 기록도 갖고 있습니다.

이 중에서도 함안읍 의거와 군북면 의거는 미리 계획된 폭력성마저 있었으니 6차례에 걸쳐 주재소를 완전히 파괴하고 군수와 경찰서장을 군중앞에 세워 강제로 대한독립만세를 부르게 했습니다.

우체국과 법원 함안출장소, 함안보통학교(현 함안초등교), 심상소학교(당시 일본어학교 현재는 목원 가든 위치임)를 파괴하였습니다.

그 다음날 군북면 의거는 5,000여 명이 넘는 군중이 모였으며, 이들이 경찰주재소를 파괴하기 위해 돌진하자 경찰이 무차별 발포를 가하고 포병대까지 출동해 진압함으로써 많은 사상자가 발생하게 된 것입니다.

3.1독립만세 운동으로 함안에서 형을 언도받거나 기록에 나타나는 애국지사는 150명으로 마산 42명, 창원 41명, 통영 23명, 창녕 23명의 몇 배에 달합니다.

형량으로는 함안 136년, 창원 33년, 통영 19년, 마산 18년, 창녕 13년 등이니 함안의 의거가 얼마나 치열하게 전개됐는지 알 수 있을 것입니다.

한편, 함안읍 의거는 경찰서장에게 3천 명의 군중이 대한독립만세를 불렀다는 독립운동 사실증명서 발급을 요구하였습니다.

이는 당시 서울에서 김창숙 선생이 유림 137명의 대표들이 연명한 파리장서를 김규식 선생께 보내는 시기에 맞추어 파리 만국평화회의에 제출하기 위한 것입니다.

전국에서 일어난 총 1542회의 독립만세 의거 가운데 군수와 경찰서장에게 만세를 부르게 하고 만세를 불렀다는 사실 증명서를 요구한 의거는 이곳 함안읍 의거뿐입니다.

어쨌든 함안이 유명하게 전국에서 알려진 별난 곳이기도 합니다.

최근 일본 정부가 정부조직에 영토 주권대책 기획조정실을 설치하고 시네마현 총무과에 다케시마 대책실을 설치하기로 하는 등 독도 침탈에 혈안이 되어 있습니다.

중국 또한 동북공정이라는 역사왜곡을 자행하고 있는 현시점에서 수많은 순국선열의 피가 묻어있는 3.1 독립만세운동의 의미를 깊이 되새기며 우리의 주권을 소중히 지켜내야하는 특별한 이유입니다.

솜방망이

방망이하면 옛날 우리 어머니들이 예쁜 인주천이나 명주 옷감을 다듬이에 올려놓고 다듬이 방망이로 밤늦게까지 따독따독하면서 수놓은 엷은 옷감을 다듬질하던 광경을 머리에서 지울 수가 없습니다. 시집 온 며느리가 이 과정을 거치지 않은 사람이 몇이나 있겠습니까?

또한 빨랫방망이도 비슷한 내력을 가지고 있으니 빨래하는 여인네들의 광경이 한폭의 그림처럼 동네 우물가에서의 풍경이 아니겠습니까?

굳이 열거하자면 도리깨 방망이, 우물가의 빨랫방망이, 그리고 솜방망이를 들 수 있는데 필자가 오늘 거론하고자 하는 방망이는 솜방망이입니다.

중국 광동성 불산시의 한 시장 골목에서 혼자 놀던 두살배기 아기가 차에 치여 쓰러져 있는 동안 주변에 있거나 지나가던 사람이 18명이나 있었습니다. 아무도 도와주지 않아 결국은 숨진 사건이 발생했습니다. 이 사건을 계기로 중국에는 죽어가는 사람을 보고도 돕지 않으면 처벌하는 것을 골자로 하는 이른바 견사불구법을 신설하는 문제를 놓고 논란이 벌어지고 있다는 기사를 보았습니다.

이와 비슷한 예로 우리나라에서도 자신에게 직접적 피해가 없으면 절대 나서지 않는 경우가 부지기수입니다.

어느날 전철 안에서 젊은 여성이 80이 넘는 노인을 이리저리 뺨까지 치면서 마구 때리는 광경이 TV화면을 통해 펼쳐지기도 하였습니다.

인천 지역의 조폭들이 도심 한복판에서 잇따라 난투극을 벌이는 등 기세가 등등하지만 민생의 안녕질서를 책임진 경찰이 그들에게 솜방망이 대처로 일관해 오히려 되레 그들의 기를 세워준 것이 아니냐는 전국적인 여론이 비등했습니다.

급기야 조현오 경찰청장은 10월 25일에 기자 간담회를 갖고 연말까지를 조직폭력배와의 전쟁을 선포했습니다. 사안에 따라서는 총기까지도 과감히 사용하겠다고 했습니다. 조폭들의 난투극을 방관한 데 대한 비난이 일자 강공책을 내놓은 것입니다. 무엇과의 전쟁을 선포한다는 말투를 이골이 나도록 국민들은 들어왔습니다.

그때마다 정부와 공권력을 가지고 법을 집행하는 여러 권력층이나 정치인들은 잠깐이나마 국민을 속이고 눈을 멀게 만하고 있습니다. 이제는 그런 일이 다시는 일어나지 않겠구나 하는 기대감만 가지게 해놓고는 슬쩍 시일이 며칠 지나면 흐지부지되고 맙니다.

이래서야 되겠습니까?

그런 결과 뒤에는 당국의 솜방망이 처벌이 원인이 되고 있다는 걸 그들은 왜 모르겠습니까?

알고는 있을 터인데 말입니다.

며칠 전에 서점에 들려 도가니라는 공지영 작가의 소설책 한 권을 구입했습니다.

2000년부터 4년동안 전남 C시의 한 청각장애인 학교에서 일어났던 믿기도 힘든 일을 소설화한 책입니다.

그런데 작가가 소설을 구상하게 된 동기가 신문기사 한줄 때문이라고 그 책속에서 작가는 밝히고 있습니다. 국민들로부터 규탄 받아야 될 가해자들이 최종 판결 과정에서 집행유예로 석방되는 그들의 가벼운 솜방망이 형량이 판결될 때 수화로 통역되는 순간 그때의 법정은 청각장애인들이 내는 알 수 없는 울부짖음으로 가득했습니다.

한줄의 글이 공지영 작가의 온몸을 안개처럼 점령했습니다.

굳이 들추어 내자면 조폭들의 난투극이나 장애인 미성년자의 성폭행등의 뿐만이 아니라는 것입니다. 가진 자들의 탈세와 수십억대의 금융사기범, 서민들의 목을 조이는 제2금융권의 파산과 고금리의 사채업자 사회적 동우리안에 독버섯처럼 서식하는 그많은 부조리들을 적발하고도 당사자인 범법자들에게 내리는 국가의 징벌은 벌금 몇백만원이고 과태료 얼마면 피해나가고 과징금 몇억원이면 인체에 해로운 독약을 섞어 팔아도 흐지부지 끝나는 실정이고 보니 누가봐도 처벌은 솜방망이가 분명합니다.

우리나라도 중국의 견사불구와 같이 국민의 민생을 해치고 서민을 죽음으로까지 몰고가는 금융사채자나 또는 민생사범을 적발하고도 은근슬쩍 솜방망이 식으로 처리하는 실태가 발견되면 그에 상응하는 대비책의 처벌법을 만들어주면 어떨까 생각합니다.

강원도 하면 가보지 않아도 청정지역이 아닙니까?

설악산의 오색계곡이 왜, 이렇게 썩은 물이 흘러 내려오는지 모르겠습니다. 원흉은 인근 식당에서 버리는 오폐수가 주범임을 명명백백한데 관할공무원의 답변이 걸작입니다. 여태껏 그대로 지내온 것이 관례라서 단속하기가 좀 뭣하다합니다.

어떤 관할공무원은 지역은 넓은데 감시감독하고 실제로 파악하는데 인력이 절대적으로 부족하다고 합니다.

여보시오. 말이 되는 소리를 갖고 답을 하십시오.

그게 해답이라고 말하는 겁니까?

몸쓸 인간들이로군!

니, 와그라노? 단디해라

우리 인간은 사회생활을 함에 있어 다른 사람이 자기를 헐뜯거나 깍아내리거나 인격 품의 등 손상을 시키면 대단히 기분 나빠한다. 사과를 받아내거나 사유서를 쓰게도 하고 심한 경우에는 명예훼손이나 모욕죄 등으로 소송을 걸기도 한다. 부산 경남이나 조금 넓혀 잡아 영남지방의 방언(사투리)으로 "니, 와그라노"와 "니, 단디해라"는 말이 있는데 이 지역을 벗어난 곳에서는 이 말이 무엇을 의미하는지 도무지 아는 사람이 없다.

이게 무슨 뜻이냐 하면 조심스럽게 차근차근히 해라는 뜻도 되고 다부지게 깔끔히 하라는 뜻도 되고 한걸음, 한걸음 나아가자는 소중한 의미를 담고 있는 것이다. 가까운 관계에 있는 사람끼리 주고받는 배려의 표시이기도 한 것인데 이 경상도 사투리를 서울 사람들은 무슨 소린지 도무지 모르겠다는 표정들이다. 중국어 같기도 하다나. '단디해라'의 방언이 스웨덴어로는 '방해하다'로 해석되며 아랍어로는 '조심하다' 하다(동사)와 '예방책'으로도 사용된다니 여하간 이번 우리나라의 현재 어려운 실정을 정치인이나 학자들이나 국민들 너 나 할 것 없이 모두가 '단디해야' 될 것이다.

그런데 "니, 와그라노"는 뭔고?

며칠 전에 TV를 보니 국정교과서와 검인정교과서의 한국역사(국사)교재에 대하여 논평하는 과정을 들어 보았는데 참으로 어처구니가 없다.

검인정교과서는 저자著者들도 모르는 사이에 식민지사관의 영향을 받고 있다는 것이다. 여러 학자들이 힘을 합쳐 만든 정부에서는 국정교과서와 검인정교과서와 함께 자유롭게 선택하게 했는데 국정교과서를 채택한 고증학교는 전국 5,000여 개 고등학교 가운데서 경북 경산 어디엔가 M고등학교 한곳뿐이라고 한다. 이게 말이 된다고 보는가?

이정도로 국정교과서가 내용이 좋지 않고, 검인정교과서의 내용이 진정 우리나라의 역사를 올바르게 기술했단 말인가?

필자는 아니라고 본다. 어떤 식민지사관적인 세력이 영향력을 행사하고 한 개인이 그 분위기를 극복하지 못했기 때문이라 본다. 근간에 사면초가四面楚歌가 된 현재의 박근혜 대통령이 심혈을 기우려 채택한 정책이 바로 국정교과서의 보급이 아니었던가? 바른 역사를 배워야지.

식민지사관이란 말이 무엇인가?

36년간 일제의 탄압에서 그네들의(일본) 교묘한 심리전에 의해 학생들을 일본이 의도적으로 조선의 역사를 폄하하거나 손상한다는 것을 못 느끼게 만들었다.

이런 교육을 받은 사람들이 해방 후 교사가 돼 학생들을 가르쳤으니 자기들 입으로는 식민지사관을 극복해야 한다라고 말하면서도 자신도 모르는 사이에 배운 그대로 일본인들의 계획된 민족의식 말살 정책인 식민지사관을 가르치고 있다는 것이다.

매우 불편스럽고 안타까운 일이지만 이걱이 현실적 실태다. 내가 왜 이러는 거도 모르고가르치고 있다는 것이다.

"니 정말 왜 그라노?"

다음날 TV뉴스를 보니 정말 모를일이 발생했다.

민노총과 전교조에서 국정교과서 채택을 반대하며 교장실까지 들어와서 폭언과 협박 등으로 난동을 부리고 있다는 소식들이다.

"너들 정말로 와그라노?"

민노총과 전교조가 무슨 이유 때문에 어떤 의도로 해당학교 교사 73%가 동의하고 민주적 절차에 의해서 국정교과서를 채택했다고 하는 그 학교 재단이사장의 설명이 있었는데 전교조와 민노총은 왜 모든 일에 약방에 감초마냥 건건이 참견하는가?

민주노총은 자기 회사의 근로자를 위해 투쟁하고 참견해야지 얼토당토않은 교육까지 참견이란 말인가?

"너거들 정말 와그라노?"

전교조 역시나 자기 소속 학교나 챙겨야지 마치 큰 권력자나 된 것처럼 행동하고 있으니 참으로 꼴 볼견이다.

한 나라의 역사를 사실 그대로 올바르게 교육시키는 것이 학자들의 의무요 국가의 책임이고 미래를 위한 교육정책이 아닌던가?

이런 막중한 책임과 의무를 두고 찬반贊反으로 편 가르고 사실 아닌 역사를 왜곡으로 기술해서 검인정교과서라는 명분으로 학생들을 가르치겠다는 것이야말로 실로 위험스러운 일이며 이런 것을 두고 정치적으로는 좌파 우파니 종북 세력이니 하는 것이 아니런가?

오늘 아침 신문을 펼쳐보니 제주도 전체의 땅이 위험수위에 도달할 정도로 외국인들의 소유로 되어있다고 한다. 이대로하면 몇 년 후면 제주도 면적의 3분의 1가량이 외국인(그중에서도 중국인)의 소유로 될 전망치라는 것이다. 이래도 되는 건지 제주자치도지사에게 묻고 싶다.

국토 없는 나라 없고 백성 없는 나라 없다고 하니 이대로라면 제주도는 대한민국 땅이 아니고 중국 영토가 되는 것은 아닌지?

이래도 되나? "너 와 그라노"가 무색하구나

경상도 방언으로 해석하면 그래해서는 아이 되는데 나에게 손해되고 우리들 모두에게 이로울 것이 없는데 왜 그렇게 하느냐? 하는 나무람의 말일 것인 즉, 정치인들이여 정부여, 다음 정부의 대권을 꿈꾸는 머리에 구멍 난 그대들이여 제발 정신 차리고 제발 '단디해라' 대권시험도 '단디' 치르고 날씨가 추우면 옷도 단디 입고 다니고, 한 가지 정책을 수립하는데도 두번 세번, 생각하고 어쨌든 너그들 '단디해라' 부탁한다. 아니 그렇게 되기를 기도祈禱하마.

이게 다 우리들의 일이니 말일세.

중국의 개혁개방改革開放

중국은 1989년 천안문 사태가 일어나고도 그 체제가 멀쩡하게 안 무너졌으나, 소련은 그런 사태가 없이 1990년에 붕괴되었습니다.

그게 왜 그렇습니까?

중국이 건재했던 이유 중 한가지가 덩샤오핑이 전개힌 개혁개방과 무슨 연관이 있는 것인지 궁금할 뿐입니다.

사회주의체제였던 그들이 이제 세계에서 미국 다음으로 전분야에 걸쳐 2등 국가가 되었으니 참으로 놀라지 않을수가 없습니다.

마오쩌둥(모택동)이 10년쯤 앞에 인민들에게 무어라고 했던가?

열심히 노력하면서 당을 위해 사회주의를 봉신하도록 길들여 놓은 그 인민들을 원자바오(덩샤오핑)는 정권을 잡은후 10년 이렇게도 자유경제 체제로 변신할 수 있을까?

그 내막을 알아보기로 하도록 합시다.

1978년 어느날 안후이 성省에서 작은 사건 하나가 있었습니다.

농민 18명이 머리를 맞대고 은밀한 장소에 모여 은밀한 모의를 하고 있었습니다.

이때까지만해도 중국은 공산국가 사회주의 체제로서 집단적 노력으로 인민공사라는 소유로 만들어놓고 농민들의 수확량에서

20%정도 이상을 착취하고 있던 시기였습니다.

그들은 인민공사 소유의 농토를 각기 가구별로 18명이 나누어 농사를 짓고 수확한 다음에는 인민공사에는 할당량만 내고 나머지는 다 각자 개인이 갖기로 한 모의였습니다.

따지고 보면 나쁜 것도 없는 그저 평범한 의논에 불과하지만 그 시절에는 정부의 관료직이나 당의 간부들에게 발각되었다면 중한 벌을 받을 수도 있는 처지였습니다. 생각해보면 역적모의를 한 것도 아니고, 노동 분규를 일으키려고 한 것도 아닙니다. 물론 그럴 처지도 능력도 아닙니다. 그러나 다름아닌 집단경작을 거부하는 행위인 것만은 사실입니다. 그런 행위자체가 집단농사 방식인 인민공사 조직을 무너뜨리는 것이며 나아가서는 사회주의 원칙을 파괴하는 위험천만한 일인 것입니다.

옛날 말로 말하자면 목숨 내걸고 하는 반역행위이었습니다. 그런데 그들이 그렇게 죽음을 무릅쓰며 한 해 동안 똑같은 땅에 똑같은 사람들이 농사를 지었는데 인민공사에 할당량을 내고 나머지는 각자가 갖기로한 그 사실 하나가 바뀐 것 하나만으로 결과는 도저히 믿을 수 없을 정도로 달라진 것입니다.

사회주의 체제의 집단 영농이란 것이 얼마나 비생산적이고 비능률적인가를 여실히 증명해주는 것입니다. 서로가 책임 떠넘기기에 급급하며 얼마나 게으름을 피우고 살았는지 말입니다. 이것이 사회주의 사상을 부르짖는 평등 자유의 방식입니다.

인간은 본능적으로 사회주의적 존재가 될 수 없고 자본주의적 존재가 되기를 갈망하고 있는지를 보여주는 사례이기도 합니다.

이러한 사실을 뒤늦게 알게된, 안후이 성에서, 그들을 처벌한 것이 아니라 오히려 그들의 방법을 성전체로 확대시켰습니다.

성내의 인민들은 환호하며 농사에 열성을 바쳤고 수확은 예상추정치대로 5~6배 이상 늘었던 것입니다.

다시 이러한 사실은 중앙정부에 보고되었고 최고 권력을 장악하고있던 덩샤오핑은 즉각 그 방법을 수용해 전 중국 인민 농민들에게 실시하게 되었던 것입니다.

말하자면 8.15해방 이후 일본 사람들이 자기 나라로 떠난 후에 이승만 정부가 전국의 소작농들에게 실시한 분배농지법 공포와 같은 것입니다.

집단 경작지에서 개개인의 경작으로하니 생산되는 수확이 많은 것은 당연지사요 국가가 소유하고있던 경작권을 농민들에게 부여하는 개혁개방형 신 농법인 것입니다.

농민들은 수확량의 20%만 세금을내고 나머지는 다 자기들이 가지게되니 그 결과는 동남아 쪽에서 수입하던 곡물을 수입할 필요가 없게되고 오히려 반대로 수출까지 할 수 있게 됩니다.

이때부터 개혁과 개방의 물결이 중국천지에 불게 되었으니 중국 역사상 굶어죽는 사람이 없게 된 것입니다.

그런데 반대로 그 당시 소련은 어떠했습니까?

당시의 수상 후루시쵸프가 정치인들에게 강도 없는데 다리를 놓겠다고하는 자들이다고 비꼰 것입니다. 어쨌거나 중국이 그런 변화

속에서 해마다 농업생산이 쌓여가며 개혁개방을 추진해 나가는 10년 동안 소련은 여전히 집단농장 체제 속에서 해마다 물자 부족이 심화되고 있습니다.

농업 분야만 봐도 바로 농민 두사람이 앞의 농민은 땅을 파헤짒고 뒤따르는 농민은 그 땅을 덮는 이상한 짓을 계속하고 있는 것이니 참말로 이상한 나라이고 정말로 야릇한 농사법입니다. 왜냐하면, 씨앗을 뿌려주어야 할 농민이 안나왔기 때문입니다. 시키는 대로 맡은 분량만큼만 자기들 임무만 다하고 있는 것이 사회주의 세상이랍니다. 이 정도는 그당시에 소련 상황을 상징하는 대표적 풍경입니다.

중국의 국영상점에는 식료품들이 즐비하게 남아돌아 풍족하고 소련의 국영상점에는 빵과 우유같은 기본 식품마저 떨어져 진열대가 텅텅 비어있는 실정이니 속담에 사흘 굶고 담넘지 않는 자 없더라고 그런 상황에서 나라살림이 되었겠습니까?

옛적부터 백성을 굶주리게 하는 권력은 존재하지 못하고 백성을 챙기지 않는 군주는 임금이 아니라고 했습니다.

그러니 하루아침에 나라가 붕괴된 것이 아닌가?

정말 대조적입니다. 결과적으로 자본주의 형식이 중국을 살려낸 것이고 덩샤오핑은 그 실행을 연출해낸 총감독이니 중국의 현대사 중 마오쩌둥(모택동)을 정치적 영웅이라하여, 그 두 사람은 중국현대사를 이끈 쌍두마차라고 할 수 있는 것입니다.

6학년 13반

금사산악회金巳山岳會

매주 금요일이면 어김없이 공설운동장 입구에 15~17명의 회원이 모입니다. 본래 20명의 동갑내기들이 모여 창립한 산행팀입니다. 산악회라고 하니 첫 어감부터가 거창하게 뭐 관광차를 타고 멀리 명산대찰을 찾아가는 그런 것이 아니고 그저 요일을 벗어난 평일에는 가까운 삼봉산(212미터)을 빠짐없이 매일 오르고 내림이 일상생활처럼 되어 있습니다.

요즘 인사말 중에 나이를 묻는 경우가 종종있는데 이때에 보통 몇학년 몇반으로 답하면 통하고 있음이 추세이기도 합니다. 아마도 유행 따라가는 것을 생각하면 오히려 편안하기까지 합니다.

육학년이면 보통 60세를 가르치며 10반은 또한 10년을 말하는 것입니다. 3반은 3살이라는 뜻일 것입니다. 그러니 합쳐 73세를 일컬음이니 이게 근자의 유행어 인사법인가 봅니다.

그러니 육십갑자로 73세이면은 간지로 신사생입니다. 신사생 동갑들이 모여 금요일에 산행을 간다고해서 금사산악회라 이름 붙여진 것입니다.

꼭이나 왜 금요일인가?

이게 15년전으로 거슬러 올라갑니다. 필자가 스님인데 어쩌다가 금요일에만 짬이 생기게 되었는가? 출고한 지 25년(1988)이나 된 그레이스 봉고차를 타고 가기 때문입니다. 이때부터 고정으로 금요일만 되면 산행은 시작되고 따라서 현재까지 16년째이며 운전은 역시 필자의 몫입니다.

산청 동의보감 엑스포

지난 10월 4일 금요일에 이왕가는 산행인데 우리 산청 필봉산쪽으로 코스를 잡아서 가게되었습니다. 행선지가 의논되었습니다. 아침 8시에 모인 회원들은 이구동성으로 찬성입니다.

용상이 친구는 이왕 필봉산쪽으로 가려면 그쪽에 엑스포 구경도 할 수 있으니 더욱 잘된 일이라고 생각했습니다. 삼수 친구는 몇 년 전에 필봉산에 가본 적이 있는데 아마 그곳 주위 어딘가에서 산청 엑스포가 꾸며져 있다고 들었는데. 문교장과 상식이 두친구는 그럼 여하간 그곳으로 가보자고 합니다.

가보면 알게 될게 아니오!

필자가 운전하는 25년 된 봉고차는 출발하여 1시간여 지나 산청 보조행사장에 도착하니 시계는 아침 9시 10분입니다. 그곳 주차장에 차를 주차시켜놓고 셔틀버스를 타고 주행사장으로 들어서니 이미 관람객들이 많이와서 매우 복잡합니다.

9월 6일부터 개막하여 오늘이 10월 4일까지인데 매표소 책임자의 말로는 10월 3일까지의 관람인원이 이미 100만명을 넘었다고 합니다. 정말 대단한 일입니다. 암 그래야지. 이렇게 동의보감촌의 전통의약 엑스포가 볼거리를 충만해주고 알속있게 운영함이니 그리고 세계엑스포이니 응당 성황리에 유종의 끝을 맺어야지.

과연 세계 엑스포답게 잘 정돈 배치되어 있었습니다.

옛날 중국 설화에 진시황의 불로초와 우리나라 지리산에 얽힌 얘기가 나오는데 서른여덟에 중국을 통일하고 황제에 오른 진시황은 이 세상에서 부러울 게 아무것도 없었습니다.

딱 한가지 소망은 늙지 않고 죽지 않고 영원히 사는 것이었습니다.

이런 진시황 앞에 서복이라는 인물이 나타나 동쪽바다 가운데 봉래, 방장, 영주라고 하는 신비한 약초를 구해 오겠다고 했습니다.

여기에 나오는 봉래가 금강산이고 영주가 한라산이며 방장이 지리산이라 합니다.

서복의 일행이 먼저 찾은 곳이 지리산입니다.

이들이 불로장생의 약초를 캐서 바치기 전에 기다리다, 기다리다 진시황은 불로초를 보지도 못하고 마흔아홉 살에 죽었습니다.

이 이야기는 예부터 동양의 전통의학에서 경남 산청과 하동, 함양, 전라도 남원과 구례를 싸잡아 아우르고 있는 민족의 영산인 지리산이 있음이니라.

2009년 유네스코는 안네의 일기와 함께 허준의 동의보감을 세계기록유산에 올렸습니다.

지금까지 등재된 우리나라의 세계기록유산 193점 가운데 보전의학 서적으로는 동의보감이 유일하다고 합니다.

주재관에서 약초가 인체에 미치는 영향을 관람한 후, 곧장 동의보감 박물관을 지나 산청 약초관에서 통합 전시관을 거쳐 한방(기) 체험장까지 동행한 회원들은 열심히 이곳저곳을 살피며 구경하고 또한 직접 체험도 하면서 천기문 앞에까지 도달했습니다.

이곳이 바로 필봉산에서 주능선을 따라 구불구불 박환하면서 내려오는 외룡의 기가 위에, 머리 내룡에서 죽은 듯하며 살짝 올라오는 듯 하더니, 다시 고불고불 아래 능선을 따라 귀감석이 있는 아래쪽으로 질펀하게 내려오는 듯하니, 바로 이곳이 필봉산 일대에서도 가장 기가 뭉쳐져 있는 곳임이 주변의 형상들과 함께 한눈에 보입니다.

필자도 귀감석에 바짝 다가가 앞면으로 배를 붙이고 양손을 하늘로 바쳐들고 짧은 시가 기가 흐름을 감지를 해보니

아!

과연 전해옴을 느낄 수 있었습니다.

그래, 바로 이곳이었구나!

바로 이참 관광공사 사장이 산청 동의보감촌에서 기를 듬뿍 받은 후, 사장으로 임명되었구나!

이곳 엑스포 전시관들은 필봉산을 포함한 주변의 더 넓은 행사장으로 해발 500미터정도에 자리잡고 있기 때문에 전망대에서 보면 지리산의 연이은 봉우리들이 시원스레 한눈에 펼쳐집니다.

13명의 회원들은 약초 판매장 위쪽에 위치한 한방음식관에서 점심을 하고 허준 순례길 2코스를 지나 정문쪽 셔틀버스를 타고 아침에 출발했던 보조행사 주차장에 도착하니 시계는 오후 3시 20분을

가르치고 있었습니다. 또한 보조행사장 주변에서 살펴보니 한방축제를 하고 있었습니다.

행사장 처음 입구에 들어서니 각설이 품바를 하고 있었습니다. 나이든 노인네 십여 명이 앉아서 각설이의 구성진 노래를 듣고 있습니다. 친구 회원들이 우루루 앉으니 품바는 치지 않고 엿부터 사라고 합니다.

삼수 친구가 만원을 주고 엿 4통을 사가지고 왔습니다. 각설이와 그의 아이들이 타이틀이다 자기가 각설이 원조라고 합니다. 그리고 전국의 각설이 협회 회장직을 맡고 있답니다.

경력이 20년이라고 합니다. 어림도 없는 소리입니다.

각설이가 언제부터인데 자기가 각설이 원조라니 말이 되는가?

6학년 13반이 알기로는 적어도 50년 전부터 각설이 타령은 있었는데 거짓말도 수준 높게 해야지.

그래도 회원들은 인삼파스 하나씩을 더 사가지고는 자리를 일어났습니다.

옆 가게에 들려 산청막걸리 한 잔씩을 쭉 일배하고 그길로 역시 25년짜리 봉고차에 몸을 싣고 운동장 입구에 다다르니 시간은 오후 6시를 가리키고 있었습니다.

정말 기분 좋은 하루 산행이었습니다.

IT산업과 부자들의 기부문화

요즘 길을 가다보면 많은 사람들이 길을 가면서 핸드폰을 사용하고 있는 것을 보게 됩니다. 특히 마주치는 학생들은 어쩐 일인지 손에서 스마트폰이 떨어지지를 않으니 다소는 걱정이 되기도 합니다. 핸드폰이라는 것이 셀 수 없이 많을 정도의 편리한 기능을 갖춘 능력있는 충직한 비서인 셈입니다. 반면에 동시에 온갖 폐해도 감추고 있는 흉물이기도 합니다.

그것은 돈과도 너무나 닮은 존재입니다. 돈은 인간의 욕망을 해결하지 못하는 게 없으면서도 또한 인간 세상의 수많은 비극을 만들어 내는 원흉이기도 합니다. 한마디로 말해서 충직한 비서가 아니라 사람들을 바보로 만드는 바보폰이라고 하면 좀은 어색하겠습니까?

옛날 아날로그 통신시절에 필자는 적어도 100여 개 정도의 타인의 전화번호를 암기했는데 요즘 그 편리한 폰의 단축키 때문에 기억력 감소로 그저 바보가 되어버립니다. 본인의 번호도 몰라서 옆 사람에게 묻는 횟수가 잦아졌으니 말입니다.

며칠 전 TV에서 노름으로 진 빚을 갚기 위해 카드를 계속 사용하여 소위 돌려막기를 하다가는 그 빚을 갚기 위해 자기 어머니와 형을 살해한 폐륜의 동생이 검거되는 장면을 보았습니다.

완전범죄를 계획한 그 동생은 핸드폰의 자료까지 다 삭제하였으나 또한 그 핸드폰의 숨은 자료 때문에 결국에는 범행 일체를 자백한 사건입니다.

세상은 애플Apple의 창업자 스티브잡스를 향해 21세기의 위대한 과학자라는 칭송을 아낌없이 보내지만 그는 어찌보면 그 누구보다도 돈을 숭배한 지극히 상업주의자적인 돈종교의 저급한 신자이기도 한 것입니다.

IT산업에서 스티브잡스보다 앞서간 아버지뻘 되는 사람이 있었습니다.

그 이름은 빌게이츠입니다.

그런데 암이 발명의 천재 스티브잡스를 저세상으로 데려간 다음에 빌게이츠는 다시 빛의 중심에 서게 되었습니다.

발명 때문이 아니고 인간적인 삶의 방법을 놓고 세계의 칼럼니스트들이 두 사람을 비교하기 시작했던 것입니다.

빌게이츠는 세계 1등 부자가 된 20여 년 전부터 자기 재산을 사회에 환원하기 시작했습니다.

그는 막대한 재산을 내놓으면서 그 돈을 미국인들만 위한 것이 아니라 세계인들 전체의 건강을 위해 쓰도록 재단을 만들었습니다.

그리고 미국 역사상 최악의 대통령으로 낙인 찍힌 부시가 미국을 수치스럽게 만든 부자감세를 외치고 나왔을 때 정면으로 반대하고 나선 사람이 바로 빌게이츠였습니다.

부자들은 지금보다 세금을 더 많이 내야합니다.

그가 대통령에게 맞서서 외친 말이었습니다.

당연한 일입니다.

있는 사람 가진 사람이 세금뿐 아니라 사회에 기부헌금도 더 많이 내야함이 너무도 당연하지 않겠습니까?

그런데 우리나라는 어떻습니까?

가진 자 있는 자들이 욕심을 부리며 부를 계속 축적하면서 세금을 내지 않고 심지어 일부 특정 불다수 재벌들은 교묘한 수법으로 탈세를 일삼고 있습니다.

미국과 한국은 어찌 그리도 정반대인지 모르겠습니다.

기자들의 질문에 빌게이츠가 대답했습니다.

내 자식들은 내 재산의 만분의 1만 가져도 평생 편히 살 수 있습니다. 세 자녀들에게 0.1%도 안되는 1,000만 달러 정도씩만 물려주겠다고 했습니다.

그가 가진 소유의 전재산이 720억 달러 중, 현재까지 사회에 기부한 금액이 280억 달러라니 가히 존경스러움을 지나 경이롭기까지 합니다. 그런 빌게이츠가 중국이 G2로 부상하자 중국의 부호들에게 세계인을 위한 기부에 동참해 달라는 메시지를 보냈습니다. 그런데 자가용 비행기까지 가진 수백 명의 중국 부자들은 몇 명이나 호응했을까?

답은 단 한 명도 없답니다.

중국의 부자들이 좀 많은가요.

조 단위 이상의 부자들이 천 명이 넘는다고 하니 놀랍답니다. 그러나 그들만 귀가 먹은 척한 것이 아니었습니다.

부호의 자리를 빌게이츠와 맞바꾼 스티브잡스도 한푼도 내지 않았습니다. 그는 암 선고로 언제쯤 죽게 되리라는 것을 알고 있었고 항암치료 때문에 피골이 상접해져 흔들거리면서도 걸어야 하는 몸이면서도 그는 신제품 선전에만 열을 올리다가 세상을 떠나갔습니다. 이들 두 사람의 차이를 비교하면서 독자들에게 누가 더 사람의 무게가 나가는지 달아보라고 일깨우고 있는 대목이기도 합니다.

님을 도운다는 것, 사회에 공헌한다는 행위 꼭 있는 사람, 가진 사람만이 하는 것이 아닙니다.

산다는 그 자체가 어찌보면 어릴적 소풍갔다 도시락 먹고 집으로 돌아오는 그런 모습이 떠오름은 어쩐 일일까요?

계절의 의미

예로부터 우리 민족을 우랄알타이 민족이라고들 합니다.

북방 시베리아의 우랄산맥과 몽고, 고원과 인접한 알타이산맥 주변의 브리아트 공화국, 울리아슈타지등, 바이칼 호수 주변에는 겨울의 기온이 영하 40도에서 50도까지 내려간다고 하니 사람이 대변을 보면 땅바닥에 닿자마자 얼어서 얼음으로 변한다고 합니다.

가히 그 강추위를 예상할 만합니다.

만약에 그런 곳에서 그러한 혹한을 감싸고 보호할 만한 아무런 조치를 취하지 않는다면 사람이나 동물들은 어떻게 되겠습니까?

종종 TV화면에서 북극곰이나 여우 등, 기타 동식물 등이 그러한 한기에 살아 남으려면 적극적인 보온 기구나 적합한 보온 시스템 없이는 살아남기 어려울 것입니다.

아니면 그 추위에 적응하는 수단이 매우 필요할 것입니다.

열대지방에 사는 사람이 아무런 준비도 없이 남극이나 북극이나 북방시베리아에 갔다고 가정하면 그 결과는 동사뿐이 아니겠습니까? 그러한 추운 지역에서 차츰 남으로 이동한 민족이 바로 우리 한민족이라고 하면 가설이겠습니까?

가까운 예로 중국 전국시대의 몽고지역에 거주하였던 동의족(은

나라)도 바로 우리의 한민족이었습니다.

예로부터 우리 조상들은 천문학이 뛰어나 해와 달의 힘을 이용하는 지혜와 봄, 여름, 가을, 겨울 4계절을 15일마다 한절기가 지나는 24절기로 나누어 풍년농사의 밑거름으로 삼아 왔습니다.

필자는 이 기회에 절기의 내용을 세세히 기록해서 모든 직업의 향유자에게 참고하고 유익하게 활용하기를 바라는 마음에서 2년여 동안에 전해오는 구전과 실용되고 있는 여러 자료들을 숙지 요약해서 참고로 기술합니다.

1) 소한小寒

동지冬至가 지난 후 대한大寒 전의 절기節氣로서 양력으로는 1월 5일경에서 20일경이며 음력으로 계산하면 12월경입니다. 태양은 황경黃經 약 285도에 위치하며 절후의 이름으로 보아 일 년 중, 가장 추운 때입니다. 옛 사람들은 소한의 15일간을 5일씩 삼후三候로 세분하여 기러기는 북으로 돌아가고 까치가 집을 짓기 시작하며 꿩이 운다고들 합니다.

2) 대한大寒

소한의 15일부터 입춘立春 전까지의 절기로 양력으로는 1월 20일경부터 시작이 되는데 12월의 중기입니다.

태양의 황경은 약 300도가 되며 뜻으로 보면, 일 년 중 제일 춥다는 뜻으로도 알고 있지만 옛 속담에 대한이 소한집에 놀러갔다가 얼어 죽었다는 말과 같이 사정은 다소 다릅니다. 오죽하면 소한에 얼었던 얼음이, 대한에 녹는다는 이야기가 있었겠습니까?

3) 입춘立春

양력으로 2월 3일에서 우수기 전의 절기인데 이때부터는 봄의 기운이 돌기 시작합니다.

4) 우수憂愁

2월 19일경쯤으로, 3월 5일 중간의 절기로서 겨울내 얼었던 빙설이 서서히 녹기 시작하여서 가끔 우수가 오기도 합니다.

5) 경칩驚蟄

3월 5일경부터 춘분이 오기 전까지의 15일을 말하는데 한서에는 계자와 겨울잠을 자는 벌레(칩)자를 써서 계칩이라고 기록되어 있습니다. 이후에 무제의 이름인 계자를 피하여 놀랠 경자를 써서 경칩이라 하였습니다. 이 무렵부터는 첫 번째 천둥이 치고 그 소리를 들은 벌레들이 땅에서 나온다고 옛 사람들은 생각했습니다. 개구리가 울기 시작하고 겨울내 동면하던 뱀도 구멍에서 나온다고 하며 강남 갔던 제비도 돌아온다고 하는 절기가 우수 경칩이 아니던가?

6) 춘분春分

24절기의 여섯 번째 절기인 춘분은 경칩과 청명의 중간에 드는 절기로 양력 3월 21일을 전후 음력 2월중에 들어있습니다. 이날은 태양이 남쪽에서 북쪽으로 향하여 적도를 통과하는 점 즉, 말하자면 황도와 적도가 교차하는 점인 춘분에 이르렀을 때, 태양의 중심이 적도 위를 똑바로 비추어 태양이 정동에 음달이 정서에 있으므로 춘분이라 합니다. 이 말은 음양이 서로서로 반인만큼 낮과 밤의 길이가 같고 추위와 더위가 같습니다. 이 시점을 전후해서 농가에서는 봄보리를 낙종하고 춘경을하여 집안의 담도 고치고 들녘에서 들나물들을 캐어 먹기도 합니다.

7) 청명清明

청명은 음력으로는 3월에, 양력으로는 4월 5~6일 무렵에, 태양의 황경이 15도에 있을 때입니다. 이때부터 본격적으로 논 농사의 준비에 들어갑니다. 바로 봄갈이를 한다는 것이다.

바닷가에서는 청명일에 날씨가 좋으면 어종이 많아져서 어획량도 증가한다고 합니다. 뭍에서는 선산(묘지)에 사토나 복토를 하기도 하는데 확실한 문헌은 없지만, 청명한식에 묘소에 손을 대는 것이 현재 우리들의 전통이념으로 되어있기도 합니다.

8) 곡우穀雨

24절기 중 8번째로 봄의 마지막 절기입니다.

음력으로는 3월 중이며 봄비가 내려 백곡을 젖게 한다는 뜻입니다. 바다에서는 조기잡이가 성하고 나무에는 물이 오르기 시작하는 시기로 곡우와 관련된 말로는 곡우에 가뭄이 들면 땅이 석자나 마른다는 속담이 있습니다. 봄비가 잘내리는 시기에 내리지 않으니 그해 농사를 망친다는 뜻이기도 합니다.

9) 입하立夏

태양의 황경이 45도에 이르렀을 때를 여름이 시작되었음을 알리는 절후입니다.

입하를 다른 말로는 보리가 익을 무렵의 서늘한 날씨라는 의미로 맥량, 혹은 맥추라고도 합니다. 이때부터는 봄의 기운은 완전히 사라지고 신록이 우거지는 초여름의 날씨가 시작된다.

10) 소만小滿

햇빛이 풍부하고 만물이 점차 생장하여 가득 찬다는 의미를 가집니다. 농가월영가에 4월이라 맹하되니 입하, 소만 절기라고 했습니다. 이때부터는 여름기운이 완연하며 식물이 성장합니다.

11) 망종芒種

망종이란 벼, 보리같이 수염이 있는 까그라기 곡식의 종자를 낙종할 적당한 시기라는 뜻입니다. 망종이 4월에 들면 풋보리를 먹게 되고 5월에들면 풋보리를 못먹게 된다는 속담이 있습니다. 옛날에는 양식이 부족해서 보리 익을 때를 기다리지 못하고 풋보리를 베어다 먹었으니 배고픔을 겪은 60대 이상의 세대는 다 알 것이다.

12) 하지夏至

하지는 천문학적으로는 일 년 중 태양의 적위가 가장 커지는 시기입니다. 이날은 낮의 시간이 가장 길어서 14시간 35분이나 된다고 합니다. 오뉴월 긴긴 낮이란 속담도 있습니다.

하지가 지나면 구름장마다 비가 내린다는 속담에서 알수 있듯이 하지후엔 장마가 시작되기 때문에 그전에 농촌에서는 모내기를 끝내야 하는 가장 바쁜 시기입니다. 죽은 송장도 이 시기에는 벌떡 일어나 도우미로 나온다는 속담이 있습니다.

하지절에 비가 오면 풍년이 든다고 하며 만약 하시가 다 지날 때까지 비가 오지 않으면 농촌에서는 기우제를 지내기도 합니다.

13) 소서小暑

작은 더위라는 뜻으로 본격적으로 무더위가 시작되는 절기입니다. 이때쯤이면 농촌 일은 거의 끝날 무렵입니다. 소서가 지나면 모내기를 해도 결실이 원만해지지 않는다고 합니다.

초복 중복

하지로부터 셋째 경일(천간이 경으로된 날) 양력으로는 7월 8일 ~ 7월 18일을 초부라하고 다섯째 경일인 28일을 중복이라고 합니다.

삼복은 중국 진나라 때부터 시작되었으며 일 년 중, 무더위가 가장 기승을 부리는 시기입니다. 이 삼복기 중에 한적한 숲속의 냇가로 가서 개를 잡아 개장국을 끓여먹는 풍속을 복달임, 복놀이라 했으며, 또 부녀자들은 약수에 머리를 감으면 풍이 없어지고 부스럼

이 낫는다고하여 물맞이를 하기도 했습니다. 요즘에는 복날에 보통 삼계탕으로 대신하는 경향이 대다수입니다.

14) 대서大暑

대서는 대개 중복 무렵으로, 장마가 끝나고 더위가 가장 심해지는 때입니다. 밤에도 열대야 현상이 일어나면 더위 때문에 염소뿔이 녹는다고 할 정도입니다. 일 년 중 가장 덥고 습한 때이지만 작열하는 태양과 많은 비로인해 벼를 비롯한 모든 작물 잘자라 오뉴월 장마에 돌도 큰다고 말합니다.

15) 입추立秋

올해는 8월 7일입니다. 이날은 말복하고도 겹친다. 그리고 5일전 8월 2일은 칠석일도 들었습니다. 칠석일은 전국의 각 사암에서 칠석불공을 올리기도 합니다.

여름이 지나고 가을에 접어들었음을 절후로 알리는 때입니다. 이날부터 동지까지를 가을이라고 하지만 이것은 절기상의 표현이고 실제는 뚜렷하게 실감으로 나타나는 것은 아닙니다.

입추에 하늘이 청명하면 만곡이 풍년이고 비가 조금 내리면 길하고 많이 내리면 벼가 상한다고 합니다.

16) 처서處暑

처서는 입추와 백로 사이에 들어 신선한 가을을 맞이하게 된다는 뜻입니다. 즉, 더위가 그친다는 뜻에서 붙여진 이름입니다.

처서가 지나면 풀이 더 이상 성장하지 않기 때문에 논두렁의 풀을 깎거나 산소를 찾아 벌초를 합니다.

17) 백로白露

가을이 본격적으로 시작하는 시기입니다. 올해는 9월 8일로서 음력 8월 보름 추석절과 겹쳐집니다. 맑은 날씨가 계속되며 벼를 찬바람이 불기전인 백로 전에 베어야 수확량이 줄어들지 않는다고하는데 추석절이 지나고도 벼 베기를하는 경우도 다반사입니다.

18) 추분秋分

올해의 추분은 양력 9월 23일입니다. 천문학적으로 태양이 황경 180도의 추분정을 통과하여 이로 인해서 낮과 밤의 길이가 같아집니다. 추분에는 벼락이 사라지고 벌레는 땅속으로 숨어들고 물이 마르기 시작합니다.

추분에 부는 바람을 보고 이듬해 농사를 점치는 풍습이 있는데 이날 건조한 바람이 불면 다음에 태풍이 든다고 생각하고들 합니다.

19) 한로寒露

절기로 찬이슬이 맺히기 시작한다는 뜻입니다. 한로는 양력으로 10월 8일입니다. 농촌은 오곡백화를 수확하기 위해 타작이 한창인 때입니다. 아름다운 가을 단풍이 짙어지고 제비같은 여름새와 기러기같은 겨울새가 교체되는 시기입니다. 이 무렵에 서민들은 시식으로 추어탕을 즐겨먹습니다. 미꾸라지가 가을에 누렇게 살찌는 고기라하여 미꾸라지 추어라고 합니다.

20) 상강霜降

이 시기는 가을의 쾌청한 날씨가 계속되는 대신에 밤기온이 매우 낮아지는 때입니다. 따라서 수증기가 지표에서 엉켜 서리가 내리며, 계속 온도가 낮아지면서 첫얼음이 얼기도 합니다.

21) 입동立冬

이날부터 겨울이 시작된다고 하여 입동이라고 합니다. 양력으로는 11월 7일 음력으로는 9월 보름입니다. 서리가 내린다는 상강 후 약 15일째 되는 날입니다. 그러니 첫눈이 내린다는 소설전 15일입니다. 예전에는 농가에서 고사를 많이 지냈습니다.

대게 음력으로 10월 10일에서 30일 사이에 날을 받아 햇곡식으로 시루떡을 하여 곳간이나 마루 그리고 소를 기르는 외양간에서 고사를 지냈습니다. 고사를 지낸 음식물을 농사철에 애를 쓴 소에게 가져다주며 기도하고 이웃들 간에 나누어 먹기도 했습니다.

22) 소설小雪

이날 첫눈이 내린다고하여 소설이라고 합니다. 양력으로는 11월 22일이며 음력으로는 10월에 듭니다.

한겨울은 아니고 아직은 따뜻한 햇살이 비치므로 소춘이라고 부르기도 합니다. 이때의 평균기온이 5도 이하로 내려가면서 첫 추위가 오기 시작합니다. 초순의 홑바지가 하순의 솜바지로 바뀐다는 속담이 전할 정도로 날씨가 급강하하는 계절이기도 합니다.

23) 대설大雪

눈이 가장 많이 내린다는 뜻에서 붙여진 이름인데 대설과 관련된 속담으로는 눈은 보리의 이불이다는 말이 있습니다.

눈이 많이 내리면 눈이 보리를 보온 역할을 하므로 동해를 적세 입어 보리풍년이 든다는 의미이나 요즘은 보리농사를 거의 짓지 않는 경우가 많습니다.

24) 동지冬至

24절기 중 마지막인 동지는 해마다 양력으로는 12월 22일이 고정일입니다. 예부터 동지는 작은설이라해서 아세라고도 하는데 이 날의 시식인 팥죽을 쑤어 수재 풍재 화재의 대 삼재와 재난, 질병, 기근의 소삼재, 그리고 겨울에 감기나 여름에 더위를 타지 않는다고해서 세 집을 돌며 팥죽을 얻어먹으면 장수한다고 믿었습니다.

그래서 팥죽속의 새알을 먹지않으면 한해 나이를 먹지 않는다는 옛 구전도 전해지고 있습니다. 동지가 지나 열흘쯤이면 해가 하루에 노루꼬리만큼씩 길어진다는 동지의 속담도 있습니다. 실제로 길어지는 것 같습니다.

 알아두면 유익한 절기

절기명	의 미	날짜(양력)
소한小寒	한기가 차차 강해짐	1월 5,6,7일
대한大寒	엄동기에 들어감	1월 20,21일
입춘立春	봄기운이 돌기 시작함	2월 3,4,5일
우수雨水	빙설이 녹고 우수가 옴	2월 18,19,20일
경칩驚蟄	겨울동안 동면 중인 벌레들이 구멍을 뚫고 나오기 시작함	3월 5,6일
춘분春分	봄의 중간이고 주야의 시간이 동일함	3월 20,21,22일
청명淸明	초목이 새로 나오고 풍광이 맑아짐	4월 4,5일
곡우穀雨	백곡이 봄비에 젖음	4월 4,5일
입하立夏	여름 기운이 돌기 시작함	5월 5,6일
소만小滿	햇빛이 성하여 만들이 화창함	5월 20,21일
망종芒種	보리를 거두며 벼를 심게 됨	6월 5,6일
하지夏至	여름의 중간이고 태양이 가장 북쪽에 있음	6월 21,22,23일
소서小暑	더욱 더운 열이남	7월 6,7,8일
대서大暑	제일 더움을 느끼게 됨	7월 22,23일
입추立秋	가을 기운이 돌기 시작함	8월 7,8일
처서處暑	더움이 점점 약해져 감	8월 22,23일
백로白露	공기가 식어지고 이슬이 흰색으로 보임	9월 7,8일
추분秋分	가을의 중간이고 주야의 시간이 동일함	9월 22,23,24일
한로寒露	공기가 차고 이슬은 풀에 무겁게 맺힘	10월 7,8일
상강霜降	서리가 오기 시작함	10월 23,24일
입동立冬	겨울이 닥쳐 옴	11월 7,8일
소설小雪	차차 차가운 기운이 돌고 눈을 볼 수 있음	11월 22,23일
대설大雪	눈이 많이 내리고 기온이 점차 내려감	12월 6,7일
동지冬至	겨울의 중간이고 태양이 가장 남쪽에 있음	12월 21,22,23일

3부

이야기 문으로 들어가다

임종臨終

사람은 누구나 죽는다. 이는 거역할 수 없는 사실이다. 사람뿐 만이 아니다. 이 세상 이 지구상의 모든 생명체들은 언젠가 죽는다. 이 사실을 부인할 사람은 아무도 없다. 누군가는 이렇게 말했다. 꽃이 아름다운 이유는 언젠가는 시기 때문이라고 말이다. 이처럼 새 생명의 탄생과 죽음은 삶에서 떼어낼 수 없는 자연스러운 과정이지만 우리는 죽음에 대해서 이야기하는 것을 터부시하는 문화 속에서, 삶의 여정이 마지막인 죽음을 준비하지 못한 채 생을 끝내는 경우가 많다.

특히 부모가 병원에서 투병하는 경우에는 마지막까지 적극적으로 치료하지 않으면 자식 된 도리를 다 하지 못하는 불효의 죄책감으로 인해 사실은 더 이상 가망이 없는 경우에도 심폐소생술, 과도한 항생제투여, 승압제 사용 등을 의사에게 당부하는 경우가 대부분이다.

얼마 전 세간에서 또한 학자들 간에 이러한 가망 없는 환자에 대한 자연사에 관한 문제로 갑론을 박하는 눈쟁을 TV 화면에서 보았다.

환자 본인의 의사에 의해 편안한 죽음을 택할 수 있게 해야 한다는 논리와 환자 본인의 의사에 의해 편안한 죽음을 택할 수 있게 해야 한다는 논리와 인간의 존엄사 문제를 심도 있게 논의하는 과정에서의 필자의 소견을 피력하자면 전자의 논리에 손을 들고 싶다. 자식 된 도리의 효도도 좋지만 이미 소생할 수 없다는 의사의 판정이 났다면 그 이후의 생명연장을 위한 물리적인 치료는 오히려 환자에게 더 긴 고통을 안겨줄 뿐이며 가족들에게도 터무니없는 경제적 압박마저 주는 행위라는 것이다.

그래서 근간에 의료계에서나 정부 측에서 추진하고 있는 호스피스 병동 증설과 말기 중병 환자들의 삶을 잘 마무리 하도록 도와주는 '호스피스완화의료'의 훈련된 의사오 간호사, 사회복지사 나 또는 성직자들이 완치가능성이 없는 환자의 통증을 덜어주고 인생의 마지막을 잘 정리할 수 있도록 돕는 의료를 말하는 것인데, 마침, 금전(2016년) 1월에 호스피스완화의료 및 임종과정에 있는 환자의 연명으료 결정에 관한 법률(일명, 존업사법)이 통과돼 품위 있는 죽음이 중요한 정책영역으로 자리 잡게 되었음은 늦은 감은 있지만 실로 다행한 일이다.

본래 '호스피스'라는 말의 어원은 라틴어의 호스피탈리스hospitalis와 호스피티움hospitum에서 기원됐다.

원래 호스피탈리스는 '주인'을 뜻하는 호스페스hospes와 '치료하는 병원'을 뜻하는 호스피탈hospita의 복합어로서, 주인과 손님 사이의 따뜻한 마음과 그러한 마음을 표현하는 '장소'의 뜻을 지닌 '호스피티움'이라는 말에서 변형된 것이다.

살다보니 우리가 살면서 죽는다. 산다. 이게 뭐 그렇게 대단한 겁니까? 이 세상에 태어났으면 한번 죽기는 마찬가진데 두려움도 무서움도 우울함도 나를 버리는 비참함도 불안함도 고통도 아무것도 없는 것을…

어떠한 문제라도 한 생각에 완화가 되고 뒤집어지기도 한다.

사람들은 어떻게 죽음을 맞이하는가? How we dief에서 다들 이렇게 한탄한다. 우리 모두는 태어나면서부터 나이를 먹는다는 삶의 비극을 피할 길도 없다. 어느 누구라도 사람이라면 이 사실을 이해하고 받아들이기도 한다.

병이 매우 깊어졌을 때 병문안 온 후배에게 이렇게 말했다. "나 60년 살았지? 하지만 일과 여행놀이를 다른 사람들보다 아마도 두 배는 한 것, 같으니 120세까지 산 셈이지."

의학의 힘으로 최선을 다해 여기저기보수하고 기워가며 유지를 하다가 신체기능이 종합적으로 무너지게 되면 죽음에 이르는 것이다. 즉 견딜 수 있는 사용할 수 있는 기가 다 소진되고나면 죽는 것이다. 누구라도 그렇다. 내 몸속에 기가 조금이라도 남아았으면 심작이 멎지 않는다.

나이가 든다는 것은 즉 노화한다는 것은 우리 몸에 각 부품이 노쇠해진다는 의미이다. 세기의 학자들은 인체를 소, 우주라고 말한다. 우리 몸 속에는 수억 개의 DNA를 수선하는 장치가 있다고 한다. 주요 유전자에 매우 큰 손상이 가더라도 보통은 근처에 여러분의 복사본 DNA가 존재한다. 그리고 세포 전체가 죽을 경우 또 다른 세포가 복잡한 시스템안의 결함이 점차로 늘어나면 결국 한군데만 더 고장 나도 시스템 전체를 악화 시키는 시점이 온다는 것이다.

노화라는 주제를 많은 사람들이 꺼리는 경향이 있는데 나이 드는 것을 주제로 한 베스트셀러가 수십 권 쯤 되지만 대개는 제목들이 죽어가는 과정을 묘사했거나, 이렇게 해서 내년에는 더 젊게, 나이의 샘물, 불로장생, 같은 식이다. 하지만 꼭 필요한 죽음직전의 과정과 사후세계에 관하여는 서술한 책이 거의 드물다. 본래 필자의 화두話頭가 '사후세계死後世界'였는데 스님 생활 30년이 지났건만 아직도 그 화두를 깨치지 못하고 있다.

노령화에 대한 정부시책도 한번쯤 화두에 올려볼만하다. 죽음 직전의 환자 이미 사망을 며칠 앞둔 불치병 환자들의 '호스피스' 병동의 전문 의료진의 충원과 시설 확충 등 많은 정책 결정이 절실히 필요한 것도 사실이다.

65세 이상의 노인 인구를 수요할 수 있는 시스템이 아직은 미흡한 것도 사실이다. 여러 가지 활동 여건을 감안해 노인의 법적 연령 제한선도 65세가 아닌 70세로 상향 조정해야 된다는 개인적인 필자의 주장이 아닌 대부분의 여론 형성이다.

잘 죽는 기술, 즉 "아르스모리엔디"〈arsmorindi〉이라 이 또한 무슨 소린고?

어떻게 죽을 것인가? 하는 문제.

호스피스 병동에 갈려면 6개월 이상은 살지 못할 자라는 사실을 확인하는 서류에 담당의사가 서명해야한다는 사실을 아는지. 모르는지.

잉태孕胎

식물은 땅에서 발화하여 싹을 틔웁니다.

예쁜 새싹을 보고 뽑고 싶은 충동을 느끼는 사람은 아마도 드물 것입니다.

어디서 발화했으며 싹을 틔워 자라나 현 세상을 보게 되었나요.

하늘보다 더 높고 바다보다 더 깊은 사랑으로 당신들을 잉태시켜 키워주신 곳이 바로 어미의 배 속 자궁에서 당신의 아버지, 어머니가 발화시킨 씨앗이 엄마의 배 속에서 발화되고 자리잡아 태반을 받아 어미의 영양분을 받아먹고 10개월 동안 자라서 세상에 태어난 것입니다.

조선 후기의 태교지침서인 태교신기 중에는

사교십년 미약모시월지육(師敎十年 未若母十月之育)

즉, 스승의 10년 가르침이 어미의 배 속에 열달간 가르친 것만 못하다는 구절이 있습니다.

논어에 공자왈 생이지지자는 상야요 학이지지자는 차야요 곤이학지는 우기차야니 곤이불학이면 민사위하의니라

(孔子曰 生而知之者 上也 學而知之者 次也 困而學之 又其次也 困而不學 民斯爲下矣)

모두들 세상을 바꾸려고들 하고는 있으면서도 정작 스스로를 바꾸려하지 않습니다.

이런 것이 문제가 되는 것입니다.

때로는 기름과 물을 섞어주는 계면활성제같은 역할입니다.

그러나 성욕이라는 본능으로 때로는 사랑이라는 이름으로 남녀간 씨앗을 발화시켜 여인의 자궁에 인연을 맺어 자리하게해 놓고서 그 책임을 못지게됨은 커다란 죄를 짓게되는 것입니다.

임신을 하게 되면 좋은 것만 보고 이로운 것만 먹고 좋은 말과 아름다운 이야기만하고 들어야 함은 물론입니다. 생각마저도 긍정적으로 생각하며 매사를 즐겁게 주변 환경을 조성함이 태아에 미치는 영향력이 얼마나 중요한 것인지에 대하여는 자식을 낳아보지 못하고 키워보지 않은 사람은 아마도 모를 것입니다.

또한 반대로 출산을 해본 사람은 모르는 사람이 없을 것입니다.

의학계의 전문의들은 태아가 10개월 동안 어미의 배 속에 머물면서 밖에서 일어나는 모든 상황을 다 감지하고 있다는 것입니다.

그러기에 태중 유산이나 태사령도 원한이 되어 태어나고 싶어서 발버둥쳐도 부모에 의해 제거되고 태어나지 못했다면 그 원혼은 상상하기 힘들 정도로 매섭고 무서우리만큼 한풀이를 겪게 된다는 이치인 것입니다.

현재 우리들이 겪고 있는 많은 질병 중에 수자령에 의해 발병된다는 것을 한번쯤 생각해봐야 될 것입니다.

화병火病

간은 화를 내거나 강한 스트레스를 받으면 뇌에서 노르아드레날린이라는 강력한 혈압상승제 역할을 하는 물질(신경전달물질)이 분비된다고 하루야마 시게오라는 일본의 동양 의학박사의 저서 '뇌내혁명'에서 밝히고 있습니다. 이 물질은 호르몬의 일종인데 극렬한 독성을 갖고 있다고 합니다.

자연계에 있는 독으로는 독뱀 다음으로 그 독성이 강하다고 합니다. 화를 내거나 스트레스를 자주 받으면 이 호르몬의 독성 때문에 노화가 척진되어 오래 살 수 없게 되는 것이라고 말하고 있습니다.

반대로 기분이 좋다고 생각하면 베타엔돌핀을 분비하게되는데 두가지 중에 어느 것이 우리 신체에 좋은지는 새삼 거론할 필요가 없을 것입니다.

뇌속의 모르핀은 노화를 방지하고 자연 치유력을 높여주는 뛰어난 약리 효과를 갖고 있다고 합니다. 어떤 일이든 마음가짐 하나에 따라 몸이 좋아지기도하고 나빠지기도 한다는 사실이 의학적으로 증명된 것입니다. 그러기에 뇌내에서 이 독성의 호르몬이 방출되면 혈압이 막히는 역할을 하여 울체되어 있는 모든 화의 근원을 뚫어주지 못하면 이것이 울체되어 전 세계적으로 한국인에게만 있다는 화병이 생기게 되는 것입니다.

뇌에 있는 굵은 혈관이 막히게 되면 병명은 뇌경색(뇌의 동맥이나 정맥의 폐색으로인해 허혈성 괴사가 일어나는 현상)이고 혈관이 막히면 기억상실 및 치매현상을 일으키게 된다고 합니다.

성인병의 발명은 대부분 혈관이 막히면 기억상실 및 치매현상을 일으키게 된다고 합니다. 성인병의 발병은 대부분 혈관이 막히는데서 시작하는데 체내 모르핀은 혈액순환을 원활하게 하는 작용을 하므로 종식에는 성인병을 예방 혹은 치유하는 효능을 발휘하는 것입니다. 즉 인간은 그어떤 약보다도 우수한 제약 공장을 몸속에 지니고 있다는 것이며 인체는 스스로 자정의 기관을 소유하고 있다는 것입니다.

마음가짐에 따라 다르게 생성되는 채내 물질이란 것이 도대체 무엇입니까?

호르몬으로 알려진 물질이 바로 그것인데, 이 가운데에서 마음먹기에따라 좌우되는 주요 호르몬으로는 아드레날린, 노르아드레날린, 그리고 베타 엔돌핀 등을 들 수 있습니다. 화를 내거나 긴장하면 뇌에서는 노르아드레날린을 분비하고 공포감을 느끼면 아드레날린을 분비하며 뇌에서 내린 지령을 세포에 전달하는 물질입니다.

가령 분노하는 정보가 전달되면 육체는 경계태세로 돌변하면서 매우 활동적인 상태로 변하게 됩니다.

마음은 무엇인가?

육신은 무엇인가?

우리 인간은 뛰어난 자연 치유능력을 가지고있는데 그것은 면역이라는 사실을 오래전부터 잘 알려져 왔습니다. 지금까지 우리는 마음과 면역기능은 전혀 아무 상관도 없는 별개의 존재라고 생각해 왔습니다. 그러나 실제로 인간의 육체와 마음은 하나의 개체라고 표현해도 좋을 정도로 서로 밀접하게 연관되어있는 것입니다.

뇌 안의 모르핀은 1983년에 영국의 과학 잡지(네이처)를 통해 최초로 소개가 되는데 추상적인 존재를 과학의 눈으로 바라볼 수 있게 된 커다란 진보입니다.

인체가 분비하는 호르몬은 현재 200여 종에 달하는 것으로 알려져 있습니다.

세계보건기구는 다음과 같은 유명한 정의를 내렸습니다.

알파 건강이란 단순히 질병에 걸리지 않거나 병약하지 않은 상태를 뜻하는 것 뿐만 아니라, 신체적 정신적 사회적으로도 안전한 상태를 의미한다는 것이라고 합니다.

책상 앞에 앉아서 이론적으로 생각하려고 애쓰지 말고 몸을 주기적으로 움직이면서 좌뇌를 진정시키면서 모든 기억이 담겨있는 무의식의 메시지에 귀를 기울여야 합니다. 그러다 보면 자신이 경험한 일체의 기억은 물론 DNA에 새겨진 선조의 지혜까지 뒤썩여있는 무의식의 세계(제 5아뢰야식)에 들어가게 되며 이런 경지에 돌입될 적에 뇌파는 알파파 상태가 되며 뇌내의 모르핀이 충분히 분비된다는 사실을 현대 과학은 증명해보이고 있는 것입니다.

아인슈타인 박사 연구자료에 의하면 뇌파를 측정한결과 계산이 잘될적에는 뇌파가 알파파 상태이고 그렇지못한 순간에는 베타파로 바뀌었다고 합니다.

뇌의 계산 기능은 좌뇌이며, 알파파가 방출되고 있다고 하지만 실은 우뇌가 주체가 된다는 것을 의미합니다. 우뇌는 선천 뇌라고하며 갓 태어난 아기가 엄마의 젖을 빨 수 있는 이유는 선천뇌에 그 본능이 입력되어 있기 때문입니다. 비슷한 예로 전생에서 겪은 일을 기억하는 사람도 이것 역시 선천뇌에 담겨있는 기억이 의식 표면에 나타나는 현상이라 할 수 있는 것입니다.

이런 것들을 보건데 우리같은 보통 사람들에게도 놀라운 능력이 잠재되어 있을 가능성이 있다는 걸 의미합니다. 그러한 잠재성을 현실적으로 의식 표면에 나타낼 수 있음은 기도나 명상 또는 편안한 수면을 통해 체험할 수 있을 것입니다. 세계보건기구의 재미있는 실험을 소개합니다.

일을 왕성하게 할 수 있는 건강한 사람에게 일을 시키지 않고 시간과 충분한 돈을 제공하여 마음껏 놀게 한 결과 얼마 안 가서 성인병에 걸리게 됩니다. 열심히 일을 좋아하고 거기에서 보람을 느끼게 되면 일 그 자체가 뇌내 모르핀을 분비하는 계기가 되는 것입니다.

또한 하나의 예는 장수하는 사람의 공통점과 비결이 있다는 것입니다.

그 첫 번째로

1) 음식을 가리지 않고 무엇이든지 잘 먹는다.

2) 식사량을 정량의 80% 정도로 억제한다는 것.

3)동물성 음식을 가급적 과다섭취하지 말고 야채를 많이 먹는다는 것.

4)몸을 많이 움직여 주는 것 등입니다.

여기에서 매우 조심해야될 사항은 동물성 지방은 물론이려니와 식물성 지방도 과다하게 섭취하면 좋지않다는 사실입니다.

왜냐하면 식물성 기름에는 불포화 지방산이 많아서 체내에서 활성산소와 합성되어 몸을 산화시키고 세포막을 상하게하는 특성을 가지고 있기때문이라고 합니다.

그 두 번째의 조건을 들자면.

인체의 혈관이 막히는 현상을 예방하는 일입니다. 흔히들 말하는 성인병은 대부분 혈관의 이상에서 시작된다고 합니다. 당뇨병이나 통풍, 고혈압이나 동맥경화도 결국에는 혈관의 막힘으로 인해서 생기는 병입니다. 그러면 혈관을 막히게하는 원인을 어떻게 하면 막을수 있을까?

이는 지방의 섭취를 줄여야 한다는 것이다. 콜레스테롤이나 중성지방은 혈관에 쌓이는 특성이 있다고 하니 조심해야 될 부분입니다.

그 세 번째의 조건은

뇌를 활성화 시키는 것입니다. 인간의 모든 활동은 뇌의 명령을 받습니다. 면역체의 기능 역시 뇌의 통제를 받습니다. 따라서 뇌를 쇠퇴시킨다는 것은 건강을 악화시킨다는 것과도 일맥상통합니다.

그저 오래산다는 그 자체가 중요한 것이 아닙니다. 건강하고 맑은 정신으로 안전하게 사는 것이 중요합니다. 식물인간이 되어 병원에서 인위적으로 수명을 연장시키면서 더 오래토록 숨만 쉰다고 해서 무슨 삶의 의미가 있겠습니까?

현재 우리나라는 세계에서 제일 빠르게 고령화 사회로 접어든 나라입니다. 결국에는 고령화가 사회적 문제로 조금씩 파생되고 있는 실정입니다. 고령화 사회가 되면 사회도 힘들고 국가도 힘들게 되지만 그러나 꼭 그렇다고는 볼 수는 없습니다. 사회의 제일선에서 물러났을 뿐이지 그렇다고 노인들이 그렇게 나약한 존재만은 아닙니다. 이들은 인생 경험이 풍부한 선배로서 사회를 발전시키는데 필요한 존재이기도합니다.

노동적 체력이 필요한 부분에는 젊은이들이 담당하고 고령자들은 경험이 필요한 일을 담당케하는 정부의 실천 계획만 있으면 걱정을 덜 수도 있습니다.

이런 역할분담이 가능하려면 노인도 역시나 건강한 육체와 맑은 정신을 가지고 있어야 되겠기에 이렇게 볼 때, 노인들은 자신은 물론이고 사회를 위해서라도 오랫동안 건강하게 살아야할 의무가 생기게 되는 것입니다.

무공無空의 힘

오늘날 진공에너지는 천체 물리학의 첨단연구 분야 가운데 하나로 간주됩니다.

한 이론에 따르면 진공이 물질을 만들고 따라서 빅뱅이 바로 무에서 비롯되었을 수도 있나고 합니나. 텅 비어있음은 동양사상의 중요한 개념이기도 합니다. 힌두교와 불교는 모든 중생의 미혹한 생각을 벗어난 상태를 일컬어 진공이라고 합니다.

현대의 물리학자들은 우주의 총 에너지 가운데 70%는 진공 속에 있고 30%만이 물질 속에 있다고 추산해 내기도 했습니다.

처음에는 아무것도 존재하지 않았습니다. 태초에는 무가 있었습니다. 어떠한 빛도 어둠도 흩뜨리지 않았고 어떠한 소리도 고요를 깨뜨리지 않았습니다. 적막의 느낌도 없었습니다. 도처에 공허가 가득했을 뿐입니다.

최초의 힘인 중성의 힘이 지배하던 때입니다. 주변의 모든 것을 빨아들입니다. 너무나 세차게 흡수하기 시작합니다. 이때를 무극의 상태인 블랙홀이라고 합니다. 그리고 그 공허는 무엇인가가 되기를 꿈꾸고 있었습니다.

무한한 우주공간 한복판에 하얀 알 하나가 나타났습니다. 무엇인가를 꿈꾸던 알의 본능은 모든 가능성과 모든 희망을 품고 있는 우주 알이었습니다. 이 알에 금이가기 시작했습니다. 그리고 펑하며 폭발했습니다. 빅뱅이다.

평창하고 더 넓게 확장합니다. 그때를 일컬어 태극이라고 합니다. 그리고 돌기 시작합니다. 양은 시계방향으로 음은 그 반대로 계속 회전하면서 돕니다. 혼돈의 시기입니다.

바로 음과 양이 탄생하는 순간입니다.

시원의 알을 싸고 있던 껍질은 두 번째 힘인 분열의 힘에 의해서 288개의 조각으로 부서졌습니다. 우주의 알이 폭발할 때 빛과 열기가 분출했고 먼지가 크게 일어 어둠속에서 반짝이는 가루로 퍼져나갔으나 빅뱅입니다. 하나의 우주가 탄생한 것입니다.

그리고 음과 양이 생기고 시간이 흐르기 시작했습니다. 그 작은 입자들은 널리 퍼져나가면서 시간을 공간에 맞춰 목, 화, 토, 금, 수의 오행을 만들고 알지 못하는 작은 입자들은 동식물의 생명을 만듭니다.

태초에도 그랬습니다. 무와 공이 있었을 뿐입니다. 빅뱅에서 몇 초가 지나자 일부 입자들이 한데 합쳐지기 시작했습니다.

세 번째의 힘인 결합의 힘에 이끌린 것입니다. 중성의 힘을 나타내는 중성자들이 양전자를 지닌 양성자들과 결합하여 원자핵을 형성합니다. 위의 세가지 힘이 합쳐 어우러져 원자가 출현함으로써 에너지는 물질로 변합니다.

이것이 만물의 진화 과정에서 나타난 첫 번째 도약입니다. 하지만 이 물질은 더 높은 단계를 꿈꾸고 있습니다. 그리하여 생명이란 것이 나타났습니다. 생명은 우주의 새로운 경험입니다.

이 생명은 분열과 중성, 결합이라는 세가지 힘의 자취를 우주의 심장에 새겼습니다.

그것이 바로 DNA입니다.

세계는 알로 시작해서 알로 끝납니다.

고대 이집트의 가장 오래된 우주창조 신화에서는 하늘과 땅의 창조가 태양과 생명의 씨앗을 품고 있던 우주알이 깨지면서 이루어진 것으로 묘사되있다고 합니나.

힌두교의 서사시에도 태초의 천지창조에 앞서 우주 알(브라만다)가 있었다는 기록이 있습니다.

또한, 중국의 천지창조 신화에도 하늘과 땅은 달걀과 뒤섞여 있었다고 하며 밝고 맑은 것은 위로 올라가서 천계가 되고 어둡고 흐린 것은 아래로 가라앉아 땅이 되었으며 그 사이에 반고가 생겨났다고 기록하고 있습니다.

유대교 신비주의 전승인 카발라에서는 우주가 288조각으로 깨진 하나의 알에서 생겨났다고 생각합니다. 이러한 난생 신화는 한국과 필란드와 슬라브족과 페니키아의 신화에서도 찾아볼 수 있습니다.

초광속 인간

우리가 죽는 순간 살았을 때, 우리의 의식은 육신에서 빠져나가 초 의식이되고 우리가 살던 세계보다도 더 진화된 다른 차원의 세계 즉, 타키온의 시 종간에 합류하리라고 생각합니다.

바꾸어 말하면 과거와 현재와 미래가 하나가 될 수 있고 또한 초광속의 차원에서는 우리의 전생과 내생이 모두 현생과 동시에 전개된다고 합니다.

타키온이란 빛의 속도보다 빠른 초광속계를 일컫는 말입니다.

그런데 타키온이라는 입자로 구성된 초광속보다도 더빠른 것은 우주의 원리에 관한 진정한 깨달음을 통해서 생각하는 우리 인간의 의식의 속도가 빨라서 타키온을 능가할 수 있다는 것입니다.

굳이 말하자면 인간이 지닌 본체의 마음이라고 할까? 이 마음은 0.1초 동안에 지구를 몇바퀴를 돌아도 되는 것이며, 초광속의 타키온보다도 훨씬 빠른 것이 아닐까?

알아야 면장免牆을 하지

배워서 남주냐며 배움을 권장할 적에 쓰는 말 중에 알아야 면장을하지라는 말을 비유적으로 쓰는 경우를 흔히들 볼 수 있습니다.

왜 하필이면 면장일까?

군수노 있고 상관도 있는데 말입니다.

행정기관의 장을 다른데 비유해도 될 것인데, 하필 면장인가?

행정 단위 면의 면장面長이라고 여기는 사람이 많을 것 같습니다. 그러나 사실은 면장面長이 아닌 면장免牆입니다. 즉, 담장을 벗어난다는 뜻입니다.

논어 양화편에 나오는 말인데, 공자께서 아들 백어에게 시경에 나오는 주남과 소남을 공부하였느냐고 물었습니다 주남과 소남을 공부하지 않고서는 담을 마주하고 서 있는 것처럼 앞을 보지 못하고 앞으로 나아가지도 못하리라 말한 것입니다. 즉, 알아야 면장을 한다는 말은 많이 알아야 담을 마주하고 있는 것 같은 답답한 상태에서 벗어난다는 뜻인 것입니다.

어떻게 하면 지식의 바다에서 면장을 할 수가 있을까?

오늘날의 지식은 생산량은 많고 수명이 짧으며 많은 사람들이 공유하고 있습니다.

한 중학생이 직업의 선택에 대한 고민을 지식 검색에 질문하였는데 초등학생이 답한 글이 채택되었다고 합니다. 공자께서도 세 사람이 길을 가면 반드시 나의 스승이 있다고 배움에 대한 겸손을 말씀하셨습니다.

묻고 답함에 있어 나이가 무슨 관계가 있으랴마는 이것은 지식과 정보의 차이 문제인 것 같습니다.

그 초등학생은 정보의 접근에 조금 빨랐을 뿐이지 질문한 중학생보다도 지식이 앞선다고는 볼 수가 없는 것입니다. 정보는 체계화된 자료이지만 그 자체로 지식이 될 수 없고 사실에 의미를 두는 정보를 선별 가공하여 경험이나 판단에 도움을 받을 때 비로소 지식이 되는 것입니다. 배움을 게을리해서는 안되는 이유는 삶의 기로에서 올바른 지식으로 합리적인 선택을 하기 위한 것이 아닐까 싶습니다.

오늘을 살면서 지식에 대해 가져야 할 자세는 무엇이겠습니까?

조선시대 한 문인은 사랑하면 알게 되고, 알게 되면 보이나니, 그 때 보이는 것은 예전과 같지 않으리라 하였습니다.

셰익스피어는 사랑은 새로운 눈을 뜨게 한다고 합니다.

사랑을 하고 있는 사람의 귀는 아무리 낮은 소리라도 다 알아듣게 된다고 말하였습니다.

사랑 없는 지식보다 사랑이 가득한 지식의 바다, 그 속에 살고 싶습니다.

평생 학습원

한 소년이 호숫가에서 헤엄을 치면서 놀다가 그만 발에 쥐가 나서 점점 물속으로 가라앉고 있었다. 있는 힘을 다해 살려달라고 소리치자 그때 마침 윗마을의 가난한 농부의 아들이 아버지의 심부름을 기다가 그 소리를 듣고는 호숫가로 와서 보니 한 소년이 불에서 허우적거리고 있기에 그 시골소년은 물속에 뛰어들어 그 소년을 구했다.

그때부터 두 소년은 가장 친한 친구가 되었다. 그 후 물에 빠졌던 그 소년은 도시로 이사를 가게 되었다. 방학 때마다 도시로 놀러온 시골소년에게 어느날 도시소년은 시골소년에게 너는 장차 무엇이 되고 싶으냐?라고 물었더니, 그러자 시골소년은 대뜸, 의사가 되고 싶다고 했다. 시골소년은 그렇게 대답은 했지만 실제로는 언제나 모질게도 가난한 시골소년의 형편으로는 이루기 불가능하다는 생각이 들었다.

시골소년과 헤어진 도시소년은 자신의 아버지를 설득하여 시골소년이 도시에서 자신의 꿈을 펼칠 수 있도록 늘 공부를 할 수 있도록 해 주었다.

친구의 우정에 감동한 시골소년은 열심히 공부하여 의대를 졸업한 후 훌륭한 의사가 되었다.

그 시골 소년이 바로 '페니실'이라는 경이적인 의약품을 발견하여 여러 수천 수억만 명의 사람들을 질병으로부터 구해낸 '안렉산더 플래밍'이다.

그이 친구였던 도시 소년도 열심히 공부하여 자기분야에서 성공한 사람이 되었다. 그가 바로 영국의 전 총리 '윈스턴 처칠'이었다. 제2차 세계대전 중에 폐렴에 걸려 생명에 빨간불이 켜진 '처칠'에게 플레밍의 페니실린은 생명줄이 되었고 이렇게 두 사람의 우정은 덕을 서로 주고 갚으며 더욱 깊어만 졌다는 사실을 경기대학교 평생교육원장 '이택호' 박사의 '죽기 전에 더 늦기 전에 반드시 해야 할 42가지'란 책 속에서 밝히고 있다.

공자가 말하기를 인간의 최고 미덕은 겸손謙遜이라 했다. 중국 주나라의 정치가 주공周公은 하늘의 도는 자만하는 자를 멸하고 겸허한 자를 이롭게 하며 땅의 도는 자만한 자를 어지럽히고 겸허한 자에게 순응한다. 귀신은 자만한 자를 해치고 겸허한 자에게 복을 내리며 사람은 자만한 자를 싫어하고 겸허한 자를 좋아한다고 했다.

화를 푸는 기술은

20세기를 훌쩍 넘어선 현세에 동양의학에서는 인간의 수명이 120세이지만 섭생이나 양생을 잘 못해서 수명이 짧아졌다고 하는 반면에 현대 의학계에서는 현대적 의학의 기술을 바탕으로 적절하게만 치료한다면 120세까지 사는 것이 가능하다고 언급한 점에서 차이가 날 뿐이다.

동양의학에서 본래의 인간수명이 120세라고 했는데 그렇다면 무엇이 수명을 단축시키는 것일까?

그것은 바로 노여움 때문이라고 한다. 노여움이란 분함에서 오고 그것을 밖으로 표출하지 못하고 참고 삭이게 되면 그 분노가 내 몸속에 울체되어(차족차곡쌓이다) 결국에는 화병이 된다는 것이다.

화병은 미국 같은 선진국에는 없고 유독 우리나라에만 있다는 것인데 보통 우리네 국민들의 습성은 싸움은 말리고 흥정은 부추기라는 말이 있듯이 분을 김당 못하는 상내에세 낭신이 좀 참어소마… 그냥 미친개에게 물린 샘치고 참으라고만 달래지, 그 노여움을 풀지 못하게 부채질은 아니하는 게, 우리네 이웃들의 풍속이지 않은가?

유럽에서는 화가 치밀고 분노가 극에 달할 때는 그 이상으로 고함을 치고 고성방가로 욕설도 하며 허공 중에다 대고 최악의 대본을 날뛰라고 한다니 나라마다 민족마다 다 틀리는 풍습이로다.

부처는 마음에 원한을 품는 것은 다른 사람에게 던지려고 뜨거운 석탄을 손에 쥐고 있는 것과 마찬가지다. 화상을 입는 것은 자기 자신이다라고 말했다. 항상 초조하게 만들고 바둥바둥거리게 만들 뿐이다. 올 살고 싶으면 분노를 삭이는 지혜가 꼭 필요하다.

고대 그리스의 철학자 '아리스토텔레스'라는 분노를 삭이는 5가지를 애기했는데 첫 번째는 잠시 생각하는 시간을 갖는 것이고 두 번째는 종이 한 장을 꺼내서 무슨 글이나 욕설이나 접어서 학을 만든다던지 아니면 아궁이에 넣어서 태워버린다던지 가위로 잘게 잘

라버린다던지. 세 번째는 나의 몸을 계속 움직이는 것이다. 운동을 하던지 여하간 어떤 일에 몰입을 하는 것이다. 네 번째는 지난 추억을 가려낸다던지 앨범이라고 꺼내보라 아니면 스마트폰에서 동영상을 보던지. 5째는 위에서의 4가지로도 별로 신통치 못하다면 전문가를 찾아가 상담을 해 보는 것도 방법일 될 것이다.

요즘 인생 상담소가 얼마나 뜨는지 모를 거야? 뭐라고 했노? 무타로상담도 있다며? 심리학 상담소를 말하는가 보다.

인도의 철학자 '오쇼라즈니쉬'는 아는 자가 아니라 배우려는 자가 되라고 강조했다.

삶은 새로운 것을 받아들일 때 발전하는 것이라고 요즘은 전국적으로 대학이나 지방자치단체나 문화원 같은 곳도 아니면 대기업들조차도 그리고 대형 백화점에서 평생 교육원을 개강하고 있는 실정이다.

어느 날,

한 지방대학 평생교육원의 중국어 강좌에 신학기 등록을 하기 위해 70대의 할머니 한 분이 찾아왔다. 수강등록을 접수하는 담당 안내원이 선량한 어조로 물었다.

할머니 자녀분을 대신해서 등록하려오셨나 봐요?

자녀분 성함이 어떻게 되세요?

아니요, 내가 직접 중국어를 배우려고 하는데요?

접수부 직원이 놀란 표정을 짓자. 78세의 할머니는 이렇게 말했다.

글쎄, 우리 아들이 이번에 늦장가를 갔는데 중국 처녀한테 갔어.

예. 그래서 며느리하고 말이 통하지 않으니 대화를 하려면 내가 중국말을 배우는 수밖에 더 있어 예?

실례지만 할머니 연세가 금년에 어떻게 되시나요?

일흔여덟이지요.

할머니께서 며느리하고 말이 통할 정도로 배우려면 한 2년 정도는 배워야 하는데 그때가 되면 할머니 연세가 여든이 되실텐데요?

그러자 할머니는 빙그레 웃으면서 말했다.

만약 그 2년 동안 내가 아무것도 아니한다고 해서 내 나이가 계속 일흔여덟에 머물러 있을까요? 내 나이가 어때서?

향학열은 결국 젊음을 유지시켜주는 활명수다. 미국의 경영학자 '피터드러커'는 평생학습은 당신을 젊게 할 것이다. 평생학습을 하게 되면 뇌 세포가 늙지 않는다.

뇌 세포가 건강하면 우리 육체도 건강을 유지할 수 있다는 것이다고 그는 절대적인 요소임을 강조했다.

내 나이가 어때서. 야. 야. 야. 내 나이가 어때서/ 사랑의 나이가 있나요/ 마음은 하나요. 느낌도 하나요./ 그대만이 정말 내 사랑인데/ 눈물 이 나네요. 내 나이가 어때서/ 사랑하기 딱 좋은 나인데/ 어느 날 우연히 거울 속에 비춰진/ 내 모습을 바라보면서 세월아 비켜라/ 내 나이가 어때서 사랑하기 딱 좋은 나인데/

사랑하기 딱 좋은 나인데

7, 8십대 노인네들의 유행가다. 그래 맞아 건강을 유지하는 데는 나이하고 상관없이 건강할 적에 건강을 지키는 것이야. 평생 교육

원이야 말로 건강을 유지하고 지키는데 분명히 일조를 하고 있다고 필자는 믿는 것이다.

요즘 세간에 선풍적으로 유행하는 〈가서 전해라〉가 히트를 치고 있으니 가서 전해라.

할 것 다 해보고 갈 터이니 재촉 마라 전해라.

설문설답設問設答

기문둔갑奇門遁甲이란 무엇을 말함인가?

역술曆術 가운데 기문둔갑이라는 학문이 있다. 여기에서도 육십갑자六十甲子로 운용되지만 갑甲이라는 글자는 보이지 않는다. 그래서 둔갑遁甲, 갑이 숨었다. 갑이 달아났다고 하여 둔갑遁甲이라 한다. 세속적 해석으로는 어떤 술수術數의 도술道術면에서 둔갑遁甲이란, 몸을 숨긴다든지 신출귀몰神出鬼沒하는 은신술隱身術의 의미이기도 하다.

주周나라의 문왕文王 때 강태공의 이야기에서 태공산성칠십이太公刪成七十二기문奇問1080국局을 음국陰局36국 양국陽局36국을 합하여 72局으로 간략하게 만든 사람이 강태공姜太公이라는 대목인데. 그의 본명은 여상呂尙이다. 위수渭水라는 강가에서 곧은 낚시질을 하며 세월을 낚고 있었다. 전설적이기는 하지만 강태공은 160살을 살았다고 한다. 이것을 두고 말하기를 先80 後80이라고 하는데 먼저 80살까지는 인재人才를 기다렸다면 후에 80년은 재상이 되어 나라를 다스렸다는 이야기이다.

강태공의 본래 이름은 강상姜商이다. 그의 선조가 여呂나라에 봉하여졌으므로 여상呂商이라고도 불렀고 태공망太公望이라고도 불렀지만 세상에는 강태공이라는 이름으로 널리 알려져 있다.

전국시대부터 경제적 수완과 병법가兵法家로서의 그 재주와 대를 기다리는 내공의 힘은 그를 장수長壽케 하였고 죽궁에서 병법을 세운 시도로 여겨져 병서兵書육도六韜 6권을 저술하였다고도 전해진다. 6도란 문도文韜, 무도武韜, 용도龍韜, 호도虎韜, 표도豹韜, 견도犬韜 등 6권 60편으로 이루어져 있다.

내용은 주나라 무왕武王과 강태공과의 문답형식으로 되어 있다. 잠거포도潛居抱道 이대기시以待其時란 깊이 은거하여 도를 펴며 그 때를 기다리는 것. 이것이 진정한 병신육갑丙辛六甲이 아니겠는가. 병신육갑은 거두절미去頭截尾의 뜻이기도 하다.

"한번 엎질은 물은 다시 되 담을 수 없다"

은殷나라의 마지막 임금인 주왕紂王이 '달기'라는 여인에게 푹 빠져 홀린 상태로 정치를 제대로 못하고 폭정에 백성들은 도탄에 빠졌을 때였다. 강태공은 곧은 낚시를 물에 던져 놓고는 마냥 책을 읽으며 세월만 낚고 있었고 그의 부인은 언제나 밭에 나가 일을 하고 품을 팔아 겨우 끼니를 이어가고 있었다.

어느날 부인 마씨는 밭일을 마치고 돌아와 보니 말리려고 내놓은 돗자리 멍석을 펴놓은 서숙의 피가 비에 모두 다 흘러가버렸다. 이것도 모르고 책만 읽고 있는 강태공의 태평함에 분노를 느끼고는 마냥 집을 떠나 가출을 한다. 어느 누가 그러지 않으랴. 책이나 읽고 낚시나 하는 인간하고는 살아보아야 끼니를 이을 재간이 없는 것에 희망을 못 느끼고 가출한 것이다. 요즘으로 치면 자진 이혼인 것이다.

세월이 흘러 은나라가 망하고 주周나라의 문왕文王을 만나 재상이 되었다. 요즘으로 치면 장관을 말함이다. 금의환양하여 황금마차를 타고 지나가는 태공을 발견한 집나간 태공의 아내 마씨는 수레를 따라가 자기 존재를 알렸더니 강태공은 부인에게 물 한 바가지를 떠오라고 했다. 부인이 떠온 바가지의 물을 바닥에 버리고 다시 주워 담으면 같이 살겠다고 하고는 무정하게 떠나버렸다. 그러나 "한 번 엎지른 물은 다시 주워 담기는 못하는 법"에서 이 말의 유래가 시작되었다.

그래서 '마' 씨 부인은 길게 탄식을 하며 말하기를 "내가 남편 하나를 잘 골랐으나 내 스스로 박복하여 복을 차 버렸으니 이렇게 박복할 수가 있겠는가" 하고는 죽어버렸다.

통일전쟁이 완전히 끝나고는 강태공은 제사를 주관하는 사람이 되어 충렬하게 죽은 장수들을 봉신封神하고자 제당祭堂을 마련하는데 마씨 아내의 혼령魂靈이 나타나 하소연하길 내 자리도 하나 마련해주오. 높으신 분의 심부름꾼도 좋으니 제발 좀 주시오 하였다.

처음에 강태공은 쫓아버리려고 했으나 그래도 옛 아내라는 인연을 놓지 못해서 제일 말석인 신神으로 봉하여 주니 빗자루로 더러운 것을 쓸어낸다는 쓸 소掃와 비 추箒자 추를 넣어 그 신의 이름은 소추성掃箒星으로 되었다고 하니 즉 소추신을 말함이다. 소추신의 직책은 사람들의 걱정근심과 재난을 쓸어버리는 신이라고 한다.

이 마씨 부인의 소추신은 서낭당이나 마을 입구 당산나무 같은 장소에 머물며 사람들이 오로지 보름날에만 바치는 음식만 먹을 수 있었고 서민들의 근심과 걱정 재난을 쓸어주는 일을 담당한다고도 한다.

주나라의 문왕은 누구인가

성인聖人이여야 능지성인能知聖人이라. 즉 그 수준이 되어야 그 높이를 안다. 세상 사람들은 간접 경험과 직접적인 경험에 의하여 지식이 쌓여가고 지혜는 복력에 의하여 생기는 것이다. 즉 말하자면 성인이여야 능히 성인을 알아본다는 뜻이다.

중국에서 만들어진 주역周易이라는 사주명리와 관련된 책은 복희팔괘伏羲八卦와 문왕팔괘文王八卦로 설명된다. 복희팔괘는 선천팔괘先天八卦라 하고 문왕팔괘는 후천팔괘後天八卦라한다. 문왕은 팔괘를 64괘로 만들어 괘사卦辭를 지을 만큼 성인으로서 성군聖君이라 한다. 그러기에 낚시하고 있는 강태공을 알아보고 중용하여 천하를 태평하게 하였다. 주역周易의 주周는 주나라 문왕에 의하여 역서易書가 재정비 보완 재창출되어 주역이다.

공자님의 삼강오륜三綱五倫 재정 이야기

공자가 삼강오륜을 저술할 때 다섯가지의 영물에서 힌트를 얻었다는 설이 있습니다.

첫째로는 부자유친은 호랑이에게서 얻어낸 영감인데 호랑이는 새끼를 가지면 4킬로미터(십리 안에) 있는 동물은 토끼 한 마리노 잡아먹지 않는데 그 이유는 사랑스런 제 새끼한테 딴 짐승의 원기가 미칠까 염려한 것이라고 합니다.

둘째로 군신유의는 벌에서 얻었는데 일벌이 여왕벌을 위하여 일을하며 생명을 버려도 아깝게 생각하지 않는다고 함에서입니다.

세 번째는 부부유별은 말에서 힌트를 얻었습니다.

말은 발정이 일어나도 수태의 시기를 가리고 상대를 사촌까지도 알아본다고 하여서 입니다.

넷째의 붕우유신은 개미에서 얻었는데 개미는 눈이 없어도 신의로서 길에서 서로 인사하고 도우며 생가를 같이한다고 합니다.

다섯째 장유유서는 기러기에서 얻었는데 기러기는 날고 앉음에 반드시 차서를 범하지 않기 때분이라고 합니다.

세상만사 우주만물의 이치가 다 모두 동물에서 힌트를 얻고 있음이 아니던가?

나르는 굼벵이

자연의 조화는 늘 인간에게 경이로움을 안겨주고 있습니다. 만물은 언제나 쉼없이 움직이며 생사를 거듭하고 있습니다. 한낱 미물에 불과한 굼벵이는 느리고 게으른 사람을 빗대어하는 속담에 굼벵이도 구르는 재주가 있다고 합니다. 그 굼벵이가 구르는 것이 문제가 아니고 하늘을 날아다니는 재주를 감추고 있었다는 위대한 진실을 아는 사람이 과연 몇이나 있을까요? 그는 은근히 밤이슬 맞으며 고목나무 밑에서 나름대로 천기를 마시며 자신만의 비상을 꿈꾸고 있었던 것입니다. 누가 뭐래도 개의치 않고 나름대로 최선을 다하여 열심히 살아가면서 고목나무의 진을 빨아먹으며 저 푸른하늘을 자유롭게 날 때를 꿈꾸며 묵묵히 기다리지 않았던가?

굼벵이가 하늘을 날아다닐 것이라고 누가 생각이나 했겠습니까? 굼벵이가 유충에서 성충으로 자라고 그 껍데기를 벗으니 한 마리의 매미가 되어 맴맴거리며 하늘을 날아갑니다. 인생도 매미와 무엇이 다른 것이 있겠습니까? 구더기 유충에서 해탈한 것이 파리이듯이 말입니다.

사람도 육신이라는 옷을 벗어 버리고 나면 영혼만이 남게 되어서 매미처럼, 잠자리처럼, 창공을 날아다니게 될 것입니다.

남해바다 노도 기행紀行

김만중의 사씨남정기는 바로 조선19대 숙중(재임1674~1720)의 후궁 장씨에게 빠진 왕을 비판하는 내용의 글입니다.

어느날 김만중이 숙종에게 이 점을 바로 해줄 것을 간청하다가 결국은 다음날 평안도 선천으로 귀양을 가야했습니다.

김만중은 1637년(인조 15년, 숙종18년)은 사계 김장생의 증손이며 김익겸의 유복자로 숙종의 첫 번째 장인이던 광성 부원군 김만기의 아우입니다.

즉, 숙종의 초비 인경왕후 김씨의 숙부입니다.

그는 현종 6년(1665년) 정시문과에 장원급제하여, 정언, 지평, 수찬, 교리를 거쳐 1671년 암행어사가 되어 경기 삼남의 진정을 조사하였습니다.

1673년 어전에서 허적의 파직을 주장하다가 유배를 갔습니다.

숙종 1년에는 과격한 언사로 삭탈관직을 당했습니다.

이후 숙종 5년에 예조참의로 복직되었으며, 숙종 9년 공조판서와 대사헌, 숙종 12년에는 대제학에 올라 문명을 날렸습니다.

그리고 이때 경연석상에서 숙의(내명부 종2품) 장씨 일가의 문제를 정면으로 거론하다가 선천으로 유배를 갔고 이듬해 풀려나기는하지만 1689년 숙종이 인현왕후 민씨를 내몰 때, 다시 연루되어 경상도 남해의 노도라는 작은섬으로 유배되어 그곳 유배지에서 56세의 파란만장했던 삶을 마감했습니다.

그는 숙종 인경왕후의 숙부라는 가문의 배경도 탄탄했지만 탁월한 재능과 식견으로 일세를 풍미했습니다. 그가 쓴 사씨남정기와 구운몽 등은 국문소설로서 더 많이 알려져 있기도 합니다.

숙종과 장희빈

장희빈 본명은 장옥정. 1659년 8월 9일생으로 숙종보다도 두 살이나 많았습니다. 아버지는 중인 신분의 장형이고 어머니는 천인 신분의 윤씨였습니다. 여기서부터 이미 뭔가가 심상찮게 보여집니다. 아버지 장형에 대해서는 역관이었다는 사실 이외에 이렇다할 전하는 정보가 없으며, 어머니 윤씨에 대해서는 흥미로운 사실 몇 가지가 전하여 내려왔습니다.

먼저 윤씨는 인조의 계비인 장렬왕후(훗날자의 대비) 조씨(1624~1688)의 사촌동생 조사석(1633~1693)과 연인관계였습니다. 아마도 조사석 처가의 여종으로 있다가 남편이 죽자 조사석의 집을 드나들면서 내연의 관계로까지 발전하게 된 것입니다.

여기서 우리는 윤씨의 미모가 출중했다는 사실을 간접적으로 추출해 낼 수 있습니다.

여간한 미색이 아니고서는 명문대가의 연인이된다는 것은 불가능했기 때문입니다.

조사석은 현조판서를 지낸 조계월(1592~1670)의 일곱 아들 중 넷째로 속종 14년에 좌의정에까지 오르는 인물입니다. 어머니를 닮아 미모가 출중했을 것이 분명한 장옥정은 당시의 관습에 따라 대략 10세를 전후해서 궁궐에 들어간 것으로 보입니다.

그렇게보면 1670년 전후가되는데 궁녀가 되는데에도 조사석이 큰 역할을 했음은 물론이려니와 궁궐에 들어간 장옥정은 처음에는 자의대비(장렬왕후, 인조의 계비) 조씨의 시종으로 일하게 되는데 이때부터 당시에는 세자로 책봉되었던 숙종의 눈길을 끌게 된 것입니다.

반면에 숙종의 어머니인(명성왕후) 김씨는 지나치게 미색을 갖춘 장옥정을 극도로 싫어했음이 역사에서 서술되고 있음은 아마도 아들의 장래를 염려해서일 것입니다.

아무래도 마음이 놓이지 않는 어머니(명성왕후) 김씨는 이런저런 핑계로, 서인, 남인의 당파전에 연루시켜 결국 장옥정을 사저로 내쫓아버립니다. 그러나 3년 후인 1683년 12월 5일 명성왕후가 세상을 떠났고 숙종은 3년 상이 끝난 1686년 초에 사저로 내보낸 장옥정을 다시 궁궐로 불러들이게 됩니다. 이때에도 조사석과 자의대비 조씨의 역할이 컸다고 보아야 할 것입니다.

그해 12월에 숙종은 장옥정에게 파격적으로 숙원이라는 종4품의 첩지까지 하사하게 되는데 이때부터 정식 후궁이 되는 순간이였습니다.

1688년 정월에 숙원 장씨에게 태기가 있다는 소식이 들리는데 그해 10월 28일에 장씨가 출산을 하게 되었습니다.

이가 훗날의 경국이니 이듬해 1689년 1월에 숙종은 아들을 원자로 책봉하고 숙원 장씨를 정1품 희빈으로 승격시키게 됩니다.

이때의 숙종은 서른을 눈앞에 둔 29세 때의 일입니다. 빈이 됐다는 것은 후궁 중에서도 최고의 자리에 올랐다는 뜻입니다. 이렇게 해서 그 유명한 장희빈이 탄생하게 되었습니다.

왜군들의 만행蠻行

우리들 인체 중에서 크게 대별해서 6개의 뿌리로 가를 수가 있습니다. 제일 위쪽에 사물을 볼 수 있는 눈이있고, 그 조금 아래로 소리를 들을 수 있게 양쪽으로 귀가 있으며, 그보다 조금 아래쪽 중앙에 냄새를 맡을 수 있는 코가 있으며, 그 아래로 음식을 먹을 수 있고 영양분을 섭취할 수 있는 입이 있고, 그 아래쪽으로는 사지와 몸통이 있어 가히 인간의 모습을 하고 있는 것인데 이를 두고 불교에서는 육근이라하며 각각의 맡은 일을 열심히 작용하는 것입니다.

그 중에서 코는 호흡을 하고 냄새를 맡을 수 있을 뿐아니라 우리 몸속의 습도까지 유지해준다니 경상도 말로 엄청 중요한 기관입니다. 그래서 우리 조상들은 삶에 대한 여러 교훈을 코에 빗대어 이야기합니다.

옛말에 '눈 감으면 코 베어간다'라는 속담이 있습니다. 정신을 똑바로 차리지 않으면 코를 베어갈 정도로 어려움을 당한다는 뜻입니다. 어느 시기부터인가 '눈을 떠도 코 베어간다'는 말이 있었는데, 눈을 멀쩡히 뜨고 정신을 똑바로 차린다고 차렸는데도, 남에게 속임을 당하거나 번연이 알면서 손해를 입었을때도 사용하는 말입니다. 그런데 이런 속담 속에서가 아니라, 우리 민족의 가슴을 아프게하며 분노까지 자아내게 하는 역사가 숨겨져 있습니다.

임란의 시기, 조선시대였던 1592년 4월 13일, 700여 척의 왜선들이 새벽안개를 헤치고 쓰시마섬을 출발해 곧장 조선의 부산포 앞에 도착하였습니다.

왜군의 명분은 명 시작된 것입니다.

20만명에 이르는 엄청난 대군을 이끌고 조선을 침략한 왜군은 처음에는 조선군을 거침없이 무찌르고 전세를 유리하게 이끌었지만 이순신 장군이 이끄는 조선수군과 행주대첩 등에서 크게 패하며 전세가 점점 불리해지게 됨에 전쟁을 일으킨 일본의 최고권력자 도요토미 히데요시는 일본 병사들에게 조선인을 많이 죽인자에게 상을 내리겠다며 그에 대한 증표로 조선인의 코를 베어오게 하였습니다.

그 당시의 기록에는 귀도 베어갔다고하는데 이는 차후 이야기하기로하고 일단 도요토미 히데요시의 명령대로 왜군들은 조선의 병사이건 백성이건 가리지 않고 보이는대로 닥치는대로 죽여서 코를 베어 소금에 절여 일본에 보내게 되었습니다.

도요토미 히데요시는 군사들에게 코를 받았다는 영수증을 만들어주고 조선인들의 코는 무덤을 만들어 묻었던 것입니다. 영수증을 받기 위해 왜군들은 죽은 시체뿐 아니라 살아있는 사람의 코를 잘라내기도했고 심지어는 방금 아기를 낳은 산모의 코는 물론이고 갓난아기의 코를 베어내는 잔인한 짓도 서슴치 않았다고 하니 이 얼마나 천인공노할 놈들입니까?

당시 왜군이 조선에서 가져간 조선인의 코는 무려 약 12만개, 그러니까 12만 명 이상의 조선인이 왜군에게 잔혹하게 희생된 것입니다.

임진왜란을 겪었던 조선인 실학자 이수광은 지붕유설이라는 책에서 왜군은 조선인을 만나면 코를 베어 소금에 절여 도요토미에게 보냈으며 왜란 이후 코 없이 사는 사람이 부지기수였다고 합니다. 지금도 일본에는 그때 가져갔던 조선사람의 코를 묻은 무덤이 남아 있는데 그 위치는 일본의 교토시 히가시 아마구에 있는 도요토미 히데요시를 받드는 도요쿠니 신사에서 100여 미터 떨어진 곳에 있습니다.

그 무덤의 이름이 코 무덤이 아니라 귀 부덤으로 표기돼 있으니 일본 에도시대의 학자인 하야시라잔이라는 사람이 그 이름이 너무 야만스럽다며 귀 무덤이라고 부르자고하여 그뒤로 코 무덤을 귀 무덤이라고 부르며 무덤의 이름을 바꾼것입니다.

그렇다면 그놈들의 말처럼 귀 무덤은 야만스럽지 않다는것인지 그 무덤에있는 조선의 억울한 영혼들이 가히 코웃음을칠 가증스러운 일이 아니겠습니까?

시간 시간 배우면서 사는 것이 인생이란다

인생은 흔적을 남기고 떠난다. 흘러가고 사라지고 흩어질지언정 그 흔적 자체는 소중하다 물처럼 흐르고 그물에 걸리지도 않는 바람처럼 사라지며 모래처럼 흐트러지더라도 내 마음엔 남고 영혼엔 깊게 새겨지는 흔적, 우리는 이 순간에도 그 흔적을 누군가에게 또는 이 세상에 남기며 산다. "그게 바로 인생이다"

당신은 과연 이 세상에 왔다가 어떤 흔적을 남길 것인가? 이 화두話頭에 자신 있게 대답할 때 당신은 후회 없이 살다간다고 말할 것이다.

옛날 어떤 왕이 인생이란 게 궁금하여 신하들에게 인생이 어떤 것인지? 알아 오라 했다, 신하들이 소달구지에 가득 인생에 대한 논문집을 싣고 와 보고하니 왕은 그 분량이 너무 방대하므로 다시 신하들에게 하명하기를 그 많은 책을 짐이 어찌 다 읽을 수 있겠느냐, 간단명료하게 간략히 줄여서 오라했으나, 신하들은 30년 이 지난 어느 날, 도착하여 왕에게 고하기를, 폐하 분부하신대로 간략하게 줄여서 답을 가져 왔습니다. 그래, 그러냐? 그나 짐이 이제 연노하여 끝까지 읽을 수가 없으니 신들이 몇 자로 요약해서 들려다오. 네, 그중 한 신하가 폐하의 앞으로 다가가서 왕의 귓전을 잡아당기며 폐하, 인생이란 태어나서 멋대로 살다가 마지막엔 병들고 기력이소진하여 조용히 눈을 감고 죽어가는 것이 인생입니다. 라고 하니 왕은 빙그레 미소를 머금으며 그래 그렇구나, 하면서 조용히 눈을 감더니 죽었다고 한다.

"인생은 이런 것이야"

현대 시인 중 한사람인 마산태생 '천상병'의 시 한구절이 생각나네요. 그는 1930년생으로 이 세상에 왔다가 바람처럼 1993년 4월에 마지막 길을 되돌아갔으니,

"그의 시 귀천歸天에서"
나 하늘로 돌아가리라
새벽빛 와 닿으면 스러지는
이슬 더불어 손에 손을잡고

나 하늘로 돌아가리라
노을빛 함께 단 둘이서
기슭에서 놀다가 구름 손짓하면은

나 하늘로 돌아가리라
아름다운 이 세상 소풍 끝내는날
가서 아름다웠더라고 말하리라.

또한 그의 시제詩題 - 소풍에서,

아름다운 이 세상 소풍 끝내는 날
가서 아름다웠더라고 말하리라
'천상병'의 삶이 소풍이었다고?
그 소풍이 아름다웠더라고?
오늘…….

그래, "인생은 소풍이야" 엄마가 밤새며 마련한 몇 조각 멸치 몇 마리라도 복아서 넣어주는 노란도시락 시금치와 단무지 게맛살 로 속에는 깨소금도 조금 넣어야지 어머니의 예쁜 손길이 꼭꼭 말아주는 김밥이랑 여러 친구 벗들과 같이 동행하는 길벗들과 온 종일 즐겁게 놀다가 해질 무렵에야 집으로 돌아가는 즐거운 소풍.

137억 년 전에 우주가 생성되었다. 그러면 그 이전에는 어떠했겠는가? 아무것도 아는 것이 없고 알 필요도 없고 알아 볼 수도 없는 것이니 그만 두기로 했다.

인류의 먼 조상은 850만 년 전에 출현했다고 한다 이후 인류는 진화를 거듭하면서 자연의 도전을 물리쳤고 때로는 그 자연에 적응하면서 15만 년 전 쯤에 이르러서는 만물의 영장으로 확실히 자리를 잡게 되었다. 문명세계라고 하는 것은 지금으로부터 3만 년 전이다.

고대 그리스의 철학자 '데모크리트스'는 만물은 원자原子atom로 이루어졌다고 말했다. 만물이 복잡하고 잡다하다고 하지만 그 근원은 매우 단순하다는 것을 깨달았던 것이다.

그로부터 3000년이 다 지난 지금 만물이 원자로 이루어져 있다는 것을 과학으로 증명해냈다. 2560년 전에 인도의 가비라국의 왕자인 '고타마 싯다르타'라는 왕자가 부처가 된 후 그의 경전에서 '일중일체 다즉일' '일즉일체 다중일'이라 했으니 하나의 물체 속에 만물이 다 들어있고 그 만물 속에 하나라는 객체가 존재한다고 했으니 이 이론이 진실로 맞는 것이다.

실제로 만물은 92가지의 재료(원소)로 이루어져 있어 이들 원소를 배합함으로써 만들어 내재 못할 물질들은 이 세상에 존재 할 수 없다는 것이다.

고대 그리스의 철학자 탈레스Thales는 만물의 시초는 물이라고 말했다. 이는 만물의 탄생을 시간적으로 고찰한 최초의 시도였다. 어떤 사물이 존재하려면 반드시 그 시작이 있어야 되는데 세상만물의 시작을 그는 물에서부터라고 본 것이다. 또 어떤 철학자는 이렇게 말했다. "세상의 처음은 불이다" 라고 했는데 불이건 물이건 이로써 세상의 시초에 대한 2가지 견해가 만들어 졌다고 보면 될 것이다.

물은 부드러우면서도 어두우면서도 혼돈스럽다 는 성질을 가지고 있으며 이는 곧 처음 생성된 우주의 설명인데 캄캄한 어두움 속에 아무것도 없는 보이지도 않으나 무질서하고 혼돈스러운 것을 아무렇게나 썩혀서 혼합된 것인 반면 불이라는 것은 밝은 것이고 위로 올라가는 성질 팽창하고픈 갈망하는 성질 이는 곧 질서를 상징

한다. 그래서 137억 년 전에 우주가 탄생되어 물이라는 분자에 의해서 모든 것을 흡수하고 빨아들이는 블랙홀이 생성된다. 그것이 끝장에는 더 흡수할 수가 없게 되자 다음은 불의 원자와 같이 '빅뱅' 폭발하면서 혼돈과 질서는 신화에만 등장하는 개념이 아닌 오늘날 과학에서도 우주의 시작은 처음 혼돈스러웠으나 차츰 질서가 생겨 지금에 이르렀다는 것을 밝히고 있다.

인도의 철학에서는 만물을 사대四大:地水火風라는 개념으로 해석 하고들 있다 중국에서는 오행五行이라는 범주가 있는데 이를 사용하면 상당히 많은 것을 설명할 수 있다는 것이다.

오행은 木火土金水로서 약 5000년 전부터 사용해 왔다고 한다. 오행으로 우리들의 세계를 구분해보자 인격은 5종류 즉 인仁의義예禮지智신信으로 이루어져 있는데 이를 오행으로 보면 다음 과 같다.

仁=(木) 義=(金) 禮=(火) 智=(水) 信=(土)로 구성되는 바 인간 정신 각각의 덕목을 오행으로 설명할 수도 있고 이 오행에 인격의 종류가 모두 망라되었다는 것이다. 오행을 우리 인체에 적용해보자 모든 동물은 같은 종류의 장기를 가지고 있는데 心腸, 肺, 腎臟, 脾臟, 肝腸이 그것이다. 이들 장기는 사람이나 12지에 나오는 子, 丑, 寅, 昴, 辰, 巳, 牛, 未, 辛, 酉, 戌, 亥 등 늑대나 고양이 등 모든 동물이 공통적으로 가지고 있다.

오행의 범주에 해당하는 심장은 火, 폐는 金 신장은 水 비장은 土 간장은 木이다. 이는 동물이 만들어질 때 처음부터 오행을 사용해서 설계되었다는 것이다.

한의학에서는 약이나 음식을 모두 오행으로 분류하고 그것들의 상오관계를 이야기한다. 오행은 단순이 동물의 장기를 보고 만든 개념이 아니다. 오행 개념은 우주의 탄생을 설명하고 있는데 범주란 포괄적 이여서 이런 식으로 사용하는 것이다.

필자가 시간, 시간 흐르면서 배우면서 깨달음을 얻고자 하는 과정에서의 관점인데 풍수학에서의 이론적 설명은 이렇다. 137억 년 전에 우주의 생성당시에 불랙홀과 빅백의 결과로 그 혼돈의 무질서 속에서 다음 단계의 陰과 陽이 생기면서 '아인슈타인'의 상대성 원리가 입증되고 나음으로 오행이 생기면서 인간의 삶에 직 간접적으로 영향을 미치는 과정을 설명하는 것이고, 그렇다면?

역학 역시 오행이 우리 인간에게 미치는 직 간접적인 에너지가 사람이 태어난 년 월 일 시간에 따라서 자연적인 계절적 영향이 어떻게 미치느냐, 하는 것을 공부하는 자연과학적 인문학이 분명할진데, 가령 태어난 월이 금월이고 일간이 금이라고 하면은 나모지 6자 중에서 나의 일주를 극하는 화기가 수다하다면 이는 분명 장기중, 폐나 대장 쪽에 이상이 있을 수 있다는 것을 예단할 것이나, 다만 주변의 오행이 나에게 어떤 작용을 하느냐에 따라 다소의 변수가 있는 것이며 역학계에서의 사주 통변 중 그래서 제일 중요시 하는 것이 월주라고 하는 것이다. 자연의 절기가 나에게 어떤 역학관계를 가지느냐, 12운성 중에 현재의 나는 어디에 쯤 와 있는가를 살피는 것 또한 도외시하면 아니 될 것이다.

수가 약하면 신장(콩팥) 방광 쪽에 木이 약하면 肝또는 쓸개 쪽이고

火가 약하면 心臟, 소장 土가 약하면 위장이나 자라脾臟이자膵臟 쪽에 이상이 생기고 있다고 보면 근사 값이 될 것이다. 근간에는 췌장 쪽에가 이상이 과다하다는 예도 있는데. 金이 부족하면 대장이나 소장(작은 창자) 쪽으로 이상이 생길 수 있다는 것이 오행으로 살펴보는 인체중의 臟器의 이상설을 미리 예견하는 추세이다. 한의학에서 말하는 오행에는 木生火(목생화는 나무에서 불이 생긴다는 원리가 있는데) 이것을 적용하면 간이 심장을 돕는다는 의미가 된다, 또한 수극화(水剋火, 물은 불을 약하게 한다)의 원리에 따르면 腎臟이 강하면 그로인해 心臟이 손상을 입는다, 즉 오행의 원리가 신체에 맞아떨어지는 것이다. 오행의 원리를 일찍부터 적용해왔던 우리 선조들은 여러 가지의 맛조차도 오행의 원리에 의해 인체에서 사용하는 것도 알았다. 일일이 실험해 보지 않아도 그 성격을 미리 짐작할 수 있게 된다. 쓴맛은 심장에 필요하고 단맛은 비장(또는 위)에 필요하고 매운맛은 폐에 필요하고 짠맛은 신장에 실요하고 신맛은 간에 필요하다는 것이 오행의 원리이다. 그 중에서 폐는 오른쪽과 왼쪽 2개가 있는데 그 폐의 중간부분에 심장이 있다. 오행이 우리 인체에 미치는 영향을 네 기둥의 천간과 밭쳐주는 12지지 중 년,월,일, 시의 자리4자를 합하여 사주팔자라고 하는데 四柱八字를 무엇인지 확실하게 이해하기 위하여 우선 사주팔자가 작성되는 이치를 알아야 하지 않겠는가?

즉 12운성 〈생,욕,대,록,왕,쇄,병,사,묘,절,태,양〉을 살펴보면 이해가 빠를 것이다. 태아의 신체적 변화를 살펴보자, 태아는 열 달 동안 엄마의 배 속에서 머물다가 모태母胎의 자궁子宮 밖으로 나와 첫 호흡을 하는 순간 양쪽 폐肺에 가득 차 있던 양수가 빠져나가게 되고 바로 그 순간에 우주의 기운을 흡입하게 되는데 이때 심장은 압력의 변화로 좌심방左心房과 우심방右心房에 뚫려있던 구멍이 막히면서 모든 순환계는 원래 디자인되었던 대로 기능하기 시작하는 것이다. 심장이 체내에서 하는 일은 혈액을 싣고 각 부분으로 나르면서 정맥 혈관을 통해 심장으로 다시 돌아오는 일을 하는 장기인데, 이때부터 심장은 생명을 다할 때까지 일을 하게 되는 것이지요.

그래서 의학자들은 심장이 멎어서 자기 일을 다 하지 못함을 알고는 그때를 죽음이라고 판단하는 것이지요.

심장이 움직이지 않음을 사인으로 보는 것이다. 즉 12운성 중에서 이것을 절이라고 한다. 끊어졌다, 절단되었다, 숨이 멎었다, 심작박동이 멈추었다라고 하는 것이다. 세상에 나온 아기의 미숙한 신체는 태어나면서 심장이 움직이면서 그 당시, 그 순간에 존재했던 주변 우주의 기운을 받고 세상에 존재할 면역성免疫性을 외적으로 형성하게 되는 동시에 첫 호흡을 통하여 좌우의 폐에 산소를 공급하게 되고 좌우의 심방이 닫히면서 혈액은 폐에 첫 호흡된 산소를 공급받아 혈관을 통하여 온몸에 산소를 공급하는 과정이 시작된다. 이러한 혈액 순환은 총 1분도 아니 되는 48초 내에 이루어진다고 한다.

이때 대기大氣에 분포되어 있던 우주의 기운(지구와 가장 가까이 있는 오행성의 기운:음양오행의분포)을 체내에 공급하는 것이다.

부모의 유전자 외에(10개월동안 배 속에서의 머무는 기간) 또 하나의 우주

기운(우주 유전자)이 체내에 포맷Fomet되어져 체질 형성에 영향을 미치게 되며 완전한 독립된 인간으로서의 시작인데 이때의 과정을 12운성에서 양이라고 한다면, 이때부터의 성장과정이 생,욕,대,록,순으로 간다는 사주명식을 일목요연하게 설명한 것이 C대학 S교수의 학설이라면, 앞서도 얘기했 듯이 사주명식을 자연의 4계절과 접목시켜 12운성으로 풀면서 현실에 적합하게 통변하는 것이 M대학의 L교수의 지론이라고 본다.

필자도 다시 한 번 시간 시간 배우면서 실생활에 무한의 보탬을 주는 풍수지리의 C대학 Y교수를 빠트릴 수가 없다. 필자는 Y교수로부터 5년간 풍수 한 과목을 이수한 사람으로서 이것을 역학과 사주명리에 대입시켜 하나의 학설이론으로는 성사시킬 수 없는가? 하는 생각으로 다방면 공부를 시작하게 되었는데, 풍수에서도 앞서 말한 바와 같이 137억 년 전에 무극(불교에서는 공이라고 함)에 시작해서 암흑과 혼돈의 시대에서 다시 음과 양으로 양분되면서 다시 오행으로 세분되면서 실생활에 미치는 양상들이 역학이나 명리나 주역에서 어떤 차이가 있는지를 정확하게 분리시키는 것은 어렵다는 견해이다.

풍수이론에서는 사람이 태어나면서 정해지는 사주팔자는 엄마의 배 속에 있을 때는 부모의 유전자를 받은 오장육부와 혼백 역시 정해지고 성장을 하나, 태아가 이 세상에 나와 탯줄을 자르고 자기 스스로 첫숨을 들이쉬는 순간에 우주공간의(28성수) 수많은 별 중에서 하나의 별이 아기의 첫 호흡과 동시에 일직선으로 비춘다는 것이다. 이 별빛의 강약에 따라 아기의 일평생이 정해진다는 이론인데 어찌 보면 L교수의 지론과 대등하다고 보기 때문에 필자는 시간, 시간 배우면서 역학과 풍수와의 접목을 시도해 보는 것이다.

각기 교수님들의 풍수와 역학 사주명리와는 완전 별개의 학문이라고 딱 잘라서 얘기합니다만 어째든 필자의 생각은 변함이 없다. 시간시간, 배우고 깨달음을 얻고자 30년간 별자리에 대한 경험을 쌓으면서 동서남북으로 각각 7개의 별들이 30년간 별자리에 대한 경험을 쌓으면서 동서남북으로 각각 7개의 별들이 지구상에 래조來照하면서 그 별이 인간의 태어난 생년월일과 세운에 따라서 변화되는 과정을 일시에 따라 365일 중 어떻게 흐르고 있는가를 통계적으로 데이터를 모아서 통변해 주는 것이 28성수의 길흉판별법이라고 한다면 여러 수강자들께서는 그래도 이 알기 쉬운 한글역학을 잘 배우고 익혀서 내가 사는 실생활에 이익 되게 참고하기를 바랍니다. 그렇다고 너무 외곬으로 깊게 빠져드는 것도 자재해 주기를 바라면서 그만 본 강의를 종료합니다. 감사합니다.

일일일식一日一食에서

혹시 베이징원인은 중국인의 선조 자바원인은 아시아인 네안데르탈인은 유럽인의 선조라고 생각합니까?

그것은 모두가 잘못된 생각입니다. 왜냐하면 그들 모두 멸망했기 때문입니다. 인류가 멸망할리 없다고 믿고 있는 사람에게는 안타까운 일이지만 지금까지 수많은 인류가 멸망한 뒤 지구상에서 자취를 감춰버렸습니다.

현재의 백인, 흑인, 황인종의 선조는 약 17만 년 전에 킬리만자로 부근에서 유래된 미토콘드리아 이브라고 명명된 단 한사람의 여성입니다. 생명의 유전자는 하나의 유전자가 아닙니다. 기아를 극복하는 기아유전자, 기아상태에서도 살아남는 연명유전자, 감염을 이겨내는 면역유전자, 암과 싸우는 항암유전자, 노화와 병을 치유하는 수복유전자 등, 우리 몸속에는 셀 수 없이 많은 유전자가 있습니다. 다만 불편한 것은 굶주림이나 추위에 내몰리지 않으면 생명력 유전자가 활동하지 않는다는 점입니다.

위에서 말한 기아 유전자는 소량의 식사로 최대한의 에너지를 축적할 수 있게 해줍니다. 이 유전자와 함께 인류의 생명을 존속시키기 위해 활동해온 중요한 유전자가 하나 더 있습니다.

그것이 바로 최근에 갑자기 주목을 받게된 연명(장수) 유전자로 정식 명칭은 시르투인 유전자입니다. 생명력 유전자를 활성화시키는 것이 장수와 건강을 가져온다는 점입니다. 그리고 생명력 유전자는 기아상태(배가 고플 때)에만 발현한다는 점이 중요합니다.

당뇨병이란 모든 포식기관이 퇴화되어가는 병입니다. 당뇨병에 걸리면 먹이를 찾는 감각기관인 눈이 퇴화하여 결국에는 실명에까지 이릅니다. 이를 당노병성 망막증이라고 합니다. 또한 직접 먹이를 쫓을 필요가 없어진 다리도 퇴화하여 발끝부터 썩어갑니다. 이를 당뇨병성 괴서라고 합니다. 불편해진 기관이 퇴화되는 것은 자연의 섭리입니다.

인류가 원시시대 숲속에서 살던 시절에는 사람에게도 꼬리가 있었는데 오랜세월이 흘러 꼬리의 필요성이 점차 사라지자 지금의 꼬리뼈 근처에 흔적만 남아있는 것이 아니겠습니까?

인간은 환경에 적응하는 것입니다. 인간은 기아지역일수록 출생률이 높고 포식을 하는 지역은 모두가 출산율이 낮기 때문입니다.

그뿐만 아니라 당뇨병에 걸리면 남성은 발기기능 장애가 생기고 여성은 불임 확률이 높아집니다. 원래 당뇨병이나 근시처럼 환경에 적응한 상태로 변하는 것을 적응이라 하고 그것이 유전자 변화를 수반하면 진화라고 부릅니다.

뇌세포는 하루에 100만개씩 소멸합니다. 그러면 언젠가는 죽어갈 것이 아닌가라고 걱정이 되겠지만 전체적 뇌세포는 여러 수백억개나 있으며, 그중에서도 실제로 사용되는 뇌세포는 전체의 3%정도에 지나지 않습니다.

인간의 몸은 놀랍도록 잘 만들어져 있습니다. 최근 연구를 통해 장기 기억과 공간개념, 감정적인 행동을 조절하는 기관인 해마에서 신경세포와 신경세포 사이의 연락망인 시냅스라는 세포가 새롭게 만들어지고 있음이 밝혀졌습니다. 다만 건강관리에 힘을 쓰지 않으면 뇌세포는 늘어나지 않다는 것입니다.

수면의 골든타임이라고 불리는 밤 10시부터 오전 2시 사이에 해마 속에서는 최근의 기억들을 정리하는데 필요한 정보와 버려야할 정보를 구분하고 있습니다. 우리가 의식하지 못해도 대뇌피질에는 확실하게 저장되기 때문에 그러다가 언제라도 어떤 계기가 생기면 꺼내서 사용할 수 있게 된다고 합니다.

컴퓨터와 마찬가지로 정보를 삭제했음에도 불구하고 복구하려는 마음만 먹으면 메모리 어딘가에서 찾아낼 수 있는 것과 유사합니다. 어떤 이는 뇌가 피곤할 때 당분을 섭취하면 좋다는 사람도 있습니다. 하지만 애당초 뇌가 피곤하다는 말에는 어딘가 어폐가 있어 보입니다. 뇌는 태어나서 죽는 순간까지 한순간도 쉬는 일이 없습니다. 심장을 움직이고 호흡을 관장하는것도 모두 뇌이기 때문입니다. 뇌는 사람이 잠을 자는 동안에도 뇌의 지령이 사라지면 심박과 호흡은 멈춰버립니다. 뇌는 세상에 태어난 순간부터 1년 365일 하루 24시간 단, 한번도 쉬지 않고 일하는 것이 뇌이기 때문입니다.

며칠 전, 나구모 요시노리라는 일본의 의학박사인 일일일식이란 책속에서 하루에 한끼만 먹어도 인간이 생활하는데 아무런 지장이 없고 오히려 더욱 건강해질 수 있다는 여러 가지 사례를 든 연구결과를 읽어 보았습니다. 배가 고파서 배 속에서 꼬르륵 소리가 나는 시간을 즐기는 것이 건강법의 시초랍니다. 이때야말로 생명력 유전자가 발현하고 있기 때문이라고 말하고 있습니다. 그리고 인간이 먹는 것(곡물, 생선, 채소 등)도 자연계의 생물을 통째로 먹는 것이 좋다는 얘기입니다.

원래는 불교 용어로 생물은 뭔가 하나라도 결여되면 살아갈 수 없고, 지구상의 모든 생물은 어느 하나라도 쓸데없이 존재하는 것이 없다는 의미입니다. 그렇다면 동물도 생선도 큰것보다 작은것을 먹는 편이 음식으로 적합하다는 것입니다. 가령 예를 들면 우리는 보통 무조림을 할 때, 잎은 버리고 껍질(열매의 표면)을 두껍게 벗깁니다. 껍질을 벗긴 무는 대부분이 전분으로 되어 있습니다. 하지만 잎에는 미네랄과 비타민이 풍부하고 껍질에는 우엉이나 포도와 마찬가지로 폴리페놀이라는 상처를 치유하는 효과와 황산화작용에 뛰어난 영양소가 함유되어 있다는 것입니다.

지금으로부터 40여 년 전, 미국 정부는 7년에 걸쳐 국비를 투입해 전세계에서 엄선한 의학, 영양학을 결집했습니다. 세계적인 규모로 식사(영양)와 만성질환의 관계에 관한 연구조사를 실시한 것입니다. 그 결과를 정리한 것이 맥거번 보고서입니다. 이 보고서에 따르면 위에서 말한 식사 방법이 가장 건강에 좋다고 합니다. 곡류와 채소를 많이 섭취했던 전통식이 높은 평가를 받은 것입니다.

요즘 농촌에는 아침식사를 마치고 직장인은 일찍 출근을 한 상태이고 시골에 머무는 인구의 대부분이 마을버스를 타고 가는 곳이 있습니다. 대부분 병원이나 보건의료원이 아니면 한방병원 물리치료실입니다. 요즘 병원에 가는 사람들의 거의가 관절염, 비만같은 질병입니다.

특히 비만의 3고로 알려져있는 고지혈증, 고혈당, 고혈압이 아니면 다리의 통증을 호소함이 대부분입니다. 의사에게 비만이라는 말을 듣고 당황해서 고지혈증 치료제나 혈압을 내리게 하는 약물을 복용하면 안됩니다. 이런 약물들을 복용하기 시작하면 죽을 때까지 계속 먹어야하기 때문입니다. 그러기 전에 자신이 할 수 있는 일이 분명 있을 것입니다. 바로 생활습관입니다. 특히, 식습관(음식을 먹는 습관)을 개선하는 것이 중요한 것입니다.

비만이 사람에게 요구하고 호소하는 메시지는 다음과 같습니다.

1) 과식하지 말아주세요.

2) 지방을 너무 많이 섭취하지 말아주세요.

3) 설탕을 너무 많이 섭취하지 말아주세요.

4) 염분을 너무 많이 섭취하지 말아주세요.

원래 식사는 공복상태에서 배가 꼬르륵하고 신호를 보내면 하는 것입니다. 그런데 배가 고프지 않아도 때가 되면 습관적으로 먹는 사람들이 압도적으로 많다는 것입니다. 그렇다면 습관을 바꾸기만 하면 되겠구나 하는 사람도 있을 것입니다.

과식과 지방질 섭취와 염분, 설탕을 과다섭취하면 우리 몸에 백해함을 누가 모르는 사람이 있겠습니까?

하지만 그중에서도 설탕은 노화를 촉진하고 수명을 줄이는 원인이 된다는 사실을 알고 있는 사람은 그리 많지 않은 것 같습니다.

여러 사람이 담배의 해로움은 익히 알고 있을 것 입니다. 그러나 설탕이 담배보다 더 해롭다는 사실은 잘 알려져 있지 않습니다.

단음식을 먹었을 때 혈당치는 대개 140mg/dl이상으로 상승하는데 이는 담배 4개비를 피웠을 때와 같은 정도로 혈관 안쪽의 세포를 손상시킵니다. 이렇게 당이 가진 독성을 당독성이라고 부릅니다. 당독성은 동맥경화나 뇌졸중, 심장병등을 일으키는 원인이 될 뿐 아니라 내상지방을 늘리기 때분에 다이어트의 죄대 적이라고도 할 수 있습니다.

이러니 이 얼마나 무서운 해독성입니까?

다음은 관절염에 대하여 이야기 해보도록 합니다. 우리 인체 중에서 뼈와 관련하여 여러 가지 원인이 있겠으나 뼈라는 것은 은행과도 같은 곳입니다. 칼슘을 저장해 두는 곳이라는 것입니다. 혈액속의 칼슘이 줄어들면 우리 몸은 뼈에서 그것을 보충합니다. 혈액속의 칼슘이 병적인 상태에서 계속 줄어들면 뼛속의 칼슘이 혈액쪽에 사용되는 것입니다. 하지만 일반적인 식사를 하면 뼈든, 혈액속의 칼슘이든, 모두 균형을 잡고 일정한 수치로 유지되도록 되어 있습니다. 그럼에도 불구하고 뼈가 약해졌다면 가장 큰 원인은 걷기 부족이라고 볼 수 있습니다.

나이가 들어서 아무리 칼슘을 많이 섭취해도 뼈가 점점 약해지는 것은 나이를 먹어감에 따라 운동량이 줄어들기 때문입니다. 게다가 뼈가 약해지는 것은 호르몬 양이 줄어드는 것과도 깊은 관계가 있습니다. 나이가 들면 점점 더 걷지 않는 경향이 있으니 이 때문에 칼슘은 더욱 결핍되고 무릎이나 허리에는 통증이 찾아오게 되고 통증때문에 점점 더 걷지 못하게 되면 결국에는 휠체어나 지팡이에 의존할 수밖에 없게 되고 뼈는 더욱 약해지는 악순환에 빠지게 되는 것입니다.

그래서 운동을 하라는 것입니다. 헬스장이 아니라도 좋은 걷기운동을 하라는 것입니다. 진정한 건강은 반드시 겉모습으로 나타나는 것입니다. 매끄러운 피부와 잘록하게 들어간 허리로 상징되는 외양의 젊음과 아름다음을 달성했을 때 비로소 살아있는 생물로서 가장 좋은 건강상태를 유지하고 있다고 말할 수 있을 것입니다.

지구상의 모든 동물은 자신의 아름다움을 뽐냄으로써 자신이 얼마나 건강한 지를 표현합니다. 그런고로 건강한 생활을 하면 그것은 반드시 외양의 아름다움으로 나타나게 마련입니다. 배고픔은 공복을 깨달은 위장에서 그렌린이라는 호르몬이 있습니다. 이는 공복으로 자극을 받은 위점막에서 분비된다고 하는데 이는 뇌의 시상하부(2012년 11월 10일 골든벨에서도 문제로 나온 것임)에 작용하여 식욕을 일으킨다고 합니다. 배에서 꼬르륵 소리가 나면 회춘 호르몬이 분비된다고 합니다.

다양한 동물실험을 통해 식사량을 40% 줄이자 수명이 1.5배 늘어났습니다. 시스투인 유전자는 통칭 연명 유전자, 또다른 명칭으로는 장수 유전자라고도 불리는 유전자입니다. 인류는 지금까지 여러차례 멸망의 위기를 이겨내고 생존해 왔습니다. 그리고 굶주림과 추위를 견딜 수 있는 능력을 가진 사람만이 생존할수 있었습니다. 그렇게해서 살아남은 인류는 불가능하다고 일컬어지는 뇌세포의 재생까지도 가능하게 만들었습니다.

사람의 감성을 관장하는 뇌의 가장 원시적인 부분인 해마가 뇌의 회춘에 관여하도록 진화한 것입니다. 이렇게 하루 한끼만 먹는 식생활이 가져오는 효용성은 무한하다고 아니할 수 없습니다. 소식하고 걷기운동하라고, 무리한 운동은 오히려 건강을 망칠 수도 있습니다. 급격히 심장박동수를 올리는 과격한 운동은 백해무익합니다.

심장에는 암이란 병이 생기지 않습니다. 암이란 병은 세포가 무한대로 분열하므로 발생하는 병입니다. 하지만 심장은 어릴 때 완성되고 나면 더 이상은 세포분열을 하지 않습니다. 이러한 이유로 심장을 종말분열세포라고도 합니다. 그래서 심장은 암에 걸리지 않는 것입니다. 그대신에 심장 세포가 한번 손상되면 세포분열로 보완할 수가 없습니다. 그렇기 때문에 심근경색이라도 일어나면 더 이상 세포를 보충할 수가 없게 됩니다.

모든 동물의 심장박동수는 평생 20억회로 정해져 있습니다. 1분에 50번 박동한다고 했을 때 80세가 되면 멈춘다는 계산이 나옵니다. 꾸준히 운동을 하면 심장박동수가 많이는 올라가지 않는다고 합니다. 그렇다고 평소에 운동을 안하던 사람이 비만탈출을 결심하고 갑자기 격한 운동을 하게 되면 매우 위험합니다.

심장에 급격히 부담을 주면 심장이 갑자기 멎는 일이 일어날 가능성이 커다는 것입니다.

걷기 운동이 왜 좋은가요?

종아리와 등, 근육이 튼튼해지기 때문에 혈액 펌프 역할을 하기 때문입니다. 몸을 움직이지 않으면 정맥에서 생긴 혈전이 폐로 옮겨가면서 급사하는 경우가 있습니다. 이를 이코노미 클래스 증후군이라고 합니다. 정식 명칭은 심부정맥 혈전증이라고 합니다. 폐로 흘러가 폐동맥이 막히면 폐색전증, 뇌로 흘러가면 뇌경색이 되어 생명이 몹시 위태로운 상태가 됩니다. 지병을 갖고 있는 사람의 수명이 짧은 것도 이와 무관하지 않습니다.

마지막까지 건강하고 활기차게 보낼 것인가?

인생 백년의 삶을 누구나 병원에서 누운 채 주위 사람들에게 폐를 끼치면서 보낼 것입니까?

아니면 마지막까지(구구팔팔이삼사(99,99,234))로 살 것인가는 본인의 마음이지만 대부분의 사람은 입원할 정도의 병마에 시달리다 가는 자신의 인생에 한계가 왔다는 것을 깨닫습니다.

중환자실에서 인위적으로 수명을 연장받고 있는 많은 병자들의 모습들 생의 끈을 놓지 않으려는 모습들을 볼 때마다 이것이 인간의 본 모습일까 하는 생각이 듭니다.

그냥 놓아버리면 편할 것을 왜, 이다지도 악착같이 살려고 합니까?

인간은 누구나 아파보지 않은 사람은 질병의 고통을 모릅니다. 죽음의 문턱에서 늦게야 후회하지 말고 전술한 바와 같이 소식을 하던지 일일일식을 선택하던지 미리 건강할 적에 건강을 챙겨야 그나마 장수할 수 있다는 것입니다.

나구모 요시노리는 이 책 마지막 부제에 매끈한 피부와 잘록한 허리를 위하여라는 말을 끝으로 일일일식은 채소는 잎째, 껍질째, 뿌리째, 뼈째, 머리째 곡물은 도정하지 않고 먹으라고 당부하면서 글을 끝맺습니다.

한 마리만 여왕 나머지는 숙청

개미의 제국에서도 영역의 전쟁이 벌어지기도하는데 여왕개미가 혼자의 힘으로 어렵다고 판단될 적에는 주변의 여러 여왕개미와 연합한뒤 적들을 각개격파합니다. 그러나 이 동맹은 그리 오래가지 못하고 다만 천하를 평정할 때까지 입니다. 제국이 만들어지면 거의가 예외없이 단 한마리 여왕이 다스리게 되는데 나머지 합동으로 제후한 다른 여왕개미들은 숙청을 당하게 됩니다.

얼마 전 조선일보 지면에 이화여대 석좌교수인 최재천씨에 의하면 자연계에서 우리 인간사회와 가장 흡사한게 개미사회라고 합니다.

동맹한 여왕개미들끼리 마지막 승부는 어떻게 가리는가?

여왕들끼리 서로 혈투를 하는 경우도 있지만 보통 이들에게 딸린 일개미들이 서로 바쁘게 왔다갔다하며 뭔가 의사를 교환하며 숙의 끝에 동맹한 나머지 여왕개미를 숙청합니다.

이 얼마나 기막힌 결정입니까?

일개미들은 숙청당한 그 여왕들이 낳은 알에서 부화한 것입니다. 그러보면 자식한테 물려죽는 셈입니다.

이들의 최고 지도자 선택기준은 무엇일까?

답은 가장 많은 알을 오랫동안 낳을 수 있는 여왕을 옹립합니다.

개미의 세계뿐 아니라 밀림의 여타한 맹수들의 관계에서도 정력이 제일 왕성한 놈이 우두머리가 되는 현상을 자주 보게 됩니다. 이것이 자연의 철칙이고 우주의 섭리이기도 한 것입니다.

아버지 날 낳으시고 어머니 날 기르시고라는 말이 있습니다. 사회 생물학에서 남성은 씨앗이고 여성은 밭이라는 말이 본래 생물학적으로는 사실 씨앗도 반반입니다. 같이 낳은 것입니다. 굳이 누구의 기여도가 크냐고 묻는다면 여성의 기여가 조금은 더 크다고 할 수 있습니다. 유전과 관계되는 핼 속DNA은 암수가 반반씩 기여한다고 합니다. 하지만 영양분은 암컷의 난자(세포질)에서만 제공됩니다. 번식에서 수컷의 기여는 유전자 반쪽밖에 없습니다. 전 동물계를 봐도 수컷은 잠깐 번식에 참여할 뿐입니다.

그렇다.

개미와 벌은 수정란이 암놈이 되고 미 수정란은 수놈이 됩니다. 수놈은 유전자의 반쪽인 엄마의 유전자만 갖고 태어나니 반쪽이 모자라는 개미인 것입니다.

긴 역사를 보면 남성이 여성을 지배한 것은 노동력이 극히 필요했던 농경시대가 되면서입니다. 수렵과 채집시대에는 허구한날 남성은 빈손으로 들어왔습니다. 식탁에 기여한 것이 별로 없으니 발언권도 별로 없습니다. 현실은 더 이상 남성의 근력만이 중요하지 않게 됐습니다.

요즘 세상에서 아들낳고 싶은가? 딸 낳고 싶은가? 라고 물으면 75%가 딸 낳기를 원합니다. 이 정도면 게임은 끝난 것입니다.

이번 19대 대통령 선거에 여성 후보자가 등장하게 됨에도 많은 공방도 있습니다.

성 역사를 보면, 중세에는 남성, 여성 둘만 얘기하지 않습니다. 중간적인 성도 있었습니다. 이를 딱 둘로만 구분하지 않았던 시대가 인류역사에서 여러 문화권에 있었습니다.

식물에는 꽃안에 암수가 다 들어있습니다. 수술이 먼저 앞으로 튀어나옵니다. 벌이 들어오면 꽃가루를 묻혀주는 역할을 합니다. 그 수술이 시들고나면 그때부터 가운데 있는 암술이 꽃가루받이 역할을 하게 됩니다.

얼마 전 TV에 전국에서 일률적으로 꿀벌이 사라지고 있다고 합니다. 왜 일까요? 휴대폰 전자파의 영향이라는 설이 있는가 하면, 전자파, 살충제, 벌통안에 기생하는 진드기 등 별별 원인이 다 제기됐습니다. 모든 것이 다 원인이 될 수도 있습니다. 하지만 최교수는 생태의 엇박자라는 새로운 가설을 제기하고 있습니다. 생물은 다른 생물들과 함께 살아가야 하는데, 가령 봄이 돼서 돌아온 제비는 알을 낳고 부화한 새끼들에게 고단백 곤충을 먹이거나, 늦춘다거나 하였습니다. 그 시기가 어긋나서 먹이로 쓸 곤충을 찾기 어렵다면 어떻게 될것이라 봅니까?

결과는 뻔합니다. 이런 기후적 변동으로 덴마크 등, 북유럽에서 철새의 70%가 몰살했다는 연구 결과가 있었습니다. 꿀벌도 새끼를 키울즈음, 활짝핀 꽃이 줄어들었다는게 아닙니까?

그런 세월 이런 세월

1960년대 한창 새마을운동이 전국에 요원의 불길처럼 번져나가 방방곡곡에 아침일찍 일어나서 다함께 잘살아보세 잘살아보세, 우리도 한번 잘살아보세, 그래요 우리도 한번 잘살아보세라는 그 노래에 얼마나 많은 갈망과 요구가 깃들어 있는지 당신은 모를 겁니다.

집단으로 마을마다 풀을 메어 퇴비증산하는가하면 무너진 돌담을 새로쌓고 꼬불꼬불 굽은 마을길도 넓히고 있는 듯, 없는 듯, 보리밥 서로 나눠먹으면서 6.25전쟁으로 벌거벗은 민둥산에 소나무 심고 편백나무, 오리목나무랑 치산치수 사업의 일환인 사방사업의 대가로 하루 일해 받는 대가가 미국원조로 밀가루 배급입니다.

일해서 받은 그 밀가루로 온식구가 먹기도하고 밀가루로 슬떡도 찌고, 먹걸리 한말놓고 동네잔치도 했습니다. 우리도 한번 잘살아보세가 세계에서 유래없이 보기 드문 경제발전을 하게 됩니다. 그 당시에는 불어나는 인구보다 소득이 부족하여 마음놓고 배불리 먹지못했던 시기였습니다. 정부의 인구 정책도 아들딸 하나만 낳아 잘 기르기를 독려하기도했던 때입니다.

배고픔은 참을 수 없는 인간의 고민이기도 했습니다. 보리밥 한끼도 배불리 먹지 못하여 콩나물을 섞어서 양을 많게 부풀려서도 먹었던때, 딩기죽(방아간에서 정미후에 나오는 곡식의 겨눈)도 산나물을 섞어서 먹었는데, 경상도 사투리로 갱죽이라고 하였습니다. 바닷가 사람들은 물에서 잡은 작은 꽃게를 빻아서 엷은 삼배천으로 짜서 그 물에 쌀을 넣고 끓인 것을 제주도 말로는 깅이죽이라고도 하였습니다.

외국에서 주는 밀가루가 아니면 정말로 굶주림을 벗어날 수 없었던 그 시절이었습니다. 밀가루로 수제비를 만들어 거개가 주식으로 했는데 그것마저 배불리 먹을수 없었던 궁핍한 보릿고개를 현대의 젊은 이 나라 국민들은 알기나 할까?

굶어보지 않은 사람은 배고픔을 알 리가 없습니다. 배고픔을 겪지 않은 자는 허기진다는 말을 모를겁니다. 그런데 말입니다. 이렇게 생활할 적에는 요즘 말하는 4대 질병같은 것은 없었던 것이 아닙니까? 그러던 것이 지금은 어떤가?

지난 월요일 오후에 박내과를 들렸습니다. 자연적으로 변화하는 노쇠현상을 직감하지 못했던 나는 그날 사진도 찍어보고 피 검사도 했으며 의사의 진찰을 받았습니다. 눈의 시력검사도 해보았습니다.

그리고 평소에 계속 복용하던 간장약을 처방받기 위해서 갔더니 별이상이 없는데 자연발생적 현상이라는 것이 의사의 진단결과였습니다. 그리고 나이든 의사 말씀이 당뇨는 없으나 혈압이 약간 높으니 혈압약을 드시라고 처방전을 서주면서 주문은 이랬습니다.

짜고 매운 것을 적게 먹기를 권합니다. 그리고 운동도 계속하라고 하며 뱃살도 빼야된다고 합니다. 금주 금연도 하랍니다. 아니 지레짐작으로 무조건 싱겁게 먹으라고 하는구나, 하기야 우리네들도 별 이의 없이 가급적 싱겁게 먹으려고 합니다. 이렇다보니 정작 우리몸에 필요한 양보다 염분을 훨씬 적게 섭취하는 사람도 있어 그에 따른 여러 가지 질환이 발생하게 된다고 한의학 박사인 이병삼의 저서, 내 체질사용 설명서에 상세히 밝히고 있습니다.

나트륨이 필요한 생리적인 이유 중 가장 큰 것은 혈관 안에서 일정한 농도를 유지함으로써 혈액량이 좌우되기 때문이라고 합니다. 따라서 무작정 염분을 제한하지 말고 자신의 체질과 증상을 참조하여 염분의 섭취를 탄력적으로 조절해야하며 경우에는 짜게만 먹어도 자신이 가지고 있는 병이 낫는 사람들이 실제로도 많다고 그는 밝히고 있습니다.

소금이 우리 몸에 필요하다는 것은 의사이던 일반인이던 부인하지는 않습니다. 중요한 것은 사람마다의 적정량인 것입니다. 우리나라 사람들이 맵고 짜게 먹어 소화기 질환이나 암 등의 질병이 많이 생긴다는 것은 재고해봐야 할 것입니다. 한가지 예로 절에서 싱겁게 먹고 고춧가루도 전혀 먹지 않는 스님들의 위장병과 암은 어떻게 해석해야 하며, 육류를 먹지 않고 90%이상 채소 종류만 먹고 또한 소식을 하는데도 비만인 스님들은 어떻게 설명할 것인지, 모든 것이 결론은 각기 체질에 따라 다른 것입니다. 자신이 가지고 있는 체질의 몸 상태에 따라 적절하게 영양분을 섭취해야 한다는 것입니다. 오히려 위장질환(위염, 위궤양, 위암, 역류성 식도염, 십이지장궤양)이 있거나 신장질환(단백뇨, 혈뇨, 신부전)이 있거나 대사상질환(고혈압, 고지혈증, 고콜레스테롤, 중풍, 당뇨) 등의 증상이 있는 사람이나 그러한 가족력이있는 사람일수록 반드시 맵고 짜게 먹어야 된다고 합니다. 왜냐하면 맵고 짜게 먹지 않아서 이러한 병들이 생겼기 때문이라고 이병상 한의학 박사는 조목조목별로 정확한 데이터와 함께 설명하고 있으니 말입니다.

그렇다면 대중적 결과론으로 일반적으로 상충되는 부분이 있으나 많은 사람들이 싱겁게 먹는 식생활이 몸에 배여 옳은 것으로 생각되어 식습관을 바꾸고 있는 상황에서 맵고 짜게 먹지 않았기 때문에 위에서 열거한 많은 질병이 생겼다고 하니 어느쪽에 진실의 손을 들어야 될지 헷갈리기까지 합니다.

2013년 3월 30일 저녁 KBS TV 10시 생로병사에서는 우리들의 식습관에 대하여 1일 1식 과연 건강에 유익한가를 두고 실험 방영함을 우연히 시청하게 되었습니다.

하루에 1끼만 먹어도 건강에 오히려 좋다는 책을 쓴 일본인 작가는 매우 긍정적으로 얘기했으나 1일 2식과 1일 3식, 1일 5식의 단계별로 실제 실험결과는 1일 3식이 그래도 우리 인체에 제일 적합함이 증명되었습니다.

물론 그것은 오랜 세월동안 우리 인체에 1일 3식이 적응되어 있었기 때문이기도 하지만 이것 역시도 이미 적응에 익숙해져 있는 개개인의 체질 때문이라고 조심스럽게 단정해 봅니다.

우리들 인체의 구성은 스스로 질병을 극복하려는 자생능력이 엄청 뛰어나긴 하지만 그렇다고 그 자생능력을 너무나 학대 해석하여 어지간한 질병은 그냥 있어도 낫겠지 하는 생각은 절대 금물입니다. 비견한 예를 들어보면 배가 갑자기 아파서 통증이오면 약방에 가서 활명수 1병 사먹으면 그냥 체했던 것이 술술 내려가며, 팔꿈치를 다쳤거나 몸에 종기라도 생기면 조 고약을 하나사서 조금만 떼어서 성냥불로 약간 녹여서 종기 위에 덮으면 신통할 정도로 빨리 상처가 나았습니다.

그 세월 그 시절에는 이것만보아도 시골 아낙들이 구매하지 못해서 오금이 절이던 박 가분이란 여성들 사이에서 선풍적인 인기를 끌었습니다. 박 가분은 1920년에 상표등록을해서 우리나라 전역에 판매되었으나 해방과 더불어 슬그머니 사라졌습니다. 그 세월에는 그랬습니다. 그뿐이랴, 전국의 방방곡곡 시장날이면 으레 단골손님인 동동구리무가 생각이 날겁니다.

1947년 현재의 LG그룹의 창업해서 처음 내놓은 제품으로 당시에는 얼마나 인기가 있었습니까? 행상들이 등에 지고 머리에 이고, 등에 짊어진 북을 동동치면서 팔고 다닌다고 붙여진 이름이 동동구리무라고 했습니다.

첫 생산된 지 65년 만인 2012년 5월에 LG생활건강의 럭키크림 더 클래식으로 재탄생함과 동시에 사라졌습니다. 아니 사라진 것이 아니라 이름만 바뀐 것입니다.

그뿐이겠는가, 배고픔을 참으면서 잘살기 위해서 후손의 풍요를 위해서 우리 국민들은 얼마나 열심히 뼈빠지게 일했는지, 이 나라의 젊은이들이여 아는가 모르는가?

60년대 70년대 어린이 영양제의 대명사인 고소한 맛 그것도 가난 탓에 장남에게만 주기도 했던 원기소는 1956년 처음 출시한 것으로써 씹으면 고소한 맛이 나면서 어린이들은 눈깔사탕보다도 더 좋아들 했습니다. 또 있다.

현재 LG전자의 전신인 금성사는 설립 이듬해인 1959년에 우리나라 최초의 진공관식 라디오를 개발해 시장에 내놓았습니다. 당시만 해도 일본제 소니제품과 미국제 제니스 라디오등과도 비길만한 인기 품목이기도 했습니다. 그후, 60년대로 접어들면서 1963년에 삼양식품이 최초로 시판하여 현재까지도 꾸준히 판매되고 외국에까지 심지어 지구촌 60여개 나라에서조차 즐겨먹는 삼양라면이 우리나라로서는 최초의 인스턴트 식품이기도 했습니다.

당시의 가격은 10원이었다고 하는데 평균 물가지수에 비기면 싸지 않았습니다. 이후, 정부의 분식 장려정책에 힘입어 대히트를 쳤다고하는 것을 알고 있습니까?

유심히 관찰해보니 활명수, 박카스, 하이타이, 새우깡, 초코파이 등은 국민브랜드로 인기를 끌고 있는 장수 상품 중에 하나이기도 했습니다. 1963년 출시된 인지도 1위인 박카스, 66년 4월에 시판된 럭키 하이타이 스낵류에서 단연 인기를 끌었던 농심 새우깡, 전 세계 60여개국에 수출되면서 지난 2010년까지 140억개가 팔린 동양제과의 초코파이등이 국민브랜드로 호감도나 인기도에서 국내 최장수 상품들입니다. 자식을 군대에 보낸 부모가 아들 면회갈적에 꼭 사들고간다는 초코파이가 아니던가?

이렇게 지난세월을 앞당겨 회상해보면 그때의 추억들이 파노라

마처럼 뇌리를 지나갑니다. 그래도 그때는 요즘과같은 나쁜병이 많지는 않았습니다. 복부비만이다, 과다체지방이다, 당뇨다, 혈뇨가 심하다, 무슨, 무슨 암이다, 신경성 무슨, 무슨병이다, 이루 헤아릴 수 없이 많기도 했습니다. 그러면 불과 20년, 30년이 지난 지금 그때에 없던 희안한 병이 왜 과다히 많을까?

필자의 소견으로는 아마도 음식을 먹는 습관 때문이 아닐까라고 조심스레 단정지어 봅니다. 사실 그렇지 않습니까? 그때와 현재의 식단을 비교 생각해 보십시오. 구경도 못해봤고 생각지도 못했던 육류식품이랑 마트마다 식품점마다 진열해놓은 그 엄청난 인스턴트 식품 등, 외식업도 문제이려니와 직접적 우리네 밥상 위에도 칼로리가 넘쳐나는 식단 아닙니까? 과거에 그런 세상이 있었다면 현재 이런 세상에 와서는 금연얘기 하나 더 해보겠습니다.

뜬금없이 무슨 금연 애기냐구요. 역시 체질에 관한 이야기를 할려고 합니다. 특히 정부는 금연시책을 강력히 홍보하고 있고 또한 일부 규제까지 하고 있는 이중성 말입니다. 국민 모두의 건강을 생각해서는 금연을 함이 마땅하다는 것을 대다수의 국민들은 긍정적으로 동의합니다. 흡연이 폐암, 간암 등의 직접적인 원인이 됨을 국민의 건강문제로만 국한한다면 차라리 생산, 판매를 아니하면 될것입니다. 그러나 담배인삼공사나 정부의 정책면세에서나 또는 애연가들의 입장에서 상기해보면

첫째로 생산 판매를 중지하면 막대한 세원 부족으로 이어져 새정부에 막대한 어려움이 있을 것은 자명하고 애연가들의 불평불만과

국민들의 자율 평등권에 부딪혀 민심이 이반될 염려도 배제하지 못할것이 또한 자명합니다. 현실적으로 정부의 금연정책은 애연가들을 발 붙일 곳도 없게 만들고 있으니 말입니다.

공공장소는 물론이고 식당에까지 금연구역으로 지정되었으니 흡연자들의 권리를 제한한다하여 논란의 소지도 있지만 대다수 국민들은 압도적인 찬성으로 환영하는 분위기이기도 합니다.

흡연이 내 건강에 좋지 않다는 것은 이미 삼척동자도 다 압니다. 더 이상 재론의 여지가 없을것이고, 담배를 처음 배울 때 몸에서 자연적으로 발생하는 호흡곤란, 기침, 심통 등의 불편증상을 다 겪어봤으리라고 봅니다.

담배를 피우는 사람은 흡연을 하고도 90세를 살았느니. 100세를 넘겼다느니 오래산 사람을 예로 들어 반론을 제기합니다. 이것은 흡연자들의 궁색한 변명일 뿐입니다. 변명을 하는 자기들도 그 사람처럼 흡연과 무관하게 장수할 수 있다고 절대로 자신할 수만은 없습니다. 각종 암과 특히 폐암과 흡연과의 관련성은 이미 정설이 되었고 간접흡연의 위험성도 상당하다고 인정되고 있습니다. 한 해가 바뀌면 새해 벽두부터 많은 애연가들이 금연을 맹세하지만 대개가 작심삼일이되고 마는 것이 금연맹세입니다.

오죽하면 담배 끊는 인간하고는 상종도 하지 마라. 담배도 독하지만 그것을 끊는 사람은 진짜로 독종이라는 말일 것임이 틀림없습니다. 사람은 자기의사와 반대되는 것을 해야할 때 의지나 노력이 상당히 필요합니다.

아이들에게 밤새 게임하라고 하면 즐겁게 그렇게 할 수 있습니다. 하지만 하기 싫은 공부를 억지로 하라고 하면 상황이 달라집니다. 이와 비슷하게 담배를 끊으려는 많은 사람들이 마음속으로는 실은 담배를 끊고 싶지 않은 마음이 있는 것입니다. 그냥 계속 피웠으면 좋겠는데 나의 건강이나 주위의 시선 등 여러 가지 이유로 하고 싶지 않은 것을 해야 하는 상황에 빠진 것입니다.

흡연자들이 늘상하는 얘기로는 나는 언제든지 마음만 먹으면 끊을 수 있고 지난날에도 얼마동안 안피운적이 있다는 말을 하는 사람들이 의외로 많이 있는데, 필자는 이말에 회의적이고 동의할 수 없습니다. 왜냐구요. 당신이 지금까지 피우고 있는 것이 이미 실패한 것이기 때문입니다.

필자도 40년간 피우던 향초(절에서는 담배를 향초라고함)를 어느날 마산, 진동 인곡 화장장에서 화구에 들어가는 한구의 시신을 위한 극락왕생의 염불을 하면서 불현한 생각을 하게 되었는데 금연한 지가 이제 3년째가 되었으니 성공을 했구나 하는 생각합니다. 혹자는 시샘하는 말로 10년은 되어야 완전히 끊은 것으로 판정지을 수 있다고 하지만 중요한 것은 필자는 담배를 이미 끊었다는 것입니다.

어찌됐던 우리들 몸의 질병이나, 금연 맹세나 체질 개선이나 식생활 개선이나 모두가 마음이 아프게도 병들게도 낫게도 하며 내 마음이 어디로 쏠리느냐에 따라 정해집니다.

불교 화엄경에서 일체유심조라고 했습니다.

이 마음이 만들기도 하고 없애기도 하는 것입니다.

가고파의 고향

사돈査頓의 유래

고려시대 9성을 쌓아 여진족의 평정으로 유명한 정벌군 원수 "윤관尹瓘 장군과 부원수 오연총吳延寵의 이야기에서 유래되었단다.

원수 '윤관'과 부원수 '오연총'이 아주 절친하게 지냈단다, 그리하여 자녀들을 결혼시켜 더욱 정이 쌓였도다. 매일같이 술병을 들고 찾아가 옛 이야기로 정담政談을 나누곤 했는데 작은 개울을 사이에 두고 살았다. 어느 날 소나기가 많이 내려 개울이 넘쳤다, 그 두 사람은 여니 날과 같이 술병을 들고 서로를 찾아갔다. 그러나 개울이 넘쳐 서로 건널 수가 없어서 양 편에서 서로를 마주보며 한잔 하시게 하고 권하면 반대편에서 예, 하고 받아서 자작을 하는 등, 사査 머리 조아릴 돈頓 서로 권 커니 받거니 하면서 밤을 샜다는 데서 유래된 것인데 이 운치 있는 이야기가 곧 고려의 식자층 및 풍류객들에게 널리 소문이 났으니.

그때부터 혼담 이야기만 나오면 우리도 사돈 한번 합시다.

비 내리는 고모령

어머님의 손을 놓고, 떠나 올 때엔

부엉새도 울었다오, 나도 울었소
가랑잎이 휘날리는 산마루턱을,
넘어오던 그날 밤이 그리웁군.

맨드라미 피고 지고 몇 해이던가,
물방앗간 뒷전에서 맺은 사랑아
어이해서 못 잊느냐 망향초 신세,
비 내리는 고모령을 언제 넘느냐.

해방 직후에 '박시춘'이 작곡하고 '유호'가 노랫말을 붙인 것을 '현인'의 목소리로 세상에 펴낸 '비 내리는 고모령'이다. 이 가요는 고향을 떠난 중장년층이 즐겨 불렀던 노래이다.

이 노랫말에 나오는 '고모령'은 어디를 두고 하는 말일까?

고모령의 근원지는 대구시 수성구 만촌동 파크호텔 남쪽 길에서 '팔현'마을로 넘어가는 고개를 말한다. 일제시대 경북 경산의 한 아주머니가 남편 없이 두 아들을 키웠는데 두 아들 모두가 독립운동을 하다 왜경에 붙들려 대구 감옥에 갇히게 됐다.

어머니는 감옥으로 면회를 자주 갔는데, 그 어머니가 넘던 고개가 바로 '고모령'이며 아들에 대한 그리움과 서러움으로 감옥이 있는 대구 쪽으로 자꾸만 고개를 돌렸다고 해서 고개를 돌려서 본다는 고顧와 어머니 모母를 붙여서 '고모령'이 됐다는 유래이다.

벼슬 가진(소나무) 세금 내는(팽나무)

충남 보령에서 법주사 가는 길 도중에 조정에서 벼슬내린 종4품의 소나무가 있음을 모르는 사람이 없을 것이다. 그런데 세금을 내고 있는 팽나무를 아는 사람은 극소수에 불과하다.

경남 고성군 마암면 14호선 국도변에서 그 많은 풍상을 견디고 꿋꿋이 서있는 팽나무 한 그루가 있으니, 수령 500년의 이 고목은 예부터 삼신三神, 水神, 木神 당산목이라 하여 마을 수호신으로 섬기며 매년 정월보름마다 삼찬의 재물을 갖춰 마을의 안녕을 기원하는 동신제를 지내고 있다는데, 이 팽나무는 특별한 사연도 갖고 있다.

예전에 이 나무가 서 있는 곳까지 바닷물이 들어왔는데, 임진왜란 당시 '이순신' 장군이 당항포 해전을 치르면서 이 나무에 배를 매어두고 바다에서 패하여 육지로 도망치는 왜적들을 물리쳤다고 하여 전승목戰勝木이라 불렀다. 또 땅을 갖고 있어 김목신金木神으로도 불린다.

귀신 쫓는 회나무

옛날부터 회나무는 귀신을 쫓는 나무라고 알려져 있다. 경남 함안군 함안면 봉성6길 62(북촌리 1033-3)에 소재한 '봉암사'라는 사찰에 수령 480년의 회나무 한 그루가 대웅전 앞쪽 종각 옆에 비스듬히 서 있다. 이 회나무의 수령을 480여 년으로 추정하는 데는 학자들의 고증을 받지는 않았으나, 1583년도의 '함주지'에서 문헌으로 봐서 연대가 추정된다.

그 당시에 함주현감咸州縣監으로 부임한 '정구鄭逑' 한강 선생이 그 때부터 지방으로는 최초로 '함주지'를 편찬하게 되는데 현재의 사찰 터는 그 당시 '사직단社稷壇'으로서 지방 현감 등이 부임을 해오면 이 사직단에서 일종의 부임 신고를 하는 터였든 것이다.

오랜 세월이 지나서 이부지는 1938년도에 사찰로 건립되어 현재에 이르고 있는데 그 당시(1583년경)에 심은 것으로 추정되는 회나무인 것으로 판단된다.

그런데 이 귀신 쫓는 회나무는 현재 청와대에도 수령 200년쯤으로 되는 두 그루의 고목이 있다고 합니다.

귀신들이 이 '회나무'를 왜 두려워할까?

기氣라는 놈을 찾아서

경남 산청의 동의보감촌에서 기체험을 한 이후 한국관광공사 사장으로 임명 받았다는 독일인 '이참' 사장의 이야기입니다.

산청의 기효험은 민족정기가 서린 백두대간의 곧은 동맥에서 열두개의 갈라진 갈비뼈격인 12정맥을 이루면서 남쪽으로와서 끝을 맺는 낙남정맥 중에서도 특히 기가 쌘 곳은 동의보감촌이라고 합니다. 지리산 천왕봉 능선의 동북단인 금서면 특리에 자리한 세계전통의약 엑스포의 주 무대입니다. 과학적 근거의 논란은 있지만 예로부터 기란 만물생성의 근원이되는 힘의 개념으로 보았습니다. 조선후기 기철학을 집대성한 혜강 최한기 선생은 기학에서 기를 활동운화라는 물건으로 정의했습니다.

우주 공간에 가득차 움직이며 만물을 끊임없이 창조하는 물체라는 의미입니다. 생소한 개념이지만 기는 전통의 약과도 맥이 닿아 있습니다. 사람이 죽을 때는 몸 안의 기가 다 소진되고 나면 즉, 몸 속의 기가 하나도 없게 되면 죽게 되는 것입니다. 기란 놈이 그래도 우리 육신을 지탱하고 있었음을 증명해주는 것입니다. 사전식 동의보감에서는 기가 정신의 근체일 경우 동원에 이르기를 기는 신의 조상이요 정은 기의 아들이 되니 기란 정신의 근체 즉, 뿌리가 곧게 올라온 줄깃대를 말한다고 하였습니다.

기는 년수를 더해 주는 약이 되고 마음은 기를 움직이는 신이 되는 것입니다. 만일에 기를 움직이게 하는 원리를 체득한다면 신선을 알게 될 수가 있다고 합니다.

또한 그 기가 곡식에서 생길 경우에는 영추에 이르기를 사람은 곡식에서 기를 얻게 되며 음식을 먹음으로 그 곡식이 위에 들어가 폐로 전달하면 오장육부는 그 기운을 받아서 부드럽고 맑은 것은 영이되고 탁한 것은 위가 되는 것입니다.

영은 맥의 중앙에 있고 위는 맥의 밖에서 그 주의를 50여회 정도를 돌며 쉬지 않고 다시 모여서 음양이 서로 꿰뚫어 통하니 고리처럼 둥글어 끝이 없습니다.

우리들이 매일 음식을 섭취하는 정기는 기를 보익시키나, 기는 곡식에서 나오는 것으로 기와 미자를 합한 것이 기가 되는 것입니다.

사람의 몸가운데 천지, 음양에 따른 조화의 기를 갖추고 있으니 열심히 섭생하고 몸을 조양한다면 20세쯤에 기가 왕성해지고 욕심을 조절하고 노고를 줄이면 기가 길어지고 완화하며 욕심을 부리고 노고가 쌓이면 기가 적어지고 짧아질 것인 즉, 기가 적어지면 몸이 차츰 쇠하게 될 것이고 쇠하여지면 많은 병이 생기게 되고 병이 생기면 결국에는 생명이 위태하게 될 것은 자명해짐이니, 이러한 일련의 섭리를 비추어볼 때, 우리 인체를 건강하게 유지함은 즉, 식생활하고 밀접한 관계가 있음을 예견할 수 있습니다.

그뿐이 아니고 이 기란 것이 위로 변해서 몸 밖을 호위할 경우도 있고 호흡의 근원일 경우도 있으며 태중의 호흡일 경우와 기를 조화할 경우, 폐가 기를 주관할 경우가 있는가 하면 기가 제병의 원인이 될 경우도 있는가 하면 기가 안일해서 정체될 경우도 있다고 합니다. 이런 경우는 대부분 한가한 사람들로 운동력이 부족하고 포식하면서 살기 때문에 경락이 정상으로 통하지 않고 혈맥이 응체하여 행기의 운행이 잘 안되는 것입니다. 흐르는 물은 썩지를 않고 문지방은 좀이 먹지 않는다는 말이 값진 훈계가 되는 것입니다. 안일하면 기가 체한다는 것은 즉, 기가 맺힌다는 말입니다.

그래서 무슨 어이없는 일을 당하면 기가찬다는 말과 기가 막힌다는 말로서 표현하는 것입니다. 사람에게 있어서 기의 원동력을 크게 대별을 한다면 네가지로 요약할 수가 있는데, 그 첫째가 음식물입니다.

앞서 이야기한 바와 같이 일명 곡기라고 하는데 곡식에 의한, 먹는 음식에 의한, 곡물의 기를 말함입니다. 먹어야 살기 때문에 음식물을 통해서 그 기운을 직간접적으로 받아들이는 것입니다. 그 곡물을 섭취해서 지상의 기운을 받고 생선이나 해산물 등을 섭취해서 바다의 기운을 간접적으로 섭취하는 것입니다.

두 번째는 천기입니다.

천기는 바로 우리가 숨쉬는데 없어서는 안될 공기와 만물이 소생하는데 필요한 태양빛을 제공합니다. 사람은 잠시라도 숨을 쉬지않으면 죽습니다. 또한 이 천기가 나쁘면 건강이 나빠집니다.

맑은 공기는 좋은 천기지만 오염된 공기나 공해는 나쁜 천기입니다. 그래서 이 천기가 어떻게 하느냐에 따라서 거기서 생활하는 사람의 건강이 좌우됩니다.

그리고 사람이 햇빛을 받지 않으면 얼굴이 붓고 힘이 없어지고 얼굴색이 하얗게 되는 이유도 역시 필요한 태양의 빛을 공급받지 못했기 때문입니다.

특히 양택에서는 집을 지을 적에 이 천기를 잘 이용함이 좋을 것입니다.

세 번째는 지기입니다.

사람은 지기를 받기 위해서 잠을 자는 것이지 잠을 자기 위해서 지기를 받는 것은 아닙니다.

잠을 잘 때는 온몸을 바닥과 가장 많이 밀착시켜서 땅의 기운을 받아들입니다.

내가 잠자는 곳의 위치가 좋은 기가 많이 있는 곳이라면 이롭고 좋은기가 나의 몸에 스며들 것이고 나쁜기가 흐르는 곳이라면 나쁜 기운의 에너지가 내 몸속으로 스며들어서 매사에 불리하게 작용될 것이 아니겠습니까?

사람이 잠들어 있는 상태는 가사상태 즉, 죽은것과 다름없는 상태이기 때문에 좋은 기든, 나쁜 기든, 그것을 방어할 능력이 상실되어 있기 때문입니다.

이와 같이 우리 일상 생활에서 접하는 모든 것이 기와 관련된 것들이며 우리 인간은 태기가 있어서 새생명으로 잉태되었다가 살아 있는 생기가 끊어지거나 사기가 온몸에 퍼지면 이 세상과도 인연이 끝나는 것입니다. 즉, 소우주라고 하는 사람의 몸뚱아리는 기로 시작해서 기로 끝나는 것입니다.

마지막 네 번째는 인기에 대하여 이야기 해보도록 합니다.

사람과 사람들 속에서 생하는 인기는 바람과 같이 손에 잡히지도 않고 눈에 보이지도 않으며 또한 무게가 가지고 있지 않으면서 우주만물의 삼라만상을 다 움직이는 그 어떤 근원적인 힘이라고 할 수 있습니다.

좋든 나쁘든 우주공간에 꽉차 있는 기 중에서 어느 누가 나에게 유리한 작용을하는 좋은 기를 많이 당겨오는가에 잘 되고 않고의 결과가 생기는 것입니다.

여러 가지의 기중에서 사람의 기는 사람들이 운집하면 기가 많이 모이고 긍정적인 마음가짐과 행동을 하면 좋은 기가 그곳으로 가게 되고 나쁜 생각 저주와 시기와 욕설 등을 하면은 기가 흩어진다는 것입니다. 그래서 우주가 형성되고 지구가 생기고 몇억만 년의 진화과정을 거치면서 변하고 변형되면서 인간이 탄생되어서 현재를 살아감에 기의 활용성을 더해 갈려고함이 인간의 본능으로 귀착되기도 합니다.

기와 명당

우리들이 보편적으로 생각할 때 좋은 기가 많이 모여있는 곳을 명당이라고 합니다. 흔히들 명당이라고 하면 좋은 묏자리를 먼저 생각합니다. 그러나 이는 명당의 본래 의미가 아닙니다.

명당은 중국 주(B.C1046~771)나라의 제일 정치 문화 속에서 군주가 정사를 보던 정전을 의미합니다. 우리식 말로 쉽게 하면 조선의 경복궁 근정전이 바로 명당에 해당하는 곳입니다.

주나라 때, 정전을 명당이라 한 것은 남쪽을 향해 앉은 건물의 양면한 기운을 군주가 받아서 항상 올바른 정사를 살피라는 의미입니다. 명당은 그 이후 한나라와 당나라를 거치면서 최고급의 신령한 고층건물을 지칭하는 용어로 자연적으로 바뀐것입니다. 좋다는 의미가 강조되면서 좋은 터와 좋은 기가 관련된 보다 포괄적인 용어로 정착됩니다. 현실적으로도 고급 고층(A)이 명당 아닌가?

이러한 과정에서 사람이 사는 터와 관련된 양택과 묏자리와 관련된 음택으로 나누어지게 됩니다. 즉, 명당터라고 하면 군주가 정사를 살피는 건물에서 최고의 신성한 건물로 상징되고 그리고 이것이 다시금 우리들 삶과 관련된 양택과 죽음의 터인 음택으로 나뉘게 되는 것입니다.

삼국유사에서 언급된 기록을 살펴보면 유일한 명당터는 후대에 와서 확립된 명당이 좋은 터라는 의미는 종교와 관련해서는 종교성지가 역시 명당에 포함될 수 있다는 것을 의미합니다. 이렇게 우주공간에 좋은 기가 모여진 곳에 집을 지으면 명당터에 자리를 잡았다고 합니다. 지기가 많이 뭉쳐져 있는 혈처에 묘를 쓰면 유골이 좋은 명당에 들어갔다라고 말하는 것입니다. 여하간 기와 명당의 관계는 매우 포괄적이면서도 연관성이 깊습니다.

학문적으로 기란 무엇인가라고 질문하면 우주에 충만한 기는 공간적개념으로 존재하는 모든 것은 고유의 파장을 가지고 있으며 과학적 논리로 얘기한다면 기는 현상계에서 보이는 것과는 다르다는 것이 동의대 이상명 교수의 기과학이란 책에서 즉, 중력, 강력, 전자기력 등에서의 에너지와는 다르다는 것입니다.

빈자리 없이 꽉차 있으면서 삼라만상의 모든 개체에 다 작용하고, 다 그안에 들어있으니 모든 것을 유지하며 모든 사물의 생성 양육 소멸을 관장하고 있는 시공이라고 봅니다.

내 마음이 가는 그곳에 기가 있습니다.

우리 몸속에도 강력한 기가 존재합니다.

맥없이 풀이 죽어있는자를 기운이 없어 보인다고 말하고, 팔팔하다함은 몸속의 활기가 있다는것이니 혈액의 순환이 잘 통하고 있다는 말과도 일치합니다.

창원대 윤재일 교수의 〈생기 맥으로 보는 해인풍수 총론〉의 교재에서는 기의 설명에서 줄여 말하자면 진공에너지의 집합체이라고 말하고 있습니다.

그 본원은 불생불멸, 무시무종하여 태초부터 있었으니 새로 생기는 것도 아니며 시작도 없고 없어지지도 않으니 그 끝도 없는 것이고 무소부재로 어느 곳이든 없는 곳이 없고 무형무주처로 형체가 없어 눈에 보이거나 손으로 만져지는 것이 아니고 절대초월하였으니 시간과 공간에 구애됨이 없고 불변형질이고 우리인간의 생각과 가장 가까이 있고 사람이나 동물에 의해 운기될 수 있으며 항시 바르고 진실되고 겸허한 마음이 항상하는 자에 더더욱 잘 운기 됩니다.

이것은 물리학자 뉴우톤의 에너지 불변의 법칙과 꼭 일치한다고 강설하고 있습니다.

기란 과연 어떤 것을 말함인가라고 설명을 요구받는다면, 필자는 후자 윤교수의 논설이 심정이 와닿습니다. 그렇지 아니합니까?

기란 놈이 눈에 보이거나 형체가 잡을 수가 있다던가 하면 좋은 기를 많이 가져오는 자에 유익하겠지만 그렇지 못하고 또한 할 수도 없으니 기는 항상 나 자신과 같이 있으니 돈을 주고 살 수도 없는 것입니다. 필요한 사람에게 나누어 줄 수도 없는 것이니 각자의 선심과 선행으로 내 곁으로 다가오기를 바랄 뿐입니다.

기와 인체와의 관계

고대의 동양철학에서는 모든 존재현상은 기의 취산, 기가 모이고 흩어지는데 따라 생겨나고 없어지는 것이며 따라서 기를 생명의 근원으로 보기도 했습니다.

도가인 장자는 우주의 생성변화를 기의 현상이라하였고 한시대에는 음양오행으로 기의 이론이 복잡하게 전개되면서 길흉화복과 관련되는 일상생활에까지 기를 적용하여 모든 것을 설명해 나갔습니다. 특히 한방에서는 기를 그 발생에 따라 크게 구분하면서 선천지기와 후천지기 두가지로 나누어서 보고 있습니다.

선천지기는 태어나면서 선천적으로 타고난 기를 말하고, 후천지기는 태어난 후에 호흡이나 음식을 통해 섭취한 기를 말합니다.

그래서 이 두가지가 합쳐져서 흔히들 진기라거나 원기가 왕성하다거나, 정기가 총명하다고 합니다. 우리들은 알게 모르게 기와 관련된 말들을 일상생활 속에서 많이도 하게 되는데 동식물이 숨쉬고 있는 공기를 비롯해서 헌기, 지기, 전기, 습기, 온기, 냉기, 한기가 막힙니다. 아직도 기가 살았다, 기분이 좋다, 기분이 나쁘다, 기가 찰 노릇이다, 기절하다는 말들을 흔히들 듣습니다. 그런데 이러한 기들이 우리 몸 속에서 어떠한 작용을 하고 있는가 입니다. 이 기의 작용은 우리를 말하게 하고, 보고, 듣고, 움직이게 합니다.

오장육부가 결함 하나 없이 완전하게 이루어져 있다 해도, 들어가고 나오는 기가 끊기면 죽은 송장과 같이 인사불성이 되어 송장처럼 쓰러져 있는 사람을 기절했다고 합니다. 사람들의 육신을 끌고다니는 원동력은 생각과 마음이며 이게 바로 기운인 것입니다.

그리고 외부에서 마음과 덕과 운명의 파동 속에서 조화하면서 위대한 힘과 덕에 의해서 바르게 이용되기를 우주공간으로부터 고대하고 바랄 뿐입니다. 기의 무한한 세계에서 언제나 선업 선덕자에게 좋은 기가 다가온다는 것을 항상 마음에 새겨두기를 바랄 뿐입니다.

의령읍 정곡면에 자리한 한국의 재벌총수였던 고 이병철 생가에는 지금도 많은 관광객이 하루에도 수백 명씩 부자될 기운을 받을려고 찾아오고 있습니다.

그리고 초두에 얘기한 한국관광공사 사장으로 임명받은 독일인 이참 사장도 산청의 동의보감촌에서 사장될 기운을 듬뿍 받았을 것입니다.

죽음을 두려워하는 이유

죽음을 두려워하는 이유 중 하나는 분명 사후세계에 대한 정보가 없기 때문입니다. 죽었다가 다시 살아 돌아온 사람이 없으니 말입니다. 하기야 간혹 죽은 줄 알았는데 다시 심장이 뛰는 사람들이 있긴 합니다. 그들의 얘기를 들어 보면 죽음 뒤의 세계가 여차여차하고 이렇고 저렇더라도 그네들이 보고 듣고 겪은대로 증언하지만 필자가 같이 죽어서 그 옆에 동행하지 않은 이상 그말이 사실인지 확인할 길은 없습니다.

죽음을 일컬어 보통 저세상으로 간다고 표현합니다. 즉, 이사를 간다는 개념으로 말입니다. 그런데 새로 이사 가는 곳이 어디쯤인지, 집은 기와집인지, 아파트인지, 전원주택인지 통 알 수가 없습니다. 그 모른다는 것에서 오는 근본적인 불안이 바로 죽음에 대한 두려움의 실체입니다. 그런데 이 세상 현실에서 어느 누구라도 죽음에 대한 원초적인 두려움은 갖고 있는 것입니다. 그 두려움을 넘어서려는 자리에 인간적인 고뇌가 있게 되는 것이고 그 고뇌가 깊을수록 죽음을 받아들이는 자각과정을 거치게 되는데 마지막에 가서는 아, 인간이면 누구나 죽는구나, 어느 누구도 이 길을 비켜 갈 수가 없는 길이구나, 나 자신도 피할 수 없구나 하고 수긍하게 됩니다. 죽음에 대한 마지막 준비인 것입니다. 이러한 준비 과정에 나의 의지가 얼마나 들어가느냐에 따라 죽음의 모습과 태도가 달라집니다.

필자가 생각하는 가장 인간적인 죽음은 솔직한 죽음입니다. 그대로 받아들이는 것입니다. 짧은 1초 1분이라도 더 생명을 연장시키기 위하여 마지막 순간까지 안간힘을 쏟는 죽음도 우리 주위에는 얼마나 많습니까? 그런데 죽음은 끝이 아니고 새로운 길을 떠나는 출발의 시작이라고들 하지 않던가?

현실의 한 세상을 마치고 또 한세상의 저멀리 떨어져 있는 저세상으로 간다는 것입니다. 이왕 이사 가는 그 죽음을 가는 당사자뿐만이 아니고 가족 모두가 주변의 인연 맺었던 모두가 그 죽음을 경건하게 맞이하기 위한 분위기를 만들어야 한다는 것입니다.

죽음은 무섭다, 두렵다, 끝이다, 안타깝다, 슬프다, 그런 당연한 감정에 휘둘리지 말고 마지막으로 주어진 시간에 무엇을 어떻게 해야할지 생각해 보기로 합니다.

첫째로 죽음은 정상적이고 평안함을 얻게해 주어야한다.

둘째로 지금까지 같이 살아온 것에 대한 감사한 마음을 전하라.

셋째는 충분히 슬픔을 같이 나누되 유머가 있다면 더욱 좋지 않을까?

내가 먼저 가서 자리잡아 놓을테니 천천히 오려무나 라는지.

이러한 죽음의 당사자가 보여주는 마지막 여유는 가족들에게 따뜻한 슬픔과 여유를 같이 남겨주는 것은 아닐까?

사랑하면서도 가장 중요한 것은 이별하는 방법을 아는 것입니다. 그 마지막 이별이 사랑하는 연인과의 이별을 뜻하는 것인지도 모르지만 우리는 인생과도 잘 이별해야 합니다.

죽음은 가족과도 이별하고 내가 살아온 모든 것과도 끝을 맺는 날입니다.

그리고 자신과도 헤어지는 날입니다.

새로운 여정을 위하여…….

긍정肯定

세상에서 가장 어려운 세가지 일은 증오를 사랑으로 갚는 것과, 버려진 자를 받아들이는 것과, 그리고 자기 잘못을 깨끗이 시인하는 것이라고 합니다.

진정한 긍정이란 말의 진실된 의미는, 일단 나에게 일어난 상황을 수긍하고 그다음 해결책을 찾는 것입니다.

삶이 좋은 쪽으로 흐르도록 하는 에너지입니다. 나에게는 늘 좋은 일만 일어나지 않을 것이라는 사실을 깨닫는 것입니다.

긍정하고 만족하고 감사하면 자연스레 편안한 얼굴이 만들어집니다. 누구나 다 아는 사실이 아닙니까?

그러나 보편적으로 긍정이라하면 모든 걸 있는 그대로 받아들이는 것으로 오해를 합니다. 긍정이 나쁜 것도 무조건 좋게 받아들이라는 의미가 절대 아니기 때문입니다.

긍정적인 사람은 오늘 좋은 일이 있을거라 믿습니다. 그러나 진정한 긍정의 고수는 어떤 일이 일어나든 잘 견딜 수 있을 것이라고 합니다.

그 생각이 하루를 결정할 것입니다. 그 하루가 모여 평생이 될 것입니다. 그러므로 긍정이란 편한 생각을 모으는 것이기도 합니다.

삼복염천三伏炎天 더위

글자대로 풀이하면 불꽃같이 더운 여름철에 복일이 세 번 든다는 말입니다.

음력으로 4월, 5월, 6월을 여름으로 칩니다. 음력 5월 하순쯤에 해당되는 양력 6월 21일쯤에 드는 하지를 지난 뒤 세 번째 다가오는 경일을 초복이라하는데 이때부터 본격적으로 더위가 시작됩니다. 유난히도 올해는 더욱더 덥습니다. 길거리에서 나이 많고 적고를 떠나 내 일평생 이렇게 더운 날씨는 처음이라고 말하는 이가 대부분입니다. 그 이유 중 하나는 지구와 태양의 거리가 가까워졌기 때문이라고도 하고, 북극의 얼음덩이가 녹아 태양의 반사열에 의해서라고도 합니다.

포화상태까지 이른 수많은 공장 등에서 뿜어올리는 열기 때문이라고도 합니다. 어하간 더운 날씨를 두고 염천이라 부르기도 하는데 초복에서 10일 뒤 하지를 지난 뒤 네 번째 경일을 중복이라고 하며 말복은 중복 10일 뒤에 오는 것이 아니고 양력 8월 7일쯤에 드는 입추를 지나서 처음으로 오는 경일이 말복입니다.

초복, 중복, 말복을 합쳐 세 번의 복날이다 하여 삼복이라고 합니다. 이 기간이 가장 덥기 때문에 복더위, 삼복더위, 삼복염천이라는 표현을 써왔습니다.

염천이란 불꽃같이 더운 날씨란 말입니다. 그런데, 왜 가장 더운 때를 나타내는 날에 복자를 넣어 초복, 중복, 말복이라 일컬으며 또 하필이면 경이 들어가는 날을 골랐을까가 궁금하기도 합니다.

동양의 사상체계는 모두가 오행을 기본구조로 하고 있습니다. 오행이란 천지만물을 구성하는 근원이되는 나무, 물, 불, 흙, 쇠, 물입니다. 그 밖에도 다섯가지 빛깔을 오색, 다섯가지 맛을 오미 다섯가지 소리를 오음 우리 신체의 장기를 오장간, 심장, 비장, 대장, 방광이라하는 등등으로 모두가 오행에 맞추어 다섯가지 체제로 되어있습니다. 그런데 유독 계절만은 사계절로 되어 있어 오행체제와 맞지 않습니다. 또 여름은 오행에서 화에 해당되는데 가을은 금입니다. 여름인 화와 가을인 금은 서로 상극입니다. 화인 여름 다음에 바로 금인 가을이오면 상극관계가 되어 여름이 가을을 쳐부셔 이기려고 하니 가을 곡식인들 결실이 될 수 없다고 보았던 것입니다. 그래서 옛날 사람들이 음력 6월을 장하, 혹은 계하라고하여 계절이 하나 더 있는 것처럼 설정하여 5계절로 만들었습니다. 또한 경은 천간 중에서 가을에 해당이 되는데 가을 기운이 오는 것을 처음으로 꺾어, 단번에 엎드리게 한다고 해서 엎드릴 복, 절할 복자를 쓰는 것이 초복이고 두 번째가 중복 세 번째가 말복입니다. 여름은 화이지만 장하는 오행 중에 토에 해당됩니다.

여름과 가을 사이에 그 가운데에 토가 들어감으로써 화는 토를 생하고 토는 금을 생하는 오행상생의 관계가 되는 것입니다.

말짱 도로 '묵'이 된 까닭은

임진왜란 당시 선조 임금이 피난길에 올랐을 때입니다. 왜적이 한양 가까이 올라오고 있어, 임금은 궁궐을 떠나 북쪽으로 가는 길이었습니다. 어둑어둑해질 무렵 임금 행차는 가까스로 임진강가에 다다랐습니다.

날씨는 쌀쌀하고 몇끼를 굶어 허기까지 밀려왔습니다. 그러나 피난길에 먹을 것을 어디에서 찾는단 말인가.

이때 어느 어부집에서 임금께 정성스레 저녁 밥상을 올렸습니다. 메뉴는 꽁보리밥에 생선이 전부였습니다. 그러나 무척이나 시장했던 임금은 밥 한공기를 허겁지겁 비웠습니다.

그리곤 어부를 불렀습니다.

도대체 이렇게 맛있는 생선 이름이 무엇인고?

난생처음 임금 앞에선 어부는 고개도 들지 못한 채 대답했습니다.

예, 묵이라고 합니다.

묵이라.

임금은 잠깐 생각에 잠겼습니다. 이윽고 조금전 밥 먹을 때와는 달리 목소리에 힘을 주어 말했습니다.

그 이름은 이 생선에는 어울리지 않는구나.

이제부터는 이 생선의 이름을 은어라고 불러라.

이후 험난한 피란살이가 끝나고 한양으로 환궁한 선조는 그때 그 맛을 잊을 수가 없었습니다. 그러던 어느 날이었습니다. 수라상을 받은 선조 임금이 상을 휘둘러본 뒤 말했습니다.

피난길에 먹었던 은어를 올려라.

이윽고 은어가 상에 올라왔습니다. 우물우물 씹어본 임금은 젓가락을 탁상 위에 내려놓았습니다. 피난지에서 먹었던 맛이 나기는커녕 오히려 맛이 없었던 것입니다.

선조 임금은 생선 이름을 은어라고 부르지 말고 예전대로 도로 묵이라 부르라고 명령했습니다. 이것이 오늘날 도루묵으로 변하게 되었다고 합니다.

우리절 4호차 소고小考

우리절 정초방생 법회때는 관광차가 보통 8~9대가 가는데 언제나보면 4호차 투아판 표시에 영어로 F로 표기한 고층건물에도 4층만이 F로 층을 가르키는 경우가 많이 있지를 않은가.

3층과 5층 사이 말입니다.

사람들의 선입감일가.

왜 꼭 죽을 사 자로만 해석하고 불길하고 나쁜 쪽으로만 생각하는지.

순수 우리말로 4자를 사랑으로 표현하면 아니됩니까?

그래서 한글로 숫자를 바꿔 생각해 봅니다.

1은 일하는 마음으로, 2는 이해하는 마음으로, 3은 세 번 생각하는 마음으로, 4는 사랑하는 마음으로, 5는 오래오래 기억하는 마음으로, 6은 육바라밀의 마음으로, 7은 7곱하기 7은 49의 의미를 느끼며, 8은 언제나 팔팔한 건강을 생각하고 유지하며, 9는 도를 구하는 마음으로 생각을 바꾸면 안될까요?

또 일주일의 요일을 풀이해보면 일요일엔 일찍 일어나는 날로, 월요일은 월급받을 생각으로 출근해서, 화요일엔 화를 다스릴줄아는 지혜를 쌓고, 수요일엔 수행의 의미를 새기며, 목요일엔 목욕을 한

후 깨끗한 기분으로, 금요일엔 금지된 일에 자중할 줄 아는 길을 찾고, 토요일엔 토끼처럼 맘껏 뛰놀 수 있으면 얼마나 좋을 것입니다.

이 모두가 마음먹기에 달렸고 생각하기에 따라서 유익함이 더 많을 것인데.

도인전심道人傳心

신라 말기의 이야기입니다.

강원도 정선 땅 응봉산 깊은 산중에 늦게 반소식을 했다는 만각 노스님이 열서너 살 된 사미승을 데리고 가람을 지키며 허구헌날 설간에서 기도만하면서 살고 있었습니다.

어느날 노스님은 경상도 봉화의 춘양에 있는 도삼사 주지스님으로있는 지선스님 병환이 깊다는 전갈을 받고는 사미승만 남겨둔 채 출타를 하셨습니다.

옛날에는 요즘과 같이 교통수단이 좋지 않아 떠날 적에 바랑에다 간결하게 몇가지 물품만 챙겨서 길을 떠났는데 3일이란 시운을 보내고 돌아오는 날이었습니다.

그때 그절의 신도인 아랫마을(춘양띠기) 노보살이 보리쌀 한됫박 정도와 사과 서너개, 무1뿌리, 그리고 보시(불공시주금) 1전을 가지고 와서 사미승에게 큰스님께 불공을 부탁드리려고 왔는데 큰스님이 안 계시니 어떻게 했으면 좋겠느냐고 걱정을 늘어 놓습니다.

그러자 사미승하는 말이,

노 보살님 걱정하지 마이소.

내가 기도해 드릴테니, 부처님전에 보시나 올리시고 가만히 앉아만 계시라고 했습니다.

그리고는 사미승은 그 자리에서 부처님께 세 번의 절을 하고 난 후, 유연하게 내림목탁을 세 번치고, 그후엔 목탁채를 들고는 법당 안을 몇바퀴돌며 뛰어다니다가 법당기둥도 한번 치고 돌며 또, 한번 방바닥도 한번 치고 뛰어다니다가는 다시 벽도 한번 치고는 또 법당안을 몇바퀴 돌아다니다가 보살님, 이제 불공 다 했으니 가셔요 하는 것이었습니다.

춘양띠기 노 보살은 사미승하는 꼴을 쳐다보다가, 걱정스러운 눈빛으로 너희 큰스님은 불공을 너처럼 그렇게 하시지 않더라고 하였습니다.

사미승은 대뜸.

노 보살님.

큰 불공은 다 이렇게 합니다.

사미승은 대꾸를 하였습니다.

노 보살은 영 마음이 쾌하지 않았으나, 어쩔 도리가 없어 절문을 나와 산 아래쪽으로 한참을 내려오다가 산 중턱에서, 그때 3일의 출타에서 용무를 마치고 절로 돌아오는 만각 큰스님을 만나게 되었던 것입니다.

보살은 큰스님께 반갑게 인사를 드렸더니, 스님께서 어디를 다녀오시는 길입니까라고 묻자 큰애 진묵이 때문에 불공을 드리려 왔다가 스님이 계시지 않아서 앉아 기다리려고 하는데, 사미승이 불공을 해준다며 법당 안을 뛰고 돌고 돌면서 치고 하던 짓을 자초지종을 걱정스레 다 틀어놓았습니다.

만각 큰스님이

춘양때기보살.

부처님 앞에 보시를 얼마나 올려놓았습니까 하고 물었습니다.

춘양때기 노 보살이.

가져간 1전을 그대로 다 올려놓았지

예하고 대답을 하자.

만각스님은 노여운 듯한 음성으로 이놈이 1원짜리 불공을 1전을 받고해줘.

올라가서 이놈을 단단히 혼내줘야 되겠구나!

노 보살은 스님, 그애한테 야단치지 마세요라며 걱정스러운 낯으로 부탁을 드립니다.

속마음으로는 그 애(사미승) 말이 맞구나.

큰스님이 계셨으면 1전으로는 어림도 없었구나.

그렇다 어찌 1전으로, 1원짜리 기도를 못할 번하지 않았나.

그때에 큰스님이 계시지 않은 것이 천만 다행스럽기까지 여겨졌습니다.

만각 큰스님께서는 노 보살에게 하시는 말씀이 춘양보살님 걱정하지 마세요.

아드님 일은 잘 이루어질 것입니다라고 말씀을 하셨습니다.

얼마 후에 큰스님의 말씀대로 노 보살 아들의 걱정거리는 잘 해결되었습니다.

선대의 많은 선사들도 특히 원효대사는 도라는 것은 사찰의 건물에서 나오는 것도 아니고 8만 4천 대장경에서 나오는 것도 아니다라고 말씀하셨습니다.

그 절에 계신 도인의 마음에서 나온다고 하였다.

사실 사찰 건물이 법문을 할 수 있는 것도 아니며 오묘한 부처님의 8만 법문도 깨달으신 분의 마음에서 쉽게 풀이되지 않으면 중생들은 그 깊고 심오한 진리를 알기가 어려운 것은 사실입니다.

즉 번뇌와 차별심이 모두 떠난 공한 마음이 된 그 절 도인스님의 말은 질책과 격려와 칭찬이 그대로 현실로 이어지게 되는 것입니다.

그때야말로….

산 아래로 아스라이 어둠이 밀려오니 저녁 종송은 고요한 깊은 산골에 메아리쳐 고갯길을 넘는구나.

너거 道 닦아 봤나?

초판 1쇄 2017년 5월 3일
초판 2쇄 2017년 12월 22일

지은이 구만각
감 수 소두보 박철수
펴낸곳 도서출판 해암

등록번호 제325-2001-000007호
주소 부산시 중구 백산길 17 삼성빌딩 702호
전화 051)254-2260, 2261
팩스 051)246-1895
메일 haeambook@daum.net

ISBN 978-89-6649-117-9 03220

값 15,000원

*이 도서의 국립중앙도서관 출판예정도서목록(CIP)은 서지정보유통지원시스템 홈페이지 (http://seoji.nl.go.kr)와 국가자료공동목록시스템(http://www.nl.go.kr/kolisnet)에서 이용하실 수 있습니다. (CIP제어번호: CIP2017008922)